风靡全球的未解之谜及其背后的故事

卢浮宫魅影

世界著名艺术殿堂全纪录

探秘天下编写组 编著

EXPLORE THE WORLD

时事出版社

前　言

一座艺术殿堂就是一部灿烂的艺术史。人们通过文物与历史对话，穿过时空的阻隔，俯瞰历史的风风雨雨，感受时代的风云变幻。

本书带你步入艺术的殿堂，与过往历史对话，与艺术对话。

这里有包括世界四大艺术博物馆在内的十几座著名艺术殿堂，你可以了解博物馆的历史和重要文物，这些文物或者艺术品，都有自身的历史和背后的故事，本书着力挖掘这背后的传奇，让读者在有趣的故事中扩展自己的视野，增进对历史、文明、艺术的了解。

　　本书内容丰富有趣，没有单调的说明，没有深奥的术语，以通俗易懂的语言，从浩繁的文物海洋里提炼精华，把枯燥的专业知识删繁就简，带你走进一座座艺术殿堂，鉴赏一件件镇馆之宝，品鉴分析各种艺术风格，探秘各种怪异传说……

目录 Contents

上 篇　世界四大艺术博物馆全览

第一章　法国卢浮宫

走向大众，从城堡到博物馆	003
镇馆之宝之一：最神秘的《蒙娜丽莎》	007
镇馆之宝之二：《断臂维纳斯》，为完美定义	009
镇馆之宝之三：《带翼的胜利女神》	012
尼罗河的风，来自古埃及的文明信号	013
《汉谟拉比法典》，当古文明只剩下难解的语言	015
大师与国王，一条地道的传说	016
文艺复兴之光，美术三杰的陈列品	017
玛丽·德·美第奇，传奇女性的一生	019

《老人和他的孙子》，感人的世俗之情　　021

颠覆！《圣母之死》　　022

被修改的草稿，《拿破仑一世加冕大典》
　　背后的秘密　　024

争论焦点：《美杜莎之筏》　　026

革命激情回声：《自由引导人民》　　028

拉图尔，一位神秘的画家　　029

国王的客厅，拿破仑三世的奢华生活　　031

第二章　大英博物馆

汉斯·斯隆爵士的遗嘱　　033

重量级镇馆之宝：罗塞塔石碑　　035

最受欢迎的镇馆之宝：大祭司木乃伊　　038

官司缠身的镇馆之宝：埃尔金大理石　　040

来自东方的镇馆之宝：女史箴图　　042

质疑《圣经》，大洪水记录板　　044

埃及部，目不暇接的埃及收藏！　　046

《主显节》，大师的手稿　　051

乌尔旗，美索不达米亚的繁荣符号　　052

公正是什么？洛泰尔水晶的寓意　　　　　　054

宇宙之舞：《纳塔罗阇湿婆青铜圣像》　　　055

美洲驼与欧洲马，关于侵略的思考　　　　　057

骷髅头面具，惊悚的墨西哥艺术　　　　　　058

主教瓶，波斯工匠的行星拟人　　　　　　　060

《神奈川冲浪里》，最著名的浮世绘　　　　061

伊费头像，非洲青铜的造型之美　　　　　　063

王权至高无上，说说亚述帝国的雕刻　　　　065

第三章　纽约大都会博物馆

会议目标：建一个博物馆　　　　　　　　　067

塞浦路斯文物，一场文物官司　　　　　　　070

体积最大的镇馆之宝：丹铎神庙　　　　　　072

凝固在画中的镇馆之宝：《舞蹈教室》　　　075

蛋清和黄金调和的镇馆之宝：

　　《圣母与圣婴》　　　　　　　　　　　077

圣杯，基督使用过的杯子？　　　　　　　　079

亨利八世的铠甲，一桩历史秘闻　　　　　　081

《皇帝礼佛图》，心酸的文物历史　　　　　083

兹休—那都儿绘画文书，中美洲的神奇符号　　085
《天使报喜图》，精美的佛兰德斯织锦　　086
爱是俗世的团圆：《美神和战神》　　088
《游舟》，印象派传世之作　　090
《林中浴女》，扑朔迷离　　091
梵高，一辈子只卖出一幅画　　092
美国绘画突围！功臣波洛克和他的滴画法　　094

第四章　俄罗斯国立埃米塔什博物馆

"我只是个贪婪的女人……"　　096
名副其实的镇馆之宝：伏尔泰坐像　　099
当之无愧的镇馆之宝：达·芬奇的两张
　　圣母像　　103
后来居上的镇馆之宝：《蹲着的奴隶》　　106
《浪子回头》，伦勃朗的巅峰之作　　107
《犹滴》，犹太人的女英雄　　110
《治愈杰里科的盲人》，冬宫的早期品位　　112
《美惠三女神》，最优美的雕塑　　114

《圣塞巴斯蒂安》，提香的遗作	116
猜测不断，《夫妇肖像》	118
《舞蹈》，野兽派扛鼎之作	120
在风景中行走——冬宫里的风景画	122
冬宫之美，和大帝有关的回忆	125

下　篇　世界其他著名博物馆
第五章　北京故宫博物院

风雨沧桑，500年故宫	131
镇馆之宝之一：《清明上河图》	134
镇馆之宝之二：《平复帖》	136
镇馆之宝之三：玉器魁首《大禹治水图玉山》	138
镇馆之宝之四：秦国石鼓	140
《千里江山图》，绝世天才的绝笔	142
《洛神赋图》，才子佳人的隐秘爱情	143
巧夺天工，掐丝珐琅缠枝莲纹象耳炉	145

九五之尊的天子气象——九龙壁	147
金瓯永固杯，乾隆皇帝的酒杯	150
古老的天文仪器，金嵌珍珠天球仪	152
珍宝馆，奇珍异宝荟萃	154

第六章　雅典考古博物馆

一座建了70年的博物馆	157
镇馆之宝之一：阿伽门农金面具	159
镇馆之宝之二：宙斯或波塞冬雕像	162
镇馆之宝之三：马与少年	164
雅典娜雕像，最重要的复制品	166
几何主义，一种希腊风格	168
史前文物，抽象中的造型美	169
羚羊、少年与春天	171
陶罐、陶碗、陶瓶、陶杯、陶酒坛……	173
妙趣横生，潘神戏谑爱神	175
猜猜看，世界上最难的谜语	177
继续猜谜，这位美少年究竟是谁？	179

第七章　开罗埃及博物馆

一个外国人的墓地	181
震惊世界的镇馆之宝：图坦卡蒙黄金面具	184
最奢华的镇馆之宝：图坦卡蒙的陪葬品	186
伟大的镇馆之宝：拉美西斯二世木乃伊	190
爱情是否永恒？斯尼布侏儒雕像	192
彩绘木俑，多姿多彩的埃及生活	194
埃及贵族的首饰盒：那些令人惊叹的饰品	196
亡灵书，埃及人的阴间指南	198
他能治病？神奇的荷鲁斯石碑	200
猫赶鹅，妙趣横生的陶片	201
纳芙蒂蒂，埃及第一美女	202

第八章　墨西哥国立人类学博物馆

古老的公园，崭新的博物馆	205
镇馆之宝、镇城之宝、镇国之宝：太阳石	208
最著名的头像：奥尔梅克巨石头像	210
最重要的陈列室一：消失的玛雅	213

最重要的陈列室二：阿兹特克文明	216
查克摩尔神像：交出你的心脏	218
奇特的装饰，来自图拉遗迹的壁画	220
一项风靡古代拉美的运动——乌拉马球	222
一条独木舟，解密传奇的墨西哥城	224
水晶头骨？世纪大骗局	226

第九章　印度国家博物馆

来自开国总理的建议	228
来自源头的镇馆之宝们：史前遗物	230
令人膜拜的镇馆之宝：释迦摩尼舍利	233
印度人心中的镇馆之宝：湿婆的舞蹈	235
天上人间——印度神话里的那些恩爱夫妻	237
你听说过细密画吗？	239
大象，印度人最爱的动物	241
在方寸间精雕细镂——象牙上的艺术	243
娴娜百态，印度美女	244
他乡遇故知，一些中国文物	246

第十章　不可不知的博物馆荟萃

巴黎奥赛博物馆　　　　　　　　248

罗马梵蒂冈博物馆　　　　　　　250

土耳其托普卡比博物馆　　　　　253

伊朗国家博物馆　　　　　　　　255

德国柏林博物馆岛　　　　　　　257

佛罗伦萨乌菲兹美术馆　　　　　261

西班牙普拉多美术馆　　　　　　264

荷兰国立博物馆　　　　　　　　267

丹麦国家博物馆　　　　　　　　269

东京国立博物馆　　　　　　　　271

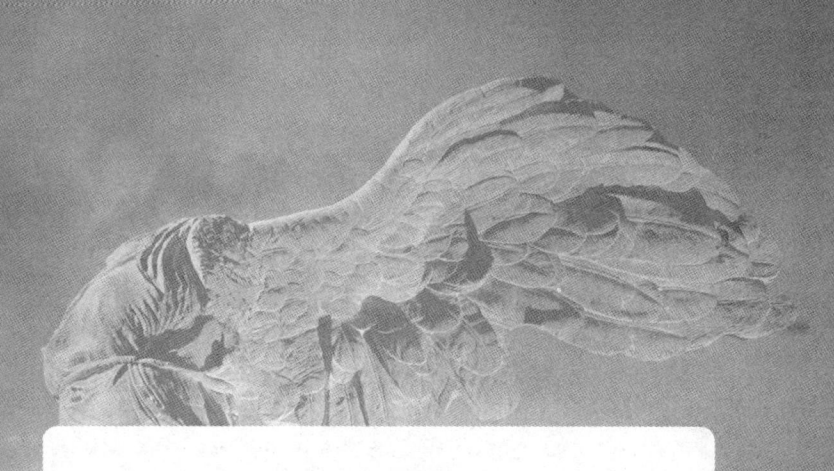

上 篇

世界四大艺术博物馆全览

博物馆，艺术的殿堂，文化的宝库，文明的保存与传递站，全人类的重要财富。没有人知道全球究竟有多少座博物馆，不过，人们大多知道其中最有名的四座：卢浮宫、大英博物馆、纽约大都会博物馆和冬宫。这四座博物馆收藏了来自世界各地的文物与艺术品，系统地展示了人类的进步、文化的交流、艺术的创造、美的历程……

第一章　法国卢浮宫

说到世界上最有名的博物馆，卢浮宫一直位于榜首，蒙娜丽莎、断臂维纳斯、带翼的胜利女神，三样镇馆之宝几乎成为美与古典的代名词，全世界的人都想一瞻这所宝库的风采。800多年来，卢浮宫一再扩建，记录了人类关于美的最深刻认知和最卓越尝试，是一座名副其实的艺术圣殿。

走向大众，从城堡到博物馆

卢浮宫，世界著名博物馆之首，位于浪漫之都巴黎的中心位置，在塞纳河北岸延伸、回转、包拢，形成占地198公顷的"U"型馆区结构。卢浮宫以一座玻璃金字塔为入口，分为德农馆、苏利馆和黎塞留馆三个部分，收藏的顶级艺术品达到40万件以上。

数十万件展品来自世界各地，有古希腊、古罗马的雕塑，欧洲中古的木版画，文艺复兴的油画，来自埃及、巴比伦、波斯的东方艺术品，不论古代文明还是现代文明诞生的精品，在卢浮宫都占有一席之地，体现了人类各地美学的传承。此外，这里还有法国王室历代收藏的工艺品，精美的家具，昂贵的珠宝，大批宫廷画家的经典绘画和数不尽的雕塑。

卢浮宫藏品分为六个门类：雕塑、绘画、美术工艺、古代东方、古埃及和古希腊、古罗马艺术。展厅布局合理，每幅作品都有简要的介绍，给参观者以便利。徜徉在这座艺术宝库，人们目不暇接，不禁好奇究竟是谁建造了这样一座宏伟博大的宫殿？

答案并不是一个人、一些人，而是世世代代的添砖加瓦。

卢浮宫的历史可以追溯到12世纪末，法国国王腓力二世·奥古斯都为了保护巴黎，在塞纳河右岸修建了一座城堡和塔楼，这就是卢浮宫的前身。随着法国的发展，城堡也在数百年的岁月中不断扩建。16世纪，法国国王弗朗索瓦一世推倒旧城堡，重新建造宏伟的宫殿。也是这位国王，开始大规模收集欧洲艺术品，他特别偏爱文艺复兴时期美术大师们的杰作。

转眼到了16世纪末，波旁王朝的创建者亨利四世决定建造更大的宫殿。他将卢浮宫与巴黎城外的杜伊勒里宫以一条大长廊相连，构成了一个整体的建筑群。这就是现代卢浮宫的雏形。亨利四世不断收罗名贵的艺术品，他的后代们也在扩建、改造、收藏、完善方面做了大量工作，卢浮宫不但成了王室城堡，更成了艺术殿堂。王室成员们世代在这里品鉴艺术，过着奢华的日子。

1678年，"太阳王"路易十四将宫廷迁往凡尔赛宫，卢浮宫的扩建工作在这之前就已被这位国王勒令停止。为了加强中央对地方的控制，路易十四在凡尔赛宫宴请各地贵族，让他们沉迷于宫廷的娱乐，无心反抗，体现了绝对的君主权威。同时，路易十四还是个有眼光的艺术家，他斥巨资到处购买珍贵的欧洲艺术品，这些艺术品大多存放在卢浮宫。于是，卢浮宫中不再有王室贵族们的身影，而是放满人类艺术的结晶，初步具备了博物馆的格调。

路易十四去世后，同样喜欢艺术的路易十五继位。上行下效，统治者的喜好引来了法国国内贵族、商人乃至整个欧洲的效仿，巴黎也成了欧洲艺术品的中心市场。卢浮宫的作用又一次改变，它成了艺术展的举办地，每周都会对公众开放两天，激起了公众对艺术的极大热情。

这个时候，"百科全书运动"兴起，卢浮宫的地位在开启民智的学者们眼中变得愈发重要。他们设想有这样一个地方，可以将各个时代的艺术品汇集于此，它不只是一间皇家藏品室，不只是一条画廊，而应该是一座有公共功能的博物馆。

18世纪，法国大革命爆发，卢浮宫经历了充满激情、政变、反复、血腥的风雨飘摇岁月。皇家藏品被没收，卢浮宫有了新的身份——属于全体人民的博物馆。在漫长的大革命时期，法国不断从其他国家掠夺珍贵艺术品，数量之多，卢浮宫无法承载。于是，它又经历了一次改造。

特别是拿破仑当政时期，这位皇帝到处搜掠艺术品，他的军队所到之处，必然有对艺术品的抢夺和征集。他远征埃及，也为卢浮宫带回了不可多得的埃及艺术珍品，甚至促进了埃及考古学的发展。此后，不论第二共和国还是第二帝国时期，卢浮宫的扩张还在继续，统治者们重视这座宫殿，它已经成为法国国立机构，有专门的费用来维护宫殿和采购藏品。

第三共和国时期，卢浮宫完成了它的转型和定位，它彻底摆脱了对王室的依赖，成为一座国立博物馆。经过数个世纪的扩充，它已经成功囊括了欧洲各个时期的绘画精品，以及其他文明的古老文物。它的外观不断被翻新，规模不断被扩充，游客也在不断增加。

二战后，密特朗总统重视卢浮宫的建设，卢浮宫也迎来了又一次大规模改造，设计师们将古老的馆藏结构变更为现代化，以接纳更多游客。这次翻新最引人注目的就是方形庭院矗立起一个崭新的地标建筑：华裔建筑师贝聿铭设计的玻璃金字塔。起初，法国人对这个"怪物"嗤之以鼻，认为它破坏了卢浮宫的古典情调，反对声不断。

但密特朗总统坚持使用这个设计。这座有后现代风格的金字塔与古代宫殿交相辉映，体现了古典与现代的融合。作为主入口，它将游客引入地下一层，游客在那里去往他们想要观光的站区：靠着塞纳河的德农馆，有方形中庭的苏利馆和更北的黎塞留馆。这座金字塔美观、实用、先进，为卢浮宫增添了新的光彩。如今，它已经是卢浮宫的标志之一。

卢浮宫的历史，也是法国历史的重要组成部分。从王室宫殿，到王室藏品陈列室，而后对公众开放，成为大众教育基地。而今它接待了来自全世界的游客，把法国艺术、欧洲艺术传达给每一个向往文明、渴望艺术的人。当然，它本身也是一件艺术品。最初，它只被极少数人私藏、鉴赏，最后，它属于每一个人，成为人类的共同财富。

现在，就让我们一起走进这座艺术宝库。

镇馆之宝之一：最神秘的《蒙娜丽莎》

卢浮宫收藏的艺术珍品多达几十万种，普通游客根本没有时间精力一一饱览。他们往往直奔最负盛名的三件珍品，它们是卢浮宫的象征，也是整个欧洲艺术的象征。它们的面容、身姿、寓意，影响了一代又一代人的审美，它们被誉为卢浮宫的三大镇馆之宝。

由文艺复兴大师列奥纳多·达·芬奇绘制的《蒙娜丽莎》，她的微笑迷惑了几个世纪的观赏者。看过这张画的人都知道，不论从上、下、左、右任意一个方位，画中那位优雅贵妇的视线总是正对着你的眼睛，看着你微笑。这微笑矜持、愉悦、含蓄、生动，时而还让人感觉到一丝内在的忧郁，甚至讥讽，因此被称为"神秘的微笑"。

无数人试图解读蒙娜丽莎究竟为什么而笑，当她笑的时候，她的内心是忧愁的、还是欢乐的？一个表情竟然能引发数个世纪的思考，这说明绘画已经开始揭示人类的精神世界，从外在的形状引入了内心的情绪。达·芬奇不愧为艺术大师，他不但描摹了一位美丽的妇人，还将她真正的美——那有无限可能的内心世界，以一个微笑的形式展示在众人面前。

这幅画绘制于16世纪初，据专家推测，达·芬奇最初应人委托开始绘制这幅画，却因故搁置。在罗马期间，意大利有名的美第奇家族又一次委托他将这幅画完成，可是，画还没能完工，委托人便去世。达·芬奇带着未完成的画作去了法国。迎接他的是一位对艺术痴迷的国王——法朗索瓦一世，他看到这幅画后大为震撼，以 4000 枚金币的价格买下了它。可以说，《蒙娜丽莎》从一开始就是法国的财富，在卢浮宫的众多"掠夺品"中，它有最正当的购买渠道，也是卢浮宫的"原住民"。

这幅画在几个世纪中引发了不少风波。

人们一看到画中的贵妇就问："这是谁？"据说她是一位佛罗伦萨贵妇，名叫丽莎·盖拉尔蒂尼，后来甚至有人发现了她的骸骨；还有人说，做模特期间，这位贵妇内心忧郁，达·芬奇不得不请了一个杂耍班，在她面前做各种滑稽表演，好不容易才让美人发出会心一笑；也有人说，画中人的原型其实是达·芬奇的母亲，这个人是来自古代中国的奴隶，所以，她有一种异国情调的美丽；有学者故作奇谈，说蒙娜丽莎根本就没笑，她的唇部动作只是为了掩盖牙齿上的缺陷，因而显得含蓄……

围绕这个神秘的笑，研究和推断层出不穷，可惜，达·芬奇没给出标准答案。他留下的是艺术上的超前技巧和真正的美。

《蒙娜丽莎》是名副其实的艺术珍品，它集中了达·芬奇的艺术特质。整个画面的空透视自然深远，于静态中充满动感。在画面背景里，我们能够看到曲折的小路，嶙峋的山石，蜿蜒的河流和远处的山峰，由近及远，层次分明，又带着一层朦胧的色彩。

肖像画技法是这幅画的精髓所在。蒙娜丽莎的轮廓既清楚，又有一种微妙的光影层次感，接近于真实的视觉体验。这是达·芬奇的"轮廓模糊法"，用明暗对照方法覆盖一层又一层薄薄的油彩，营造出渐变的光影效果，如果凝神观看，你会发现画中人的眼角、嘴角、轮廓的外延有微微的颤动感，这就是模糊的轮廓产生的奇妙效果。欣赏《蒙娜丽莎》，一定要聚精会神，才能真正领会它在绘画技法上的魅力。

《蒙娜丽莎》代表了一种神秘。从绘画上来说，它让时间与空间完美地聚集在一个小小的画框中，画中人的表情、眼神、心事呼之欲出，让人心生亲近；从表达效果来看，它追求"不确定"，那层层晕染的油彩，让人们无法捕捉画中人最确切的轮廓，也就无法捕捉画家想要传达的意思。一面叫人欢喜，一面叫人忧郁，仿佛离得很近，又离得很远，这就是神秘的感觉，艺术与人的距离。蒙娜丽莎用她的微笑告诉你——美，说不透，也说不尽。

这幅画不但引起了广泛的争论，也引起过觊觎。它不止一次地被盗窃，又被追回。如何对付层出不穷的盗贼？这是卢浮宫不得不面对的一大难题。

镇馆之宝之二：《断臂维纳斯》，为完美定义

世界上最美的女性居住在卢浮宫，她没有手臂。这个命题看似荒谬，如今却被世界上大多数人接受，这就是卢浮宫三大镇馆之宝之一的维纳斯雕塑带给人们的启示。

1820年，希腊米洛岛出土了一尊大理石雕塑，这尊近乎完美的裸身女子雕塑，代表了古希腊雕塑的最高成就，女子优雅的姿态和性感的身体，让当时的人们认为，她一定是希腊神话中代表爱与美的女神。后来，她辗转到了法国，入住卢浮宫。人们称她为"维纳斯"。

维纳斯是罗马神话中爱神的名字，她的原名为阿芙洛狄特——古代罗马神话照搬希腊神话，同一位神祇，在希腊神话里一个名字，在罗马神话里事迹不变，只是改了个罗马名。在希腊神话中，她是一位诞生在泡沫中

的女神，象征世间的美丽与爱情。美神的形象源远流长，后来，人们看到美丽的女子，便会忍不住称赞她是"维纳斯"。这尊身份不明、作者不明、年代不明的雕像，因为它的完美形象和精湛工艺，被冠上了"维纳斯"大名。

这座雕像由两块大理石分别雕琢而成。上身是裸体的女神，不论头颅还是身体，都遵循着希腊雕塑的"黄金比例"，显得健美性感；下身是动感逼真的衣褶，被裙子遮挡的腿部，显出了女神的风范。两块雕塑的接缝处是一层又一层的衣褶，大理石营造的光洁皮肤感和层层折起的衣褶，形成了强烈的视觉效果。

令人遗憾的是，女神没有手臂。起初，卢浮宫决定修复这尊雕像，并为修复设计了许多套方案。左手和右手的动作成了修复的关键，如何最大限度地体现美神的优雅和魅力，又让动作深具内涵？有人认为爱神应该手持金苹果，另一只手挽起裙摆；有人说双手应该平举，拿着一顶代表艺术的桂冠；有人说左手拿着苹果，右手捧着鸽子；有人说这尊维纳斯是正要入浴的姿态，应该一手握着衣裙，一手摆弄秀发……这个问题争论不下。

作为一个包罗万象的博物馆，它对文物的处理必然有独到之处，出乎所有人的意料，博物馆决定——维持原样！也就是说，维纳斯不再修复，她从此就是一个失去手臂的女神，以这样的面目让游人观看。这真是一个让人惊讶的决定，当时有不少人惋惜，但是，随着时间流逝，人们越来越感受到这个决定中包含的智慧。

维纳斯，作为神话中最美的女人，人们希望她完美。可是，世界上真的有完美的事物吗？哪一件称得上美的东西，没有这样那样的缺憾？真正的完美往往是概念上的，现实中的完美，总会留下一点让人怜惜、感叹的东西，如同维纳斯缺失的手臂。

此外，关于这尊雕塑的身份，也一直颇有疑义。很多学者认为她并不是维纳斯，而是米洛岛供奉的海洋女神。她的出土地点——一座古代的早已被废弃的剧院，似乎也能证实她是岛民信奉的神，而不是更为遥远的希腊主神。但人们执意认为这么美丽的雕像，只有美神维纳斯的名字，才能与她匹配。后来渐渐地没有人关心她最初是谁，她已经成为维纳斯最经典的雕像，被全世界接受。

　　断臂维纳斯是古典时期的雕塑典范，这座雕像蕴含的端庄秀美，使她即使裸身也不轻佻，即使残缺也不病态，这正是西方古典美的深层含义。

　　关于维纳斯落户卢浮宫，还有一段紧张的历史故事。1820 年，当这尊雕塑在希腊出土时，法国驻米洛岛的领事路易斯·布勒斯特立刻意识到这尊雕像的价值，向发现雕塑的农民购买这尊雕塑。他手头没有足够资金，就连夜派人去找法国大使要钱。可是农民已经把雕塑卖给了一位希腊商人。此时，英国也得知了这个消息，派来舰队想要抢夺雕像，在激战中，雕像的双臂被砸断。

　　19 世纪法国的一位舰长的回忆录告诉人们维纳斯出土时的真实形态：她的右臂拉着衣裙，左手高举过头，握着苹果。可是，雕像断臂的形象已经深入人心，倘若有一天，卢浮宫突然想要修复这座雕塑，恐怕全世界的观赏者都会反对。完美，有时不是固定的姿态，而是人们关于遗憾的无尽的想象。

镇馆之宝之三：《带翼的胜利女神》

卢浮宫第三件镇馆之宝，也是一个女人，她被称为《萨莫特拉斯的胜利女神》，也叫《带翼的胜利女神》。

公元前2世纪，罗德岛人民战胜了叙利亚的军队，为了纪念这次胜利，岛民雕刻了一尊胜利女神雕像，将她矗立在一艘海船的船头，表达了岛民的自豪感和对胜利的信心。时光荏苒，罗德岛的胜利成了灰烬，女神也被掩埋在尘土之下，直到1863年，有人在萨莫特拉斯的神庙废墟中重新发现了她。

这是一位饱受时光摧残的女神，包括头部在内的大部分身躯已经遗失，作为雕塑，它甚至没有底座。但眼光独特的考古学家们立刻认识到了她的价值。能够收集的部件被送往卢浮宫，卢浮宫的修复部门立刻开展了对这位女神的"抢救"和"美容"。

即使没有一个完整的形象，这位胜利女神依然呈现出让人惊叹的美。她没有头颅，但那迎风展开的翅膀表达了引领胜利的决心，那被海风吹拂的层层衣褶呈现出令人惊叹的动态美，石头的质地却表现出身躯被衣裙包裹的轻盈的美感，特别是她向前迈步的勇敢姿态，进一步体现了"胜利"。

修复工作艰难地进行着，为了让这位女神恢复完美，大型"整容手术"进行了三次，修复师们不厌其烦地讨论、修改，在碎石中寻找灵感，一点点拼凑、弥补那些残缺的部分。直到 20 世纪才完成修复工作——也就是我们现在看到的胜利女神的样子。

修复后的胜利女神高 328 厘米，被放置在一个巨大的台阶之上。人们拾级而上，仰望着她迎风而立、即将起飞的身躯，感受雕塑传达的激情。她的衣褶疏密有致，完美地勾勒出她的曲线，台阶上没有风，人们依然能够感受到她被猛烈的海风吹拂，却仍要前进的意志。这雕工精美的塑像，超越了时间和空间，呈现出戏剧化效果，给人以强烈的美的享受。

巨大的翅膀是胜利女神魅力的一大来源，这张开的翅膀极大地提高了雕塑的空间感，把人的视线带到更广阔的地方，精细的羽翼刻画体现了某种崇高的意图，让人联想到飞翔与超越。胜利是什么？胜利就是对现实的超越，当胜利女神张开翅膀，看到她的人便仿佛听到了胜利的召唤，和她一起，准备迈步向前，振翅欲飞。

尼罗河的风，来自古埃及的文明信号

古埃及艺术馆是卢浮宫的一个重要馆区，位于苏利馆。这里集中保存了法国掠夺、购买、偷运的古埃及文物。这些文物在巴黎甫一展出，就引起了巨大轰动。那个时候的法国人认为欧洲是世界文明的中心，其余地区不过是蛮荒之地，精美的埃及文物打碎了这种狂妄。

法国与埃及文明有极其密切的关系，这要从拿破仑远征埃及说起。拿破仑带去了军队，也带去了数位精英学者，学者们从前方发回的关于埃及的消息，让整个法国陷入了痴迷。著名历史学家、语言学家商博良，他破译了古埃及象形文字，为人们能够了解那个神秘的文明做出了巨大的贡献，被誉为"埃及学之父"。

通过商博良的破译，我们不但能欣赏埃及文物的形式美，还能从文物上的文字，了解那些人物的生平，以及这个民族的信仰、习俗。在古埃及馆，我们可以看到大狮身人面像，它代表了法老的威仪，是权力的最高标志；我们可以看到杰德霍尔石棺，这座石棺雕工精美，天空女神在棺盖上手举太阳，地府女神在底部接收尸体，生命完成了一个轮回，这是古埃及人对生命的理解；我们可以看到手持水瓶、头顶食篮的埃及女子，一种迥异于西方雕塑的表现手法，却依然玲珑有致……

《端坐的抄写员像》制作于公元前2500年，这座彩绘石灰石雕塑的特别之处，在于它没有被破坏，保留着最初的色彩。这位抄写员坐姿端正，盘腿坐在地上，手中拿着纸莎草纸，正认真地聆听着什么。他的肚腩尤其逼真，也显示出了他的年龄。他的眼睛是古埃及艺术的精髓，铜制的眼眶，里边镶嵌了两颗天然水晶，显得目光明亮，炯炯有神。

显然，古埃及的精雕细琢与西方雕塑不同，雕塑家们既追求形体，更追求神韵，他们不会刻意强调或夸大躯体的力量感，而是给予人物恰当的身份感和生活感。于是，埃及馆的一切都显得遥远而生动，不论是沉睡的法老，还是静坐的官员，还是那些别具情调的装饰品，都在永恒的信仰之中，以沉静渴望着轮回的降临。进入埃及馆，就像进入了另一个世界。

《汉谟拉比法典》，当古文明只剩下难解的语言

"古巴比伦王颁布了《汉谟拉比法典》，刻在黑色的玄武岩距今已 3700 百多年……"这首耳熟能详的流行歌曲有一个极具历史感的开头，把人们拉进了 3700 年前的古巴比伦，它提到的著名的《汉谟拉比法典》早已不在巴比伦遗址上，而在卢浮宫安家落户。

1901 年 12 月，法国人和伊朗人组成了一支联合考古队，他们在苏撒古城发现了三块刻着楔形文字的黑色玄武岩。这三块石头拼起来，是一个高达 2.5 米的椭圆形石柱。石柱最上方是两个浮雕人像，那是太阳神沙玛什正在授予汉谟拉比法王权力——这块石碑因此得名"汉谟拉比法典"。石碑下部垂直书写了 3500 行文字，这就是世界最早的法律条文。

法典分为序言、正文和结语三个部分，一共记录了 280 条法律，包括了对刑事、民事、商业、婚姻、租赁、遗产继承、土地、兵役、劳资、社会审判制度等方面的规定，可谓囊括了社会生活的方方面面。巴比伦是世界四大文明古国之一，它的辉煌早已湮灭在历史的长河中，而这块石碑却记录了巴比伦帝国完善的法律，令后世惊讶。

作为现存的第一部法典，《汉谟拉比法典》有重大研究价值，它还是我们了解巴比伦文明的重要文献。它的雕工也显示了巴比伦艺术的特点：齐整、庄严、精细。这部法典在世界法制史上占有重要位置，后世很多国

家的法律，都源自这部法典确立的原则。此外，那些美妙的楔形文字不但成了语言学家、历史学家、社会学家们的研究对象，还给后代以浪漫唯美的视觉享受，他们看到的不只是历史和文明，还有"用楔形文字刻下的永远"。

大师与国王，一条地道的传说

在卢浮宫的建造史上，弗朗索瓦一世无疑是肇始者，是他开始大规模收藏欧洲艺术品，他还是当时很多艺术家的保护者，其中就包括《蒙娜丽莎》的作者达·芬奇。

达·芬奇是个真正的天才，他不但有完美的绘画技巧，还是个医学家、数学家、建筑学家、天文学家、水力学家、地质学家……在他留下的手稿中，有无数天才的创意。比尔·盖茨曾以3080万美元买下达·芬奇的一部分传世手稿。这样一位天才，在当时也得到了拥护与器重，弗朗索瓦一世诚恳地邀请大师来法国居住，1516年，达·芬奇居住在克洛吕斯城堡，国王经常通过王宫的一条地道去达·芬奇的住处，聆听他那无所不包的智慧。

达·芬奇在克洛吕斯城堡度过了他生命的最后三年，国王将这位大师视作父亲与朋友，据说他死在弗朗索瓦一世怀中。法国著名画家安格尔据此画了一幅油画——《达·芬奇之死》，画面中闭上双目的大师和哀恸的国王，令人动容。

达·芬奇是卢浮宫最受欢迎的艺术家之一，游客们想要观看的不只是《蒙娜丽莎》，还有著名的《圣母子与圣安娜》，这幅画运用"空间透视法"到了炉火纯青的程度，圣母子、圣安娜和抱着小羔羊的约翰，洋溢着天国的和谐与人间的美；《岩窟圣母》同样是大师的一流作品，在一个看似密闭却又有光源的岩窟中，圣母、圣婴、大天使和施洗者构成动态群像，他们用动作把观赏者引向光明；《施洗者约翰》也是弗朗索瓦一世的收藏品，画面上有一名妩媚的少年，这是达·芬奇绘画的重要特点，他的人物总是有一种无法言明的妩媚，介于男女之间，跨越了性别之美。

在欧洲，很多古典名画与王室结下了不解之缘，有些画家一生都为王室服务，有些脾气暴躁的艺术家会与赞助人发生纠纷，有些则远离赞助人的视线，过着贫困生活。达·芬奇在一生中最后的岁月得到弗朗索瓦一世的照顾和尊崇，不可不说是一种幸运。

文艺复兴之光，美术三杰的陈列品

文艺复兴，近代欧洲鼎鼎大名的思想运动，欧洲人的眼界随着古希腊、古罗马重新被发现，冲破中世纪的黑暗教会统治，"复兴"起来。特别是在艺术领域，对古希腊和古罗马的模仿与重新阐释，让人们开始重视世俗，强调真实，开创新技法，挥洒创造力，那是一个蓬勃的时代。达·芬奇、米开朗基罗和拉斐尔，被誉为"文艺复兴美术三杰"，是那个时代当之无愧的代表者，在卢浮宫，他们的作品陈列在显著位置，是参观者们的首选。

上文已经介绍了达·芬奇与法国国王的真挚友谊以及他在卢浮宫的地位。接下来说说米开朗基罗和拉斐尔。

给石块以生命的米开朗基罗是一位暴躁又记仇的天才，他的两尊男性大理石雕塑《垂死的奴隶》和《反抗的奴隶》是卢浮宫最著名的雕塑。这两尊雕塑原本是教皇儒略二世陵墓的装饰品，后来，米开朗基罗将他们送给了一位帮助过自己的朋友。这两尊雕塑辗转被运到法国，被黎塞留主教收藏。法国大革命后，两尊雕塑收归国有，进入卢浮宫展览。

米开朗基罗是力与美的大师，他喜欢在作品中表现人体的力度与雄壮，他把大理石打磨得非常有质感，两位奴隶有结实的肌肉和健壮的肉体。尽管身体的线条因痛苦而极度扭曲，但整体仍给人一种"向上"感。米开朗基罗的作品不像达·芬奇和拉斐尔那样精细，有时，他刻意粗糙，反而营造了更加自然宏伟的感觉，这种"刻意"是天赋的流露。

有人说，米开朗基罗不是在雕刻石头，而是从石头中掏出了生命体，他能够直接塑造人的灵魂。卢浮宫有无数雕像，米开朗基罗的两尊雕像是其中的佼佼者，他们并没有美丽的面容、华丽的修饰，只靠纯粹的力量感，吸引了一批又一批的游客。

以和谐庄重的圣母画为代表作的拉斐尔，在卢浮宫也展有一幅圣母图，这幅画常被叫作《美丽的女园丁》。圣母玛利亚和圣婴耶稣、圣约翰被放置在一个田园风味浓厚的背景中，圣母的服装也有乡村风情，因此被叫做"女园丁"。

这是一幅美丽的画。远处，淡蓝色的风景似朦胧似透明，山峦、河流、树木、城堡，连接着一片金色的麦田，麦田前面就是面容恬静的圣母，她的表情亲切端庄，有一种清透的明亮感，这是拉斐尔的特长，他笔下的女性始终带着这样一种恬静和谐，仿佛是来自天国的人物。也有人说，拉斐尔最擅长描绘天国的风景。

两个小婴儿神态各异，有和玛利亚一样安宁的表情，又多了一丝属于儿童的俏皮，他们依靠着圣母，组成了一个稳定的三角构图，让整个画面更加清晰稳定。不论近景还是远景，都显示出了拉斐尔高超的构图能力。也许有人会问："拉斐尔笔下的人物为什么这么美？"这是因为拉斐尔是个追求美的画家，他认为美不在天国，而在自然和事物本身，所以他力图发掘人身上的美丽。

据说，拉斐尔在街上看到美丽的人经过，就会尾随对方，一定要请对方当自己的模特，如此孜孜以求，加上天赋的才华，自然创造出了极致的美。可惜，这位画家英年早逝，在33岁那年去世，只留下了大量传世作品。卢浮宫还收藏有拉斐尔的《圣乔治屠龙》《施洗者在旷野》《巴尔达萨雷·卡斯蒂利奥内像》等作品，都值得仔细品味。

玛丽·德·美第奇，传奇女性的一生

在古代欧洲，一幅名画的产生往往伴随着传奇，历史的传奇，画家的传奇，作品的传奇，增添了作品的深度与魅力。在卢浮宫，有一间不能错过的展厅，它包括21幅大型油画，从1900年，它便在卢浮宫展示着一个叫玛丽·德·美第奇的女人的一生。

玛丽·德·美第奇是意大利豪门美第奇家族的后代。1600年，她带着丰厚嫁妆在马赛港下船进入法国，成为亨利四世的皇后。次年，她生下路易十三。1610年，亨利四世被刺杀，玛丽皇后摄政。她聘请著名画师鲁本斯以她的生平为蓝本，创作了21幅连环画式的油画，以彰显她的美名。这组油画全名为《玛丽·德·美第奇的生涯》。

首先介绍这组油画的创作者彼得·保罗·鲁本斯，他是一位佛兰德斯画家。佛兰德斯是个欧洲历史地名，包括今天的比利时、法国、荷兰的一些地区，曾经是欧洲最富有的地区。那里艺术氛围浓烈，产生了无数有名的画家。鲁本斯就是其中之一，他将文艺复兴的绘画传统与佛兰德斯的民族风情相结合，创作出气势与动感兼备的画面。他擅长丰富的色彩，人们都会被他强烈的色彩表达吸引。同时，鲁本斯也是巴洛克艺术的代表人物。

在这组油画中，画家以大胆的想象，将神话和现实结合。第一幅画面是罗马主神朱庇特和妻子朱诺，代表玛丽和亨利四世的结合是命运的安排。以此为开端，画家逐一描绘了玛丽的诞生、教育、婚姻，玛丽来到法国，与亨利四世第一次见面，路易十三诞生，玛丽加冕，亨利四世遇刺等等玛丽一生中的重大事件，这些画面无一不在天使和众神的簇拥下展开，画面丰富，令人着迷。

《玛丽·德·美第奇抵达马赛》是其中的代表，画面有丰富的层次。天空中，天使吹奏迎接的号角；一艘皇后专用的豪华船只上，盛装的玛丽正缓步走下船，她身后是跟随的贵妇和仆人，前方是前来迎接的官员；在海中，裸身的仙女们拉着船只的纤绳，似乎也在迎接这位尊贵的皇后。整个画面有一种蓬勃的朝气，庄严的玛丽，威严的士兵，青春的仙女，奢华的船只，显示出辉煌的皇家气象，也显示出画家非同一般的艺术造诣。

欣赏这组油画，我们会感叹一位女人能够享受的奢侈与权力，也不要忘记她的并不美满的结局。玛丽的儿子路易十三渐渐年长，不可避免地与摄政的母亲产生矛盾。玛丽也与首相黎塞留发生矛盾。最后，玛丽几乎被儿子驱逐，好不容易才得到许可返回宫廷。1630年，玛丽再次实施针对黎塞留的阴谋，失败后逃亡。1642年，这位传奇皇后死于科隆，她的晚年在贫困中度过，想必始终怀念着远在巴黎的那些华美的画面。

《老人和他的孙子》，感人的世俗之情

《老人和他的孙子》是多梅尼克·吉兰达约的名画，参观卢浮宫必看的作品之一。游客能够轻易记住这幅构图简明、画笔生动、形象特殊的木板油画，它的特别之处在于画中主角有一个变形的鼻子。

吉兰达约是一位佛罗伦萨画家，和当时意大利画家不同，他追求一种平实朴素的风格，他的画面给人以浓重的现实感。《老人和他的孙子》是他创作的最优秀的肖像画。据说，画中的老人有很高的社会地位，但画家并不着重表现他的地位，而是真实地描绘了他鼻子上的肉瘤，以及在疾病中对孙子的关爱。

老人的面容描绘得十分精确，柔软稀疏的花白头发，额头眼角的皱纹，鼻子上的肉瘤，不轻松的表情和稍显僵硬的姿势，透露出这位老人正被疾病折磨。但是，他的目光又是慈爱的、有活力的，正在看怀中年幼的孙子。

小孙子和老人一样穿着红色背心，戴了一顶红帽子。他的面容十分俊美，浓密的卷发一丝一缕地绘制，透露着健康和朝气，他看着老人的眼神

是渴慕的、依赖的，他的手正放在老人的胸膛上，这样一个孩子激起了老人的怜爱，祖孙间的目光交流，让老人重新散发出活力。在他们后面有一扇窗，窗外有简单的风景，也为这幅画增添了更多的亮色。

垂老与年幼，关怀与依赖，就这样在画家笔下达到和谐。老人变形的鼻子当然不能称为美，但在这温情脉脉的氛围中，也并不让观看者觉得丑——这就是亲情的感人之处。这幅画也揭示了，那时候的绘画已经走下了圣坛、走下了殿堂，深入到普通人的内心世界。

颠覆！《圣母之死》

端庄的姿态，秀丽的面容，姣好的身段，慈爱的表情，优雅的动作……提起圣母玛利亚，人们都会想到有以上特征的女性。在世界著名画家的名画中，玛利亚始终保持着美好的天国般的形象。但是，在卢浮宫里却有这样一张画，画中的玛利亚溺水而亡，身体肿胀，双足赤裸，头发凌乱，是一具并不美观的尸体，让人大跌眼镜。

这幅画名为《圣母之死》，作者是卡拉瓦乔，17世纪宗教画的改革者。他改良了阴暗对照法，将更多的阴影代入画面，并将一道特定光线加入画中，营造出真实的光影效果，以清晰的轮廓和逼真的面容感染观者，有很大的艺术魅力。

在这幅画中，死去的圣母玛利亚被放在一个破旧的屋子中，画中其他人捂住双眼，扶着额头，头颅低垂，议论纷纷，表达了真切的哀悼和对死因的质疑。尸体身穿一身红衣，与画面上方飘动的红色帷幔呼应；围观者脸上的阴影，又与阴暗的背景色呼应。一道光穿过人群照在玛利亚惨白的面容和僵硬的手上。与玛利亚同在显著位置的是哭泣的少女马达莱娜，她的绝望是这幅画的基调。主宰整个画面的，正是阴影、绝望与世俗的悲凉感。

卡拉瓦乔是个天才，他可以直接拿画笔柄在画布上勾出轮廓，迅速作画，根本不必打底稿，这引起了同时代画家的嫉妒。他追求真实，拒绝美化人物，因此，圣母在他笔下是臃肿的女子，圣徒在他笔下是一群穿着破旧的老人，这种真实也引起了教会的不满。《圣母之死》本是罗马的一所教堂委托的画作，当教士们看到画家把圣母画成这幅模样，当即拒收。多亏同时代的弗兰德斯画家鲁本斯四处推荐，这幅画才有机会被收藏、转卖、最后在卢浮宫安家。

卡拉瓦乔是一位颠覆性的天才，在卢浮宫，还有一幅出自他笔下的《女算命师》，一个吉卜赛女骗子一面给天真的富家公子哥看手相，一面偷偷褪下公子哥的戒指，这幅画同样散发着强烈的现实感，体现了画家高超的构图能力，特别是那戏剧性的动作和眼神，让人看着画面就能自行想象出一个完整生动的故事。

被修改的草稿，《拿破仑一世加冕大典》背后的秘密

1804年12月2日，法兰西第一帝国皇帝拿破仑·波拿巴在巴黎圣母院正式加冕。画家雅克·路易·大卫奉命记录这一盛大时刻，创作了油画《拿破仑一世加冕大典》。

这一天，画家受邀出席加冕典礼，仪式上人头攒动，教皇庇护七世亲自为拿破仑加冕，不过，不可一世的拿破仑可不愿由别人为他戴上王冠，他伸手夺过教皇手中的王冠，戴到了自己头上，又把一个较小的王冠戴到皇后约瑟芬头上。画家要描绘的就是这样一个场面。

雅克·路易·大卫，法国古典主义画派奠基人，创作了无数脍炙人口的杰作。如揭露马拉死亡的《马拉之死》，充满古典英雄气概的《贺拉斯三兄弟的盟誓》，纤细生动的《雷卡米埃夫人像》……他是法国大革命的亲历者，也是拿破仑时代的官方画家，他的画作准确地传达了英雄时代的庄严与激情，所以，他是记录加冕时刻的不二人选。

加冕当天，画家仔细地观察，不断画素描打草稿，力图不错过任何一个重要细节。他甚至把皇帝和皇后的加冕服装借到自己的画室，以期真实再现这一历史画面。

到打草稿的时候，画家犯了难。

画家勾勒了一副草稿，皇帝手拿皇冠正要戴在自己头上，这虽然是事实，却显得皇帝太过粗野，而且那个抢夺的姿势并不美妙。皇家画家创作

的作品，必须要有宣传作用，这样一个动作，无法体现拿破仑的威严。画家想来想去，决定改画另一个场景：拿破仑已经戴上王冠，他正准备给皇后戴王冠。

这幅著名的加冕图就这样诞生了，据说仔细观察这张画，还能隐隐约约看到草稿的线条。这是一幅辉煌的庆典图，皇帝与皇后华美的衣物，神气的表情，还有庆典现场庄严的气氛，各个人物凝重的表情形成了画面张力。画家用两年的时间一笔一笔描绘出宏大华丽的气氛，拿破仑的骄横、约瑟芬的恭敬、教皇的无奈……每一个人物都有其特定的表情，就连那穿着粉红衣物的宫女都显得典雅动人，100多个人物个个不同，却依然层次分明，真是一副恢弘的图画。

大卫一生有不少名作，更为拿破仑画了不少宣传画像。他的地位也随着拿破仑的政治生涯起落。拿破仑称帝后，大卫是炙手可热的官方画家，个人声誉达到了顶点；随着拿破仑的失败，大卫遭到驱逐，最后客死他乡。尽管如此，他依然是法国绘画史上最响亮的名字之一，他的经典作品依然在卢浮宫展览，无数人通过他恢弘的绘画，了解那个令法国人骄傲的帝国时代。

争论焦点：《美杜莎之筏》

1819 年，青年画家泰奥多尔·席里柯展出了一幅油画，轰动一时。

这幅画叫做《美杜莎之筏》，以现实主义笔触记录了一场海难。"美杜莎"号是一艘帆船战舰，遭遇海难后，船长弃船而逃，一大批船员在海上漂流了整整 12 天，149 人罹难。木筏变成了漂流的地狱，幸存者争夺粮食，互相残杀，把同船的人扔进海中，甚至有人偷偷吃死去的人的尸体。

最后，只有十个人活了下来。官方压制了这场惨剧的真相，无能的船长也只是受到了降职和三年刑期的轻微处罚。有两位幸存者不服判决，把事情真相写成一个小册子，公之于众。艺术家的良知和勇气，让席里柯拿起画笔，以阴暗的色调记录了这场惨案，也引起了当时画坛尖锐的批评和长时间的争论。

争论的焦点是什么？过于逼真的死亡场面。

在这幅金字塔结构的油画中，尸体和幸存者的挣扎同时铺在破旧的木筏上，底部的人已经死去，他们扭曲的身体似乎还在痉挛，他们的表情恐怖而无助。画面中部的人还有一丝力气，他们在饥渴中煎熬，伸出手臂渴望援助，甚至不得不拉住身边的人，以防自己倒下。一位老者抚摸着尸体，露出沉思的表情，他是这幅画中唯一静态的活人，他像一位哲人，正在思考灾难和死亡。其他人，不论死人还是活人都是动态的、痛苦的。

画面最上部出现了金黄色的光线，人们正对着远方振臂呐喊，这是戏剧性的一幕，漂流的木筏迎来了救援的船只，他们即将得救。可是，木筏上那些扭曲的尸体，那些不幸的人再也不能复生。画家以沉痛的笔调抽打着人的良心，唤起人们的同情。也让习惯了古典绘画的观赏者们大惊失色：可以这样画画吗？可以这样大胆地表达死亡吗？

一时间，批评的声音占了上风，但这种风格正是席里柯的艺术追求，为了更准确地表达人在濒死和死亡后的真实状态，席里柯下了大功夫，他跑到医院现场写生，观察那些垂死之人在死亡前表达出的一切：动作、眼神、情绪，并把他们真实的尸体画下来；他还亲自寻访海难幸存者，请他们扎制一个木筏，以期真实地还原当时的场景……他做了大量坚实的基础工作，才完成了这幅杰作。

这幅画引起了强烈的社会情绪，波旁王朝的官员们认为这是画家对政府的讽刺，他们阻挠这幅画继续展出；市民们却被这幅画震撼，对死难者表示衷心的哀悼。事情的结尾颇有戏剧性，波旁王朝的皇帝路易十八认为这是一幅难得的杰作，他保护了这幅画，并捐给了卢浮宫。可见，真正的艺术往往能够超越阶层，获得不朽。

革命激情回声：《自由引导人民》

1830年7月27日，法国七月革命爆发。巴黎市民自发起义，驱逐了复辟的波旁王朝。

查理十世取消议会是这次起义的导火线，巴黎市民不愿坐视反动王朝复辟，冲上街头与保皇党激战。一个名叫克拉拉·莱辛的年轻姑娘举起了象征自由法兰西的三色旗，一个叫阿莱尔的少年试图把这面旗帜插到巴黎圣母院的一座桥头，却不幸中弹身亡。一位叫欧仁·德拉克罗瓦的画家看到了这感人的一幕，他决定将这一幕在画布上永远记录下来。

从7月27日到29日，战斗进行了三天，被称为"光荣的三天"，在硝烟与炮火声中，德拉克罗瓦在街头凝神观察每一位战斗参与者，他手里的铅笔不停涂抹，画了上百幅草图，在此基础上诞生了《自由引导人民》这幅浪漫主义绘画杰作。

这幅画具有凝重的风格和强烈的感染力。远处硝烟弥漫，近处是阵亡者的尸首，一位举着三色旗的女子位于画面中心位置，她既是克拉拉·莱辛，也是自由女神，她以古典形象站立在现实氛围浓厚的背景中，神话与现实达到了高度统一，产生了戏剧性的震撼力。她正指挥市民向胜利前进。

画面上那位双手拿枪的少年正在奔跑，他就是阿莱尔；一位穿着工作服的工人位于最左侧，他旁边是一位头戴礼帽、手握长枪的绅士，这就是画家本人，他把自己放进了画像……逼真的服装揭示了画中人物来自各个阶层，他们为同一个目标进行同一场伟大的战争，整幅画面有强烈的史诗品格，激动人心，催人奋进。

德拉克罗瓦是法国浪漫主义画派的代表画家，他的作品承继了文艺复兴和法国绘画的精髓，将强烈的时代感注入到画面中。画家选材突破了古典范畴，开始表达当代重大政治事件。德拉克罗瓦的画作，象征着革命浪漫主义情怀和深厚的现实主义和人道主义关怀。

《自由引导人民》是德拉克罗瓦的代表作，也是浪漫主义的巅峰之作。七月革命胜利，查理十世被驱逐，这幅名画也成了胜利纪念品，为法国绘画留下了浓墨重彩的一笔，至今仍在卢浮宫向人们展示那个时代的激情。

拉图尔，一位神秘的画家

乔治·德·拉图尔，生平不详，身份不详，经历不详，是一位长期隐没在历史中的神秘画家，就连他后来被发现的作品，也无一例外地带有一丝神秘色彩。有人说他是法国洛林地区一个面包师的儿子，在30年战争中，洛林变为战场，拉图尔在战争中看到了太多死亡，以致他的画作中总是带着宁静的沉思和摇曳不安的光线。这位出生于16世纪末的画家和他的杰作长久沉寂，直到20世纪中期，才被重新发现。

1945年，为卢浮宫征集艺术品的会员们在布瓦昂泽赖的一座小教堂里，发现了拉图尔的一幅《伊蕾娜看护圣塞巴斯蒂安》，这幅画充满了拉图尔的风格。画面取材于圣徒故事，讲的是殉道者塞巴斯蒂安被乱箭射死，罗马的伊蕾娜救活了他。这是当时的流行故事。

在画面中，塞巴斯蒂安处于极度痛苦之中，整个画面沉重而朴实，人物们穿着最简朴的服装，颜色却经过精心安排，在火光的照耀下显得统一而有层次。画上五个人物的表情各不相同，但都显得庄严。伊蕾娜手中的火炬跳动着火焰，色调并不温暖，为整个画面制造了光影效果，揭示了人物内心的不安和沉痛。

卢浮宫想要购买这幅画，但小镇教堂也将这幅画当作宝贝，开了个极高的价格。当这项购买提案提交到卢浮宫，董事们被那豪迈的数字惊呆了，他们激烈地讨论这幅画是否值得卢浮宫一掷千金。最后，一位叫雅克·杜邦的人说服了委员会的成员，他提醒大家，卢浮宫的宗旨是"保护祖国的文化遗产"。终于，这幅画由小教堂迁往卢浮宫。

卢浮宫收集了拉图尔的七幅作品，被誉为"烛光画家"的拉图尔最喜欢在画面上加一盏灯或一根蜡烛，用这束光来反应人物的内心世界。在细腻的光影中，人物静态而端庄，有一种神秘的美。卢浮宫收藏的另一幅《忏悔的抹大拉》，更能体现这个特点。画面中的妓女玛利亚凝视着烛火，一只手抚摸着膝上的骷髅，显出苦修者对世界的沉思。画面朴素简约，结构完整，带着属于另一个世界的神秘。

拉图尔是一位极具个人风格的画家，他的声望越来越高，可以预见，卢浮宫还将继续为收藏他的画作而努力。现在，卢浮宫已经有拉图尔的七幅画作，每一幅都异常精美，值得游客反复观看。

国王的客厅，拿破仑三世的奢华生活

　　漫步卢浮宫，现代化的馆藏设备几乎让人忘记这里曾经是一座皇宫，倘若卢浮宫不再有任何皇家气象，想必那些早已作古，却曾尽心竭力收藏艺术品的皇室成员们要抗议。幸好，黎塞留馆二楼保留了一个皇家区域，保留了帝王时代的奢华，让参观者透过一间完整的帝王套房，一窥那个时代的究竟。

　　豪华客房的主人是路易·拿破仑·波拿巴，史称拿破仑三世，是拿破仑的侄子。1852年，他利用法国人对拿破仑的怀念，恢复帝制，大力发展工商业，统治达19年之久。在装修卢浮宫时，他最大限度地追求奢华。

　　以金色和红色为主调的套房包括寝宫、客厅和餐厅等部分，摆放着精美绝伦的家具，红色的华丽帐幔随处可见，在金碧辉煌的视觉效果中，不会使房间阴暗。人们首先看到的是一盏巨大的水晶吊灯，从绘制壁画的天花板垂下来。水晶吊灯不止一盏，它们照亮了这套房间的每一个角落。

　　每一件家具都精美绝伦，雕刻着神话人物的衣柜、来自中国的花瓶、金色的餐具、光可鉴人的铜雕、彩绘玻璃窗……处处显示着帝王的气派。墙壁上悬挂着拿破仑三世和他的皇后欧仁妮的大幅画像，桌子上摆着带有他们头像的法国制精美花瓶。皇室的珠宝也在这里展示。欧仁妮皇后有一顶皇冠，由 40 颗绿宝石和 1031 颗钻石组成，光彩夺目。

在拿破仑三世的客厅里，看着他用过的座椅，欣赏欧仁妮皇后的珠宝，在每一处奢华极致的家具前流连，这份奢华无法复制，只能令人惊叹。看得久了，会觉得自己也是个身穿华裳的贵族，收到了皇帝的请柬，即将出席 100 多年前的一场皇家宴会……

第二章　大英博物馆

数千载光阴，800万藏品，大英博物馆堪比一部简明又丰富的世界历史。通过文物讲述历史，是博物馆的一大功能，作为曾经的日不落帝国，英国的殖民地曾遍及全世界，同时也搜罗了来自全世界的珍贵艺术品。来自各个地区、各个历史阶段的文物在此陈列，琳琅满目，吸引着每一个好学求知的人。

汉斯·斯隆爵士的遗嘱

1753年，是世界博物馆历史上一个极其重要的年份。这一年，一位叫汉斯·斯隆的英国爵士去世，他留下一份遗嘱，表示要把他的所有收藏品捐献给国家，国王只需给他的女儿们两万英镑当作补偿，这两万英镑是所有藏品价值的四分之一。

汉斯·斯隆爵士是位优秀的医生，后来成为英国皇家学会会长。他对收藏有着非比寻常的热情。他留下的藏品有科学标本、植物标本、古董、艺术品、书籍、版画、著名手稿、钱币、纪念章、工具……他希望由全人类，而不是仅由自己的后代来继承这些财富。

同年，国会接受了他的遗赠，批准建立英国国家博物馆，并颁布一部《大英博物馆法》，决定以彩票发行的方式筹集建设资金。斯隆爵士希望这间博物馆能够"提高全人类艺术和科学水平"，博物馆决定免费对公众开放，这在全世界尚属首例。

1759年1月5日，大英博物馆在蒙塔古宅邸开放。博物馆不但有斯隆爵士捐赠的重要藏品，还在不断扩充。那时的英国在全球的影响力不断增大，英国人从世界各个地区带回珍贵的文物，很多都被大英博物馆收藏。

起初，博物馆的主要藏品是自然历史标本，随着藏品的大量涌入，博物馆的功能也越来越全面，扩建随之而来。1802年，博物馆建造了另一个馆区。1823年，英王乔治四世将国王图书馆藏书捐给国家，于是，博物馆又重建一座大楼。

博物馆面积在增大，藏品在增多，随之而来的是越来越多的包括社会各个阶层、各个年龄段的参观者。为此，博物馆不但编撰了厚厚的目录册，不断发送宣传册，还设置了现代化的信息中心。1880年，自然历史类收藏被转移到南肯辛顿区的新自然历史博物馆，大英博物馆又一次扩建。1900年，书籍、手稿内容也被分离出去，另组大英图书馆。

一次次重组，只因博物馆的藏品太多了！大英博物馆是世界上规模最大的博物馆，有800多万件藏品，大批珍贵藏品甚至没有机会公开展出。世界很多地区只有一两件装点门面的重要文物，大英博物馆的文物却丰富得令人咂舌。

大英博物馆走在世界前列，早在一个世纪以前，那里就有导游，就有专业讲解员，有专门的纪念品商店，有功能齐全、分类明确的展厅，有专门的展览设计师。博物馆的功能不断发展，随后又推出了教育设施，1973

年,还成立了一家出版公司。

博物馆管理者的态度也值得借鉴。大英博物馆始终牢记着"提高全人类艺术和科学水平"的初衷,不断细化馆藏品,以期这些藏品得到更专业、更细致的研究。大英博物馆始终与现代科技紧密相连,不断用新科技解决考古研究中的问题,在文物研究方面走在了世界前列。他们一面考古,一面保存,为人类文明做出了巨大的贡献。

如今,大英博物馆占地10万平方米,设有古代埃及部(藏品之丰富仅次于开罗的埃及博物馆)、古代西亚艺术部、古代英国及中世纪部、古代希腊、罗马部、东方书籍、抄本部等重要部门,它的各项功能还在不断完善,而且始终对外免费开放,任何人都可以进入其中,沉浸在时间跨度足有两百万年的历史文物中,体会人类文明。

重量级镇馆之宝:罗塞塔石碑

大英博物馆面积之大、收藏之多,决定了每一个来此参观的游客必然要有所取舍,每一位游客的参观重点中,必然包括几件珍品中的珍品,国宝中的国宝,其中最重要的一件,是一块灰色的、行李箱大小的石头。石头上布满文字,极少有人能看懂。但是,人们依然怀着激动的心情端详。它就是举世闻名的罗塞塔石碑。

这块石碑背后有广阔的历史背景和复杂的国际纠纷。

1798年,拿破仑远征埃及,随军带去众多学者。某一天,法国士兵在罗塞塔修建防御工事，挖出了一块石碑。他们看到上面刻有文字，就找来了随行的专家。

专家仔细观察，这块石碑的高度只有一米多，宽不到一米，并没有精细的雕工，看上去平平无奇。可是，专家立刻发现，这上面竟然刻有三种文字：古埃及象形文、古埃及通俗文以及希腊文。他们无法判断三种文字的内容是否一致，但这块石碑无疑是极其重要的文物！

很快，消息传到法国国内，拿破仑命人拓印了石碑上的文字，寄给当时欧洲的古文字学者们，让他们尝试破译。当时，古埃及早已灭亡，那些留在神庙、古墓、文物上的象形文字，无人能够解读，古埃及也因此成为世界历史一大谜题。当学者们听说在无人能懂的象形文字下，竟然有希腊文翻译，怎能不欣喜若狂？这代表古埃及文明有了破译的可能！

法国军队理所当然地认为这块石碑属于法国。可是，他们没能及时将它运出埃及。随着拿破仑军事行动的败北，罗塞塔石碑作为战利品，被英国人带到大英博物馆，并立即被放置在重要展厅公开展览。大英博物馆还将碑上文字公布于众，希望借助全欧洲的学术能力，破译古埃及密码！

欧洲学者无比激动，他们尝试用各种方法破译这些文字。在很长一段时间，事情毫无进展，人们无法把象形文与希腊文一一对应。

突破性的进展来自一位叫托马斯·杨的英国学者，他在石碑上发现一个反复出现的象形文字，经过多方考证，他相信这是一个王室姓氏——托勒密。但他也仅仅破译了一个，对其他文字，他无能为力。

但这个发现依然是决定性的。法国的语言天才商博良按照杨的思路，发现埃及的象形文字既象形又表意，他用音与意结合的方法，破译了全部文字！从此，古埃及不再是秘密，人们可以阅读一切关于古埃及的文字，后世的我们终于可以了解古埃及及其历史。这块石碑也成了人类文明的一大见证，成了大英博物馆的镇馆之宝。

罗塞塔石碑还包含了另一段历史：公元前205年，年仅六岁的希腊男孩托勒密五世成为埃及国王。他的祖先就是亚历山大大帝的将领托勒密。亚历山大大帝征服过埃及，他死后，托勒密成了埃及的统治者，并规定埃及官员使用希腊语，于是，在埃及，祭司们使用古老的象形文，民间使用流通的日常文字，官方则使用希腊文。

托勒密王朝的统治出现过短暂的辉煌，很快，他们便没有能力治理埃及这个庞大的帝国，需要借助大祭司们的力量。特别是托勒密五世登基后，年幼的他无法应对国内的叛乱，只好与埃及的大祭司们合作。祭司宣布托勒密五世是埃及法老，托勒密五世则给予祭司们各种优待。罗塞塔石碑上记录的，正是国王对祭司的承诺。

那么，引起世界震动的罗塞塔石碑上，究竟写了什么神秘的内容？

答案并不神秘，这上面只有一份关于税收优惠政策的文件，内容干巴巴的，打着官腔，毫无趣味。它的内容早已不再重要，人们用热切的目光寻找的，是来自遥远古埃及的文明印记。

最受欢迎的镇馆之宝：大祭司木乃伊

倘若评选大英博物馆最受欢迎的藏品，大祭司木乃伊无疑位居榜首！

该怎么形容它的受欢迎程度？不论老人还是孩子，都对它感兴趣，都会围在它身边久久不愿离去。木乃伊神秘又神奇，它不像罗塞塔石碑那样缺少趣味性，不像某些文物需要极高的艺术品鉴能力，它既是艺术品，又是历史证人，还带着"超科技"色彩，它能激起人最大的想象力，对很多人来说，木乃伊就是埃及，埃及就是木乃伊。

大祭司的名字是霍尼吉提夫，他是托勒密三世时期卡纳克阿蒙神庙的祭司。在古埃及人的世界观中，死亡是另一段旅程的开始，人们必须带好那个世界的通行证，保存好自己的肉体，并把一切生活、享乐工具尽可能地带进棺材，以便在那个世界享用。

于是，当霍尼吉提夫死去后，按照当时流行的做法，他尊贵的身体被解剖，内脏和身体分别被涂抹防腐药材，再用亚麻布层层包裹，然后，他的身体上被放上各种护身符、宝石、避邪物品，再覆上彩绘的描金木乃伊盒，面部戴上一个黄金面具，面孔下方有圣甲虫。

华贵的棺材早已制作完毕，内棺被精心装饰，外椁更加巨大，呈人形。在棺材内部，绘制了精美的图案，棺木上有铭文记录了霍尼吉提夫的身份。棺盖内侧画满了日月星辰。然后，人们毕恭毕敬地将木乃伊放进棺木，完成一次庄重的葬礼。霍尼吉提夫大祭司在这个"时光机"中沉睡，去了另一个世界。

大祭司恐怕没有想到，2000多年后，他的棺木重见天日，全世界的人都对他感兴趣，他再也不能安眠。通过对罗塞塔石碑的破译，人们能够解读埃及象形文字，他的身份不再是秘密。人们不敢轻易地取掉他身上的亚麻布，害怕损伤珍贵的文物。后来，随着科技进步，人们可以通过CT扫描看到亚麻布下的尸体，一切无处遁形，人们甚至发现他是一个关节炎患者！

时至今日，人们对这具"尸体"的兴趣依然不减，作为古埃及派到现代的使者，霍尼吉提夫不得不接受人们的注目礼和一次次的科学检测实验。人们想要弄清木乃伊不腐烂的秘密，想要了解更多古埃及历史，想要知道古埃及的医学、贸易、信仰、建筑各方面的信息。在古埃及，大祭司的职责是维持良好的社会秩序，如今，他来到现代，依然是启迪智慧的先知。

官司缠身的镇馆之宝：埃尔金大理石

大英博物馆最受欢迎的展品之一，有镇馆之宝美誉的一组大理石浮雕，来自西方文明的摇篮——希腊。19世纪初，这组希腊雕刻在伦敦展出，所有人都为其魅力折服。如今，这组雕刻也是游客们的必看藏品，其价值无法估量。有人说，这是世界上最动人的雕刻。

这组浮雕为大英博物馆带来了大量的参观者，也带来了大量的麻烦，事情要从1800年说起。

这组雕刻原本属于希腊雅典的帕特农神庙，只要稍稍了解希腊，就不会感到陌生。它是雅典最著名的建筑，是古雅典人为敬奉他们的守护神——智慧女神雅典娜而建造。在庙里有一座由黄金和象牙制成的女神神像，在神庙四面的柱子顶端，环绕着92幅方形石雕，艺术家以精湛的雕刻工艺刻画了神话与现实生活，故事历历在目，人物栩栩如生，任何人都会惊叹它们的美丽。

古希腊文明在战争中消亡，19世纪，希腊处于奥斯曼土耳其帝国的统治之下，值得庆幸的是，帕特农神庙并没有被拆毁；不幸的是，一位英国贵族正在觊觎它，他叫托马斯·布鲁斯，人们习惯性称他为埃尔金伯爵，他是当时英国驻奥斯曼帝国的大使。这位大使酷爱神庙的雕刻，经常在那里逗留。

后来，埃尔金伯爵拆下石雕，运回英国，这件事引起了轩然大波。埃尔金伯爵宣称他已经取得了苏丹王的许可，"只要不破坏古庙"，他有权搬走任何东西。帕特农是希腊人的宝物，他们称埃尔金伯爵是盗贼，说他没有权力掠夺希腊的财富。大英博物馆也扮演了一个不太光彩的角色：明知这批石雕的来源，依然从埃尔金伯爵手中购买下来。这套石雕也因此被称为"埃尔金大理石"。

于是，事情出现了戏剧化的局面。一方面，这批石雕以其夺目的艺术性成为镇馆之宝，参观者络绎不绝；另一方面，希腊人一直在声讨英国政府和大英博物馆，要求他们归还这批石雕，让它们回到家乡希腊，让帕特农神庙恢复完整。

对此，大英博物馆认为石雕是人类的共同财富，既然它们在大英博物馆得到了极好的保护，又让那么多人借此了解希腊，它们理应留在伦敦；希腊方面认为文物应该回到原籍，让希腊人和全世界的人了解希腊文明的完整面貌。2004年雅典奥运会之前，希腊人又一次声势浩大地要求英国归还文物，被英国人一口回绝。

也难怪英国人拒绝，大英博物馆的文物，不知有多少来自于战争劫掠和非法偷运，倘若他们把石雕还给希腊，会有更多国家前来讨要自己的文物，不论英国政府还是博物馆，都不准备开这样的先例。看来，关于文物的是非官司，大英博物馆还要打下去。

来自东方的镇馆之宝：女史箴图

《女史箴图》，一幅来自中国的名画，它价值连城，是大英博物馆当之无愧的镇馆之宝。

这是一幅长达 3.5 米的中国古典画卷，用毛笔勾线上色，绘在细绢上，与西方人看惯了的油画截然不同，处处体现了东方式的柔和与精巧。不论画布的材质、画家的笔法还是人物的线条，均婉转灵动。中国古代画家不像西方画家那样，追求客观的表达，他们追求的是"神似"。表现人物的神韵，是绘画的第一要义。

《女史箴图》的作者是东晋著名画家顾恺之，中国绘画史上最有名的画家之一，以仕女图驰名于世。不过，《女史箴图》的原画早已失传，大英博物馆这一幅，大概是唐人的临摹作品，因为神韵相似，被当作真品，并不影响它的传播和被人鉴赏。中国人喜欢赏画，在画的空白处印上自己的印章，这幅画也不例外，除人物外的画纸上有大大小小的红色印章，乾隆皇帝也曾赏过这幅画。

这幅画的主题也有很强的中国味道，画家创作它，是为了教导后宫女子遵守妇德。画的名称来自诗人张华的一首同名诗《女史箴》，为的是劝谏当时荒淫的贾南风皇后注重德化，辅佐皇帝，可惜这首进谏诗没有起到任何作用。

又过了 100 年，张华早已作古，中国历史进入东晋时期。某一天，东晋的皇帝对他宠爱的妃子开了个玩笑,他说:"你已经30岁了,我要去找年轻漂亮的女人了。"这位妃子羞怒不已,当晚就杀掉了皇帝。这件震惊朝野的凶杀案让男人们形成了这样的共识:必须规范女人的行为。

也是因为这件事,顾恺之开始创作《女史箴图》,他按照张华原诗的意思,在细绢上描绘女子的种种美好品性,这些画面细腻活泼,体现了极高的绘画造诣。其中,《冯媛当熊》这一部分,经常出现在绘画图册里。

故事说的是汉朝年间,汉元帝带着嫔妃们观看斗兽,一只熊跑到了殿上,左右嫔妃吓得纷纷逃散,只有冯婕妤走上去挡在汉元帝前面,直到侍卫们杀掉那只熊。从此,元帝对她异常敬重,她的儿子也被封为信都王。

在画面上,皇帝端正地坐着,显示出天子不慌不乱的威仪,他身后有两个面有惧色的嫔妃。冯婕妤站在前面,美丽的脸庞,姣好的身段,泰然自若的神情,与那两位慌张的嫔妃形成鲜明对比。两个侍卫手执武器,正要对付猛兽——猛兽并不是高大的黑熊,个头较小,神情凶恶。整个画面流畅传神,特别是人物的衣带、衣褶、饰带等细节,用柔美的线条勾勒,飘飘欲飞,似乎正被风吹动。不论整体还是细节,都达到了高度的统一和精细。

这幅图画有没有达到教化目的?恐怕没有。它一直被中国的历代帝王收藏,一代传给一代,后宫嫔妃没有机会看到它,只有那些最高身份的人才能展开它细细把玩。如今,人们可以看到它的全貌,欣赏它的艺术水平,至于它所倡导的女性对男性的无条件奉献,已经成为一种落后的价值观,留在了封建时代。

此外,这幅画的背后依然有一段不光彩历史。《女史箴图》本来收藏于圆明园,英法联军侵华,把圆明园宝藏抢劫一空,为了掩盖罪行,在抢劫后放了一把大火,有"万园之园"之称的圆明园化为灰烬。所以,中国游客面对这幅画,心头难免五味杂陈。

质疑《圣经》，大洪水记录板

大洪水，是《圣经》中最著名的故事之一：神不满人世的罪恶，降下洪水消灭人类，诺亚事先受神吩咐造了巨大的方舟，让一对对动物登上这条生命之船，度过大洪水劫难……《圣经》固然是一部经典，但大洪水故事真的来自于《圣经》吗？

出土于伊拉克古城尼尼微的大洪水记录板告诉我们：不是。

故事要从黏土板说起。古代的幼发拉底河和底格里斯河之间的文明，被称为"两河文明"，那里的居民取来河岸边的黏土，用芦苇笔轻轻画出痕迹，然后用火烘烤，这就是他们用以记事的黏土板。他们使用一种楔形文字，主要运用于各个城市的管理和官方交流，也用来记录他们的生活和故事。

大英博物馆收藏了十几万片来自米索不达米亚的黏土板，黏土板质地坚硬，在干旱地区可以保存千年不腐坏。它们最大的"敌人"是潮湿，一旦空气有湿度，他们会逐渐变为软塌塌的泥巴，所以，大英博物馆必须为这十几万片黏土板提供干燥的保存环境。起初，这些黏土板就放在一个搭满木架的屋子里，由人随便参观。橘色的黏土板和神秘的楔形文字引起了人们的浓厚兴趣，很多人甚至自学成了楔形文字专家。

1872年的一天，一个叫乔治·史密斯的人走进博物馆存放黏土板的房间，他是一位"楔形文字爱好者"，没事儿就会进来逛逛。这一天，他的目光被一片黏土板吸引,他翻译着上面的内容,突然觉得上面的故事十分眼熟:神告诉一位男性,洪水即将降临,他应该造一艘大船,带着家人和动物去那艘船上。

这不是《圣经》大洪水故事吗?

乔治面色严肃,这块黏土板的历史显然要比《圣经》出现还要早,难道在《圣经》之前就已经有大洪水故事?乔治又一次仔细研读,确定上面记载的正是大洪水故事,他兴奋地发布了这个重大发现!他和这块黏土板一起出名了,世界各大报纸争相刊载这个消息,坚信《圣经》是神话和坚信《圣经》是史实的人开始了长期的论战,笃信上帝的人们的思想被这个消息撼动了!

后来,人们进一步发现,乔治发现的大洪水只是著名史实《吉尔伽美什》的一部分,吉尔伽美什是古代巴比伦的国王,是米索不达米亚的英雄,这部史实讲述了关于他的故事,是世界现存最古老的叙事史诗。《吉尔伽美什》是古巴比伦人智慧的创造,也启迪了中东其他神话与宗教。如今,这块看似普通的黏土板仍在大英博物馆展出,如果不加以介绍,谁又能想到,它曾在一个多世纪以前,让人们的思想起了翻天覆地的变化。

埃及部，目不暇接的埃及收藏！

说到大英博物馆最有名的部门，当然要数古埃及部！这个部门的全名是古埃及和苏丹部。可以说，除了埃及，大英博物馆有世界上最丰富的埃及文物藏品，这是公认的事实。英国之所以有如此多的埃及文物，得益于他们在埃及打败了法国，带回大量重量级文物，也得益于英国考古队在埃及的考古，以及私人收藏家们的捐助。不论这些文物来源如何，它们济济一堂形成的气势，足以让游客们惊喜。在埃及部，可以尽情饱览尼罗河风情。

首先要欣赏的是一件4000多年前的雕塑，它的材质是一颗河马的牙齿。它被简单的工具雕刻成一位并不美丽的女性。这位女子性别特征较为明显，有赤裸的胸部和细细的腰部。那时候的雕刻技术不成熟，她没有头发，眼睛也不过用利器刻出轮廓线，再凿出一个圆点当做眼珠。这位女性的眼睛很大，和后来雕塑、壁画上的埃及人眼睛有形似之处。

这件雕塑有一个相对立体的鼻子，占据整个脸庞至少三分之一，嘴巴更加简单，几乎是一条直线，可以看出，那时候的艺术家们就在琢磨立体感，因此，嘴巴下部和下巴都经过了一定的打磨。这件艺术品在一个小型的氏族坟墓出土，那里有尸骨、炊具还有三件类似的女性雕像，看来，从那个时候起，埃及人就习惯把他们生前的所有东西带进坟墓，以供自己在另一个世界继续生活。

现在，让我们跨越 500 年，来到公元前 3500 年左右的卢克索附近，那里的人们已经懂得拿黏土制造艺术品。出现在我们眼前的是四只小牛，它们在同一个底座上，形成一组雕像。牛的高度只有几厘米，像小孩子的玩具，而且，他们身上还残留着黑白颜料的痕迹，这说明当时已经有了上色技术，也说明了它们的物种——奶牛。

这件文物在一座坟墓里出土，那并不是个大型坟墓，只有一具男尸，几个陶罐，一根泥棒，还有这件雕塑，这足以说明牛在埃及社会的重要意义。在尼罗河畔，人们依靠牛进行耕种，是牛带来了农业的繁荣，让埃及人能够吃饱。而且，牛还提供了奶和肉，这种动物可以说是造物主送给埃及人的礼物。所以，牛的形象不但出现在平时的器物上，还出现在重要的岩画上和宗教场合里。

在埃及神话里，牛同样占有重要位置，巴特女神就是一位母牛女神。牛受到了广泛的尊重，它们被雕刻、被记录，而眼前的这组有大有小的奶牛，只是最原始的记录品。还要说明的是，这种牛是非洲本地的品种，和亚洲牛不同，而且，它们早就已经灭绝。

又过了 1000 多年，尼罗河畔的艺术家的手艺有了大幅度的提高，他们已经能够用石灰岩制作彩绘作品，还能砍伐木头，造型并上色。这个时候，木制雕塑大规模流行起来，这是因为比起石头，木头更加灵活，也更加廉价。艺术品通常是统治阶级享用的物品，有一定的宗教或现实含义，我们现在看到的木头雕塑，就是一件殉葬品。

这件作品雕刻了一个正在犁地的农民，他和壁画里经常出现的埃及人一样，在炎热的天气里赤裸着上身，光着双脚，只在腰间围了一件白色的围裙。他有黑色的浓密的头发和健康的身体。古埃及人不像古希腊人那样，总要强调人体的质感，他们的人物有些抽象。拿这件作品为例，这个人腿很粗，胳膊却很细，完全不符合人体比例。

黑色的粗眼眶是埃及彩塑的一大特点，埃及艺术家们一定会给人物描上粗眉毛和粗眼眶，让人的眼睛显得大而有神。这件木雕显示了一个奴隶的勤劳与质朴，他和其他出土的木雕一样，是墓地主人的殉葬品。墓地主人显然很有身份，他需要带着大批奴仆，为他犁地、种田、饲养家畜、打猎、酿酒……这也是埃及人的日常生活。

公元前2000年，有身份的人——法老、祭司、贵族、官员，开始命人雕刻他们的雕像，他们追求坚硬的质地和宏伟的效果。在大英博物馆，你可以看到用石英岩雕塑的法老雕像，和所有法老一样，他有一双非常大的耳朵，这不是说明古埃及人的耳朵更大，而是一种象征，代表法老是上天派来的统治者，愿意倾听下等人的声音。

艺术家们尝试用各种石头雕塑，也形成了不同的风格。有一尊雕塑以花岗岩为原料，追求粗糙的效果，这位法老的面部没有经过精细打磨，但是，当埃及的强光照在他的面部，竟然产生了令人畏惧的效果。可见，埃及艺术家们已经开始追求环境与作品的统一性。也有艺术家追求精美的外形，一尊高帽子的绿岩石法老头像是这类作品的代表。

下面让我们欣赏一下举世闻名的埃及壁画。这些壁画被留在陵墓中，有鲜明的埃及色彩和埃及线条，在底比斯内巴蒙陵墓中，我们可以看到埃及人如何饲养动物、劳作、宴会，这些活灵活现的生活场景，洋溢着世俗的幸福感，可见，当法老追求永生和死后世界时，艺术家们更愿意表现现实生活。

内巴蒙是内巴蒙陵墓的主人，他不是法老，而是一位埃及官员，他显然有很高的社会地位，才能建造出如此豪华的陵墓。陵墓壁画记录了他的生活，他经常命奴仆们准备盛大的宴会宴请客人，女仆们吹着乐器跳着舞为宴会助兴。壁画上还有祭祀场景，这些都是古埃及人的社会生活。

和许许多多埃及古物一样，这些画除了各种图案，也出现了记录墓主身份的象形文字。多亏这些文字，我们才能知道内巴蒙的名字和他的职位。最引人注目的壁画是两幅劳动场景：畜牧和捕禽。

《内巴蒙畜牧画》不太完整，内巴蒙左手拿着绳子，右手似乎在引导牲畜们的方向，又像在抛洒牧草。这是一个典型的埃及人形象，赤裸的褐色身体，腰间的白色围裙，黑头发、黑眼眶、黑眼珠，并没有什么特别。吸引人的是人物身边的牛群。这些色彩不同的牛并排走着，五只一组，看上去十分活泼可爱，它们的蹄子迈着整齐的步子，眼神柔和，神态平静，嘴角似乎还带了笑意。人和动物的关系如此和谐，这显然是一幅欢乐的壁画。

《内巴蒙捕禽画》相对完整，画中人内巴蒙站在一个木筏上，左手拿着飞镖，右手抓着几只水鸟。画面上还有各式各样、各种颜色的水鸟，还有活灵活现的鱼类和莲花图案。在主人公身后，站着内巴蒙的妻子，她盛装打扮，披着金黄色的坎肩，带着假发，手中拿着莲花。这幅画的色彩绚烂，造型众多，令人移不开眼睛。

说到世俗生活，也要说说埃及人的家庭爱好。有一尊青铜雕塑，它的名字是《化身猫的贝斯特女神》。养猫，就是当时埃及人的爱好。人们相信猫可以给人带来好运，而且还能够给人以陪伴。

眼前的这只猫经过艺术家的打扮，它像爱美的女性那样，带了黄金耳环，黄金鼻环，胸前还有贵重的饰物。它的眼睛凹陷下去，可见这里曾有宝石作为填充物。贝斯特女神是埃及的月亮女神，她给人们带来音乐和爱，当她化身为猫时，代表家庭的幸福和欢乐。此外，那个时候的人们就意识到了猫的诱惑性，它既有天使的可爱，也有魔鬼的引诱。

埃及部的文物实在太多，最后，让我们以一张无比珍贵的草纸来结束这个部门的介绍。

这是一张保存相对完好的古埃及纸草书。众所周知，古埃及的纸张极易腐烂，很少能流传后世，这张被称为"莱茵德纸草书"的纸张能够摆在大英博物馆，真是亿万分之一的幸运率。这张纸上没有绘画，只有一些古代埃及的数学符号。它记录了84道数学题。没错，它是古代埃及的数学教材，供埃及公务员学习使用。

古代埃及的数学极度发达，当今世界的西方数学以希腊欧几里得为祖师，很少有人知道，欧几里得的数学知识也是从埃及学来的。可惜的是，埃及的数学成就几乎全都记在纸草书上，早就腐烂到泥土里，以致人们根本不能猜测到，埃及的数学究竟曾经发达到什么程度。还好，金字塔保留了埃及数学的辉煌，金字塔工程需要大量精确的计算，足以证明埃及人的数学水平。

在这份纸草书上，黑色的字迹是题目，红色的字迹是答案，是不是很像我们在学生时代接触的习题册？虽然我们看不懂上面的文字，也一定要看看这份珍贵的文物。至于上面的题目，早有语言学家们破译出来，这些数学题不是很难，也不算简单，其中一道是这样的：

"有7个房间，每间房里有7只猫，每只猫抓7只老鼠，每只老鼠吃7根玉米，每根玉米被播种后能收获7加仑粮食。问：题目提及的物体的总数量是多少？"

《主显节》，大师的手稿

每当看到西方艺术大师留在墙壁上、穹顶上、画布上的那些著名作品，人们总会由衷地佩服大师们的天才，如此丰富、多层次、宏大的作品，竟然能够凭一人之力完成。特别是那些直接画在墙壁上的作品，很难修改，他们究竟是怎么完成的？

其实，大师们也需要打草稿，他们会事先在草稿本上画出壁画、油画、雕塑的素描形态，然后按照草稿正式作画。草稿难免草率不完整，但它们也是伟大作品的一部分，特别是著名艺术大师的草稿，本身就带着无可比拟的艺术性，它们和作品一样，成了收藏家们抢购的对象。在大英博物馆，有很多这样的草稿、手稿，米开朗基罗的《主显节》就是其中之一。

这张用铅笔和炭笔画在纸板上的素描，显示了米开朗基罗扎实的绘画功底。画纸上有五个主体形象，中间一人似乎是玛利亚，她的腿边有两个小孩，只勾勒了准确的形体姿势，没有特别精细的面部表情，单看两个孩子，会以为圣约翰和小耶稣在玩捉迷藏。

但是，细看玛利亚的表情，就知道画的主题绝不轻松。玛利亚看上去焦虑而痛苦，她用一只手推开一位年长者，并转过头和一个年轻人说话。画面后部还有一些人的面孔。谁也说不清这幅画究竟表现了什么样的场景，年轻人和年长者究竟是谁？玛利亚在犹豫什么？

主题的模糊并不影响它的价值，米开朗基罗的素描和他的雕塑一样，充满力量感，不论玛利亚还是两个婴儿，都有丰满强健的肉体，这种形体上的厚重让人一眼就能看出——这一定是米开朗基罗的作品！

乌尔旗，美索不达米亚的繁荣符号

乌尔旗是一件镶嵌艺术品，很多人认为"旗"这个形容并不准确。这个称号来自它的发现者伦纳德·伍利，他在乌尔城进行挖掘时，发现了一座古墓，每个考古学家恐怕都有过这样的梦想：打开墓室，里面呈现出一个金碧辉煌的空间，珍贵的藏品触手可及，这就是伍利的经历。

乌尔城在今天的伊拉克南部，是美索不达米亚的早期城市，由苏美尔人建造。在乌尔旗上，人们可以清楚地看到这个社会的结构：国王带领军队征伐，人民贡献税收，这些场景就在乌尔旗上的长画框中。这是历史学家和社会学家最感兴趣的内容。

乌尔旗的大小不超过一个手提箱，上端窄下端宽，表面镶嵌了装饰图案，伍利认为这是在行军中举起的战旗——从形状而言，这个判断恐怕经不得推敲，但人们沿用了这个称呼。

乌尔旗的两面有着不同的图案。一面画了国王带着军队前去征伐，过程共分三层：最上层是国王握着矛，带领着他的士兵和马匹、战车；第二层是英勇的士兵和他们的俘虏，这些俘虏被剥去了衣物；第三层是士兵驾着双轮马车冲锋陷阵。在画面中，我们可以清楚的看到谁是国王——他的个头明显高于其他人，超过了画的边框。

乌尔旗的另一面是较为和平的场景：最上层，国王带着他的侍臣们开着宴会；下两层，人民正在排队献上绵羊、山羊、牛等贡品。国王依然因身高显得突出，他是一切的主宰。

我们无法弄清乌尔旗的用途，也许它是个盒子，也许它是个装饰品，也许它真的是军旗，但我们无法忽略它的精美工艺：用木头制成，镶嵌着大量贝壳、红石、天青石和青金石，图案生动，色彩迷人，展示了完整而热闹的场景。

想要更多的了解乌尔贵族的生活，还应该看看伍利在同一座墓中发现的其他文物。包括几把华贵的竖琴。伍利推测，这是一座皇室陵墓，竖琴属于皇后，竖琴旁还有正在弹琴的侍女尸骨，她们显然是殉葬者，要去另一个世界继续给皇后弹琴。

竖琴以木头制成，顶端有黄金牛头，青金石制成牛的胡须和眼睛，还有一对雪白的牛角。琴身上装饰了各色宝石，同样镶嵌了精美的图案。此外还有以金箔和银箔装饰的公羊，同样华美却用途不明。这些文物的使用者早已杳不可寻，只有它们向后代展示了乌尔城曾经的繁华和极高的手工艺水平，不断激发人们对那座城市的想象。

公正是什么？洛泰尔水晶的寓意

这是一件精美的水晶石艺术品，它诞生于卡洛林文艺复兴时期，这一时期的欧洲人喜爱雕刻宝石，并形成了一股潮流。这件水晶雕刻品由法兰克国王洛泰尔命人制作，它看上去像一个扁平的盘子，中间是水晶，外部有镀金铜框。水晶微雕是它的艺术核心。

在直径约 11.5 厘米的水晶上，雕刻了 8 幅图画，构成一个完整的故事。这个故事出自《圣经·但以理书》，既是一个动人的故事，又是一个经典的法律案例。故事是这样的：

一位巴比伦富商有个美丽的妻子，名叫苏珊娜。有一天，苏珊娜正在果园里准备沐浴，两个长老闯了进来意图非礼，并威胁她，倘若不服从就将她送上法庭。苏珊娜不从，呼来仆人，两个长老反咬一口，诬告苏珊娜与人通奸。在那个时代，通奸的人会被石头砸死。

苏珊娜高呼冤枉，两个长老言之凿凿，眼看无辜的妇女就要因诬陷而死，年轻的先知但以理出现了。但以理命人将两个长老分开，分别问他们一个问题："你们看到苏珊娜在什么树下与人通奸？"两个长老的回答不一样，但以理因此断定：他们捏造了罪证，诬陷了苏珊娜。最后，苏珊娜被释放，两个长老被石头砸死。

这真是一个大快人心的结局，八幅图画逐一刻画了故事的起承转合，不但有表情鲜明的人物，还有果树、栅栏、法庭等场景，人们的动作也栩栩如生，很难想象在1000多年前，人类的工艺已经达到了如此精巧的地步——在这么小的水晶石上雕出一套连环画。

这件艺术品并非毫无瑕疵，它有一道裂痕，显然它经过大力摔打，幸好水晶质地坚硬，其他部分并没有损坏。透明的水晶上，记录了人类关于司法纯洁的理念：无辜者应该被保护，诬陷者定会被处罚。这不只是《圣经》中的法律概念，也是人们世世代代相信的理念。

宇宙之舞：《纳塔罗阇湿婆青铜圣像》

大英博物馆之所以位居世界各大博物馆前列，在于它拥有来自世界几乎所有文明的重要文物，是真正的全球博物馆。这尊来自印度的青铜雕塑又一次印证了这个事实。

被雕塑的是湿婆，印度神话中的主神，印度教中的创造之神。湿婆用一种美妙的方法创造世界：跳舞。当一个宇宙周期结束，湿婆就会在神山之上开始跳舞，他用舞蹈来为新的宇宙制定秩序。旧的世界在他的舞蹈中毁灭，新的世界也在舞蹈中诞生。宇宙就在他的舞蹈中循环不息。

这个神话和古印度人的舞蹈传统有关。铜像的创作者显然经常观察跳舞者的动作，也许他本人就把跳舞当作业余爱好。这座高89.5厘米的铜像的主角是湿婆、也是舞蹈。湿婆曼妙的舞姿，高抬的左脚，手的动作，都让我们想到敦煌壁画里的舞蹈者——这不奇怪，中国的很多舞蹈就是印度传来的。

作品的外延是一个圆形的火环，上面以燃烧的小火苗作为装饰。湿婆有四只手，一只手捧着火焰，一只手击鼓，另外两只手做舞蹈动作，右脚踩在一个蜷曲的恶魔身上。整个身体保持着完美的平衡。湿婆的每一个动作又有宗教含义：左脚象征拯救，右脚象征战胜邪恶。雕像涉及的物品也寓意深刻：火焰象征毁灭，鼓代表新生。

湿婆的面部庄严肃穆，是印度艺术中经常出现的面孔，这些面孔有明晰的五官，却不细加雕刻，以取得一种模糊庄严的效果。湿婆腰间有一条腰带飘了起来，连接了上下构图，让整个作品更加灵动。青铜作品呈古绿色，这种带着历史感的颜色给了文物特殊的魅力。人们想象着它刚刚制造完成的样子，想必威风凛凛，带着崭新的铜光——今天，它完整地保存下来，依然美妙。

美洲驼与欧洲马，关于侵略的思考

漫步在博物馆，我们自然会为那些带着泥土气息的古物吸引，为精美的艺术品陶醉，但供人走马观花并不是博物馆创建的本意，博物馆是一个让人思考的地方，我们应该学会思考。例如，在一尊来自南美洲的黄金美洲驼雕像前，我们的思维回到了几百年前的秘鲁，那个被称为"印加帝国"、到处有黄金的地方，随着欧洲人的到来，它迅速被征服，从历史上消失。

先来看看这只有五厘米高的美洲驼，它的形象我们并不陌生，有一阵子，网上到处都是它似笑非笑的模样，它就是羊驼，俗名"草泥马"。这雕像有敦实的四肢，扁长的身体，伸出的脖子，还有竖起的耳朵和机警的大眼睛，看上去十分讨人喜爱。难怪有那么多人希望在家里饲养一只羊驼。

在美洲，美洲驼是人们必不可少的运输工具，也为当地人提供了毛皮和肉类。不过，这种动物可不像看上去那么温和，它们的脾气比较暴躁，不好驯服，而且，一只羊驼的载重量只有60斤左右，无法负荷更重的东西。所以，它们既不能耕田，又不能骑来打仗，也不能搬运太多东西，好在它们吃得不多，耐寒，适合放养，大量的美洲驼也可以拉起重要物资。它们是印加人的主要畜力，难怪印加人要在艺术品中表现它们。

不过，当西班牙侵略者踏上这片土地，印加人不得不面对欧洲人强大的大炮、手枪等更先进的武器，他们几乎没有还手之力；而美洲驼也遇到了它们的对手：欧洲马。欧洲马高大、善于奔驰、力气大，既能当坐骑弥补人的速度，又能搬运沉重的武器。两相对比，欧洲人和欧洲马迅速战胜了美洲人和美洲羊驼，印加帝国也随之灰飞烟灭。如今，我们只能看到博物馆里残留的印加文物，这只小美洲驼依然带着悠闲的笑容，只有它身上的累累的摩擦痕迹，说明它也经历过动荡的历史岁月……

骷髅头面具，惊悚的墨西哥艺术

在古代，各个国家的艺术家都在寻找最适宜创造的材质，尼罗河岸的艺术家们选择了泥土，爱琴海的艺术家们选择了石头，中世纪的艺术家们用画布、马赛克和金属……最大胆的要数墨西哥艺术家，他们直接拿人的头骨做原料，创作出别具一格的艺术品，让人惊悚不已。

放在大英博物馆的这个颇有后现代装饰风格的骷髅头制造于15世纪的阿兹特克帝国，被称为"特斯卡特利波卡面具"，特斯卡特利波卡，这串拗口的读音就是阿兹特克神话里的重要神祇，他代表大熊座和北极星、代表夜空、代表死亡，是一位非常全能又让人敬畏的神，不论国王还是巫师都崇拜他。

为了制造这个面具，艺术家首先选取了一个头骨，我们可以看到，牙齿还在牙床上，看上去有些恐怖。艺术家用黄铁矿和绿松石装饰头骨表面，呈现出分层带状结构，又把鼻子部位做成几何形状，眼睛用圆形宝石填充。

再去掉后边的骨头，套上人皮，整个制作过程无疑是残忍的，但却取得了令人惊讶的艺术效果：骷髅似乎不再象征死亡的恐怖，而有了某种超凡的神圣性。

那么，这个头骨究竟来自何处？根据墨西哥的传统，祭神仪式上一定要有牺牲者，这个头骨也许来自某位献祭者。在拉丁美洲，有许多血腥的仪式，有些仪式上王后会放血，有些仪式直接杀人，当年，欧洲探险者们应邀参加部落仪式时，经常被这些血腥场面吓坏。

大英博物馆还有另一件来自阿兹特克文明的艺术品，也是游客必看的馆藏之一。这是一件由绿松石和贝壳镶嵌成的双头蛇，它几乎成了阿兹特克文明的标志。特别是绿松石，那拼接出的质感有最直观的美洲风格。

双头蛇的内部是木架结构，外部拼贴了将近2000小块绿松石，整个作品只有40厘米长，20厘米高，因此，这些绿松石尤为密集。蛇的嘴巴处换成了红色的贝壳，和身体的绿色形成了鲜明对比。而牙齿则用白色贝壳，显出了蛇的毒性与凶恶。在阳光下，小块的绿松石像蛇的鳞片，红色的嘴巴像鲜血，白色牙齿带着恶毒的光，大张的嘴巴又似在咆哮，传递出一种令人恐惧的魔力。

据推测，双头蛇是一件仪式时使用饰品，挂在人的胸前。而绿松石是阿兹特克人最青睐的宝石，那里国王的王冠上、腰带上、饰物上，全都镶嵌了这种宝石。他们还会将珍贵的绿松石装饰品送给来自欧洲的"客人"，以显示国王的财富和权威。

他们怎么会想到，眼前接受礼物的"客人"很快就会毁掉他们的国家。

主教瓶,波斯工匠的行星拟人

现在我们看到的是一个以白铁和青铜为原料雕成的瓶子,它高 21.5 厘米,和我们习惯用的竖长的瓶子不同,它有一个底座和造型别致的盖子,瓶身扁圆,看上去更像一个盒子。它以繁琐的装饰性吸引了人们的目光,而且,它还有一个大胆的创造:把行星画成人的形状,也就是现在流行的"拟人"。

这件艺术品来自波斯,工匠们在青铜中加入了高纯度的白铁,让容器不但适合保存食物,还带了一层不同于青铜的亮度,看上去像镀了银。它的装饰图案环环相扣,错综复杂,人们必须极其仔细,才能看懂上面的造型和人物的动作。

这个瓶子的主题是占星,共有 12 个圆形图案,每个图案都象征了特定的星座。当然,它们并不是我们熟悉的"黄道十二星",而是当时流行的火星、水星、木星等行星。所有行星都被画成线条简单的人形,揭示他们身份的是同一个圆形里的行星象征物,例如,火星人物骑在一头鹿上,象征着火星落在白羊座。这些图案有高度简化的特征,却不影响他们的美感,反而因其繁琐而构成了另一种美。

在 12 个圆圈之外,又有数种花纹、动物和人物的图案,一群人正在狩猎,动物贴着盖子底部行走;还有集会饮酒的图案,描绘了当时的贵族生活。这么多的场景和寓意集合于一个小小的瓶子上,可见当时的雕刻和镶嵌艺术达到了怎样的程度。

大英博物馆收藏了许多同一时期的波斯文物，包括精美的酒壶、镜子、烛台、花瓶、盒子……波斯人对金属工艺情有独钟，这些艺术品精雕细琢，体现了一个时代的审美。即使金属因年深日久褪色，但那繁复的工艺与博物馆的其他艺术品比起来，可没有丝毫逊色。

此外，博物馆还收藏了一些著名的波斯书籍，这些书籍汇集书法、绘画、书籍装潢等艺术为一身，每一本书都是精美艺术品，每一页纸都独具匠心。请一定不要错过。

《神奈川冲浪里》，最著名的浮世绘

提到日本的浮世绘，很多人脑海里出现了这样的轮廓：远处的富士山，洁白的雪峰，近处的巨浪，还有三只木船。这就是收藏在大英博物馆的《神奈川冲浪里》，它是日本浮世绘的代表作，它的作者叫葛饰北斋，日本最有名的画家。

葛饰北斋出生于1760年，日本江户时代，以浮世绘闻名于世，他最著名的作品为《富岳三十六景》，以富士山为题材，描绘了富士山的四季美景和日本人的劳作、市集、娱乐等场景，这套画最终画了46张，《神奈川冲浪里》是其中最有名气的一张，集中表现了葛饰北斋的风格。

蓝色是画作的主调，这种蓝颜料来自欧洲，葛饰北斋对它极其钟情，他用这种蓝颜料画波浪、山水、雾气、晴天，这种蓝也成了他的代表色。

欧洲人对这种蓝色有心理上的熟悉感，因此，葛饰北斋的画作迅速在欧洲市场流行。欧洲许多画家受到过他的影响，包括鼎鼎大名的马奈、梵高和高更。

可以说，葛饰北斋的绘画不是纯日本的，他也借鉴了西方油画技巧，例如透视法。富士山的位置符合透视原理，波浪里三条小船的布局也有透视的痕迹。波浪的描画是纯日本式的，夸张细腻又极具装饰性。而小船上穿着和服的船工那焦虑的神态，更衬托了惊涛骇浪对人们的威慑力。

日本是个海洋国家，捕鱼是传统行业，日本人对大海有天然的依赖，大海的风波难测，也让他们对海洋产生了畏惧。人的力量真的能够征服自然吗？这幅画似乎在表达，在大浪中，小船飘摇，人的存在愈发渺小。而作为日本标志的富士山出现在远处，似乎象征着希望。

这幅画有一种动荡中的焦虑感。有学者分析，当时日本被打开了国门，不得不面对西方人的坚船利炮，时代的不安感体现在画家笔下，风雨飘摇，前途未卜，就连富士山也只是露出一个不大的顶部。这种说法不是没有道理。

在大英博物馆，还可以欣赏到葛饰北斋的单色木刻版画《富岳百景》，主角依然是富士山。这一次没有他最爱用的蓝色，而是灰黑双色晕染，那细致的线条似乎呼应着人类内心的涟漪，展现了细腻的东方美学精神。

伊费头像，非洲青铜的造型之美

走进大英博物馆的非洲展厅，我们即将看到又一种别具风味的艺术风格，它来自非洲，出自黑皮肤的艺术家之手。和其他地区的远古艺术一样，艺术家们没有姓名；也和很多远古文物一样，人们搞不清艺术品的身份和作用，只能在迥异的艺术追求中，体会异域之美。

1938 年，在西非尼日利亚的一座王宫遗址里，出土了 13 座头像，它们用青铜雕刻而成，雕工精美，震撼了当时的欧洲人，让他们不得不正视：原来，蛮荒的非洲也曾出现过高度文明，也有这样精美的艺术品。因为出土地是伊费城，这组头像就被称为"伊费头像"。

伊费城位于尼日河边，人们对它的历史知道得并不多，这组头像的作用自然引起了诸多猜测，讨论的焦点在于：为什么只有头像？所有头像都是从脖子处截断，没有身子，只雕刻了面部和头上的饰物。它们是否有身子？也有人猜测身子是木质的且早已腐烂，这种说法缺乏证据支持。这些头像究竟是纯粹的工艺品，还是某种仪式的装饰物？没有人能给出答案。

头像本身体现了非洲艺术家对造型的杰出认识，体现了写实倾向。那耸出的下巴、厚厚的嘴唇都体现了非洲人的特征。雕塑的材质是青铜，所以呈绿色，但我们不会因为没有黑皮肤就认错了这个头像的种族，他是个纯粹的非洲人。在皮肤的表面，有一道道规律的刻痕，这让光线更好地分散，反而强化了面部特征，让人留下更深刻的印象。

雕像头上戴着皇冠，这种皇冠是不同于欧洲人的金属造型皇冠，它由许多珠玉串成，还带着美丽的红色，皇冠上插了一根羽毛作为装饰。雕像人物的表情既不威严，也不慈祥，不像一个国王，反而接近于一般的非洲男人。这又体现了艺术家的写实倾向。不过，他镇定的表情依然说明了他的地位非同寻常。

值得注意的是，在这尊雕像的嘴唇周围，有一圈点状小孔，这也是非洲人的特点，至今，我们还可以在非洲土著唇边看到这样的刺青，这说明非洲的传统一脉相承。

再说说制作头像的工艺，雕像由"失蜡法"制成，具体做法是用蜡做成模型，再用其他耐火材料敷在上面，加热烘烤，将内部的蜡全部融化流出，就形成了一个空壳模型。此时再向模型里灌注青铜，铸成雕像。这种铸造法反映了伊费人高超的技术。只是无人能判断，这种方法究竟是外部传入，还是本地发展。

雕像出土时，大片非洲土地还是欧洲的殖民地，欧洲人不得不承认，非洲拥有与欧洲古文明媲美的灿烂文化。

王权至高无上，说说亚述帝国的雕刻

亚述帝国，在公元前 2500 年就已经兴起，在底格里斯河中游不断发展。历史推移，随着埃及的衰落，巴比伦的分裂，赫梯帝国的覆灭，亚述终于登上历史舞台，成为西亚军事强国。亚述以尼尼微为首都，不断对外扩张，它留下的艺术品，多有勇武好战的味道。

在大英博物馆中，陈列着不少亚述浮雕作品，这些浮雕来自出土的亚述王宫。亚述的艺术家们有强大的空间布局能力，可以有条不紊地在雪花石膏上雕刻壮阔的战争场面，这一点尤为引人注目。

"猎狮"是亚述雕刻的一大主题。在中亚，狮子是对人类威胁最大的猛兽，国王杀掉狮子，既表明了国王的英勇、保护人民的责任，也强调了国王有权征伐一切，他的强大力量谁也不能阻挡。著名的《亚述巴尼拔猎狮》制作于公元前 645 年左右的新亚述时期，被认为是新亚述艺术的巅峰之作。

这幅浮雕展示了惊心动魄的一幕：马匹奔驰，士兵驾着战车，驰骋在沙地上，国王举起弓箭，目光追随着远处的猎物，他比其他士兵高出半个头，又戴了高高的帽子，显示出其尊贵的身份。双轮战车的车轮雕刻得十分细致，甚至有一种滚动感。

在浮雕的后半部，正上演惊险的突袭，一只凶猛的狮子扑向战车后部，车上的国王却只顾着前方的猎物。好在他身后的士兵举起长矛刺向狮子，保护了国王的安全。仔细观察，这只狮子已经被箭射中，想必是国王伤了它，它在死前试图报复。可是，即使它用尽全身力气，还是伤不到英勇的国王。在这只腾空的狮子身后，更多中箭的狮子已经死亡，它们的尸身上都插着箭，这都是国王的杰作。

亚述是一个军事帝国，国王是臣民的信仰，在每一次对外战争中，国王必须亲自上阵，才能保证战争的胜利。因此，亚述雕刻作品上不断宣扬国王的勇敢和勇力，借此加深臣民们的迷信，巩固国王的地位。即使在和平场景的浮雕中，国王也总是被摆在最高位置，被皇后、大臣、侍女环绕着，甚至还会在植物上装饰敌人的头颅，以宣扬国王的战无不胜。

这种国王崇拜，集中体现在一尊《带翼的人首牛身像》上。雕像在纳西拔二世的宫殿出土，是宫殿大门前的守护者。这尊雕塑着重描绘亚述人心目中最强有力的那些东西：国王、飞得最快的鸟的翅膀、强壮的公牛身体。

雕像的头部戴着三层王冠，细密卷曲的胡子是中亚人的特征，国王的面部表情自信威严，还带了一丝笑容。胡子和垂在肩膀上的头发呈细小波浪状，有很强的装饰性；国王的肩膀上长了一对张开的鸟翼，羽毛分三列，一根根刻画分明，有力量的翅膀，象征国王对天空的统治以及他能以最快的速度投入战斗；国王的身体是一只公牛，蹄子尤其硕大，而且，这尊雕塑竟然有五只牛腿，让人惊奇。有人分析，这是因为制造它的工匠希望观看的人无论从正面还是侧面看，都能看到四条腿；当然，也有可能和当时的某些信仰有关。这尊高达三米的雕像很好地体现了亚述人对武力、权威的崇拜。

此外，这座人首牛身像是一对，守着王宫大门两侧，不过，大英博物馆只收藏了其中一座。另一座在大西洋的另一边美国纽约的一家同样博大的博物馆里，那是下一章的主角：纽约大都会博物馆。

第三章 纽约大都会博物馆

纽约的心脏,世界的桥梁,大都会艺术博物馆以新锐者的姿态,网罗全世界的珍贵文物。以金融帝国为底座,挟崛起强国之声威,将人们对文明的向往与对历史的沉思融为一炉。宏大、包容、开拓,大都会博物馆不仅记录了人类与文明的过去,更引领着艺术的未来。

会议目标:建一个博物馆

纽约,全球最顶级的都市之一,以自由女神为象征,昵称为"BIG APPLE"。最包容的社会文化,最前卫的艺术作品,最时尚的生活方式,最有活力的人群,都融入了这个城市。在它的文化发展史上,金钱与艺术一直是两大主流,前者囊括了后者,后者渐渐也显示出不容置疑的生命力。大都会博物馆的发展,就是一部金钱与艺术的交融史。

大都会博物馆,位于纽约最繁华的第五大道,占地13万平方米,馆藏 300 万件,是世界上最大的博物馆之一。每一座闻名于世的大型博物馆都有一个建立的契机——卢浮宫来自国王的爱好,大英博物馆来自学者的遗嘱……然而与它们齐名的大都会博物馆,既没有国王的扶持,也没有国家的鼓励,更没有爱好者们的赞助,它现在的规模的名气,着实来之不易。它最初的发展,靠的是富翁们的钱袋,是一群渴望这个城市有艺术气息的富翁,保证了它的发展壮大。

其历史要追溯到 1866 年的巴黎。

这一天是法国国庆日,一群美国人正在庆祝活动上享受丰富的午餐,这时,前美国司法部长的孙子约翰·杰伊对在场的纽约人提议:"是时候为美国人民建一个国家级博物馆了!"这一提议立刻得到了纽约富商、艺术家、收藏家和慈善家们的热烈响应。美国人富有实干精神,很快,"建一个国家级博物馆"就由提议变为实际行动,各届人士出钱、出力,筹备工作不断有新的进展。

1870 年 4 月 13 日,纽约大都会艺术博物馆正式成立,博物馆最初的宗旨是:"鼓励和发展艺术在生产和生活中的应用,推动艺术的通识教育,为大众提供相应的指导"。也在这一年,博物馆接到了第一件捐赠藏品,是一口重达 2.72 吨的古罗马石棺。

寻找更开阔的展览场地成了董事会的当务之急,董事们希望得到纽约市政府的帮助以及国家的支持,但他们又不愿被政府过多地干涉。博物馆首先在第五大道落户,后来移到一座私人宅邸进行展览,董事们经过多方努力,终于得到了中央公园东侧的一块土地,而且,这是一块永久性的土地。很快,博物馆破土动工,董事们期望看到一座气派的建筑。

让他们失望的是,建筑师卡尔福特·沃克斯并没有惊艳的创意,建起的博物馆是一座平平无奇的哥特式建筑,外包红砖,董事们批评它"像一座红色的谷仓",也许他们认为这样的建筑只适合装农民收割的粮食,而不是艺术品。但建筑已经落成,他们无法拆掉重建,只能寄望于今后博物馆在不断扩建的过程中,以新建筑遮掉这丑陋的旧建筑。100多年后,他们的愿望实现了。

1880年3月,大都会博物馆在中央公园正式落户,美国总统海斯亲自到场演讲,泰勒·约翰斯顿成为首任馆长。董事约瑟夫·乔特发表了激动人心的讲话,他希望这座博物馆"能以更美的形式传播艺术知识,直接有助于人的教化,使劳苦大众得到教育,变得更加高雅"。他甚至在讲话中让这座博物馆承担了提高美利坚民族审美的重任,"一个民族有可能获取一些艺术和艺术史知识,在相关学习中迈出自己的第一步"。

在世界四大博物馆中,大都会博物馆的发展恐怕最为坎坷,其他三座博物馆从建立开始就有较强的官方性质,得到国家的扶持、人民的爱护和有高尚艺术品位的艺术家、收藏家们的帮助。大都会博物馆则较为特殊,它没有深厚的艺术土壤,那时候的纽约,不是一个崇尚个性的自由都市,相反,它是艺术的荒漠。

那时候美国建国不过100年,纽约更是一座刚刚兴起的城市,那里的居民还在为赚钱努力,没有闲暇追求艺术。有财力的富翁们也是一群艺术上的"半吊子",购买艺术品不过是为了装点门面。就连艺术学校的学生和新兴的艺术家,都在极力模仿欧洲。那些将藏品捐给博物馆的富翁也不是为了艺术,而是为了社会名气,只有少数人称得上有鉴赏力。

即使如此,大都会博物馆还是摸到了"一手好牌",它不仅有一个负责而有行动力的董事会,还有一群舍得花钱的董事,随便说几个,摩根、洛克菲勒、阿特曼,都是美国亿万级别的富翁。据说,摩根担任董事长的时候,每当博物馆需要一笔较大数额的资金征集藏品,他就会用严肃的目光逐一看向在座的董事，以目光逼迫他们掏出支票。当然，摩根拿出的那张，永远是数额最大的。

就这样，博物馆在富翁们的扶持下走过了最初的艰难道路，渐渐得到了公众的接受和国家的支持，一步步扩展规模，如今，它已经有20个部门，248个展览厅、陈列室和画廊，超过1500名工作人员，百科全书一样丰富的藏品。

大都会博物馆对一切文物显示出热情，这里有来自各大州、各个历史时期的建筑、雕塑、素描、版画、照片、陶瓷、纺织、金属、乐器、服装、饰物……专门征集藏品的部门有19个，至今还在不断发展。而且，它对当代艺术也有博大的胸怀，欢迎每一位艺术家的加入。这座博物馆，每天接待数百万游客，它成了美国头号博物馆，西半球最大的博物馆，艺术的天堂，美国的骄傲。

塞浦路斯文物，一场文物官司

卢吉·帕尔玛·德·塞斯诺拉曾是一位军官，他参加过南北战争，并获得了林肯总统亲自授予的准将军衔。战争结束后，他成为美国驻塞浦路斯的领事，他在塞浦路斯岛住了11年，并且成了一名业余考古家，雇人在岛上四处挖掘，并成功地找到了一批又一批珍贵的文物。

塞浦路斯是希腊神话中爱神诞生的地方，这里曾由希腊、罗马、腓尼基、埃及人统治，每个时期都留下过别具一格的艺术品。塞斯诺拉最著名的发现是"库里姆发现",这件事震惊了考古界。那是一座公元前6世纪的完整的皇家窖藏,后来,塞斯诺拉收获的文物被大都会博物馆购买,他本人也成了博物馆的董事会成员,并担任首任专职馆长。

这批塞浦路斯文物包括陶器、雕塑、工艺品等等,是大都会博物馆第一批重量级收藏,博物馆为此花费了12万美元。肯花费这么大的成本,是因为博物馆意识到这里必须有贵重的、独一无二的真品,才能真正吸引游客,巩固博物馆的根本。

大都会博物馆最初收藏的大多是复制品,还有一些分不清年代作者,却胡乱标着欧洲大师名字的赝品。据说,作家马克·吐温来到这里参观,听说不能带自己的手杖进去,毫不留情地嘲笑道:"什么?不能带手杖?那么我拿什么去打翻那些赝品?"由此可见,大都会博物馆的早期收藏伪劣到了什么地步。

从复制品到真品,大都会博物馆努力提高自己的格调,花重金征集塞斯诺拉的藏品就是重要的一步。可是,这些藏品却惹来了大麻烦。有批评家指出,塞斯诺拉是个卑鄙的造假者,他的塞浦路斯文物根本就是赝品,大都会博物馆花大钱买了假货。他们还写了很多揭露文章,并出示证据,引起了美国文艺界的广泛讨论。

塞斯诺拉听闻后勃然大怒,大都会博物馆也不愿承担这种指控。继而一场官司打了起来,经过漫长的取证、庭审,塞斯诺拉得到了胜利,大都会博物馆的名气也因此高涨,得到了更多的支持。不过,批评家们依然不依不饶,继续寻找文物上的瑕疵。

为什么这批文物受到了这么强烈的质疑?

这是因为塞斯诺拉只是个业余考古家,没有丰富的专业知识,缺乏处理古物的经验。虽然他也阅读了大量书籍,但他的本行毕竟是行军打仗和管理，而不是艺术。他为一些断裂的雕塑做简单修复，有时会张冠李戴，这让批评家们不得不怀疑它们是赝品。这场争论没有随着官司平息，而是愈演愈烈，直到科技发展能够鉴定文物的具体年代，它们才得到正名——塞斯诺拉的所有文物都是塞浦路斯出土的真品。他没有欺骗任何人。

塞浦路斯文物至今还在展出，这场官司只是大都会博物馆坎坷发展的一个缩影。对待赝品，大都会博物馆采取了一种理智公正的态度，一旦有人指出某些藏品是赝品，他们会派专人调查，并把结果公布于众。这种态度使博物馆赢得了公众的信任，也让这里逐渐成为美国首屈一指的博物馆。

体积最大的镇馆之宝：丹铎神庙

说到大都会博物馆最有影响力的馆藏，不是一幅画，一件雕塑，而是一整座神庙。除了埃及地区，全世界只有大都会博物馆有这样的神庙，它被称为丹铎神庙。

丹铎神庙距今已2000多年，美国人把神庙里的柱子、石块、石像、壁画和各种断壁残垣完整地运到纽约，在博物馆按照原样重新组装，从此，纽约人不用出国，在家门口就能看到原汁原味的埃及风情。

这座神庙究竟是怎样从埃及来到美国的？背后没有侵略的历史，反而是一段佳话。20世纪60年代，埃及政府修建阿斯旺水坝，水坝工程启动，尼罗河水位上升，丹铎神庙被水淹没，在保护技术上较为落后的埃及无法挽救。这时，美国政府及时伸出援手，为表感谢，埃及政府决定将这座神庙赠送给美国。

想要运输一整座神庙可不简单，神庙的"部件"加起来有800吨，足足装了600多个集装箱！美国各届紧急讨论，究竟要把这座神庙放在什么地方？起初，人们倾向于放置在首都华盛顿或名城波士顿的露天场所，供美国人游览。后来，考虑到风雨会侵蚀这些来自埃及的石头，又考虑将它放进封闭式的博物馆。

此时的大都会博物馆已经成立了将近100年，有了足够的名气、财力和公众信任基础，完全担当得起这份"重任"。美国国会最终决定将神庙放在大都会博物馆的展厅。博物馆专门建造了"萨克勒大厅"，布置经过十年时间，才完成神庙的"重建"，于1978年正式开放。

为了更好地了解这座神庙，首先我们要说说大都会博物馆的风格。情境式展示空间，是大都会博物馆一大特色，博物馆致力布置与展览品最适合的情境，从公元1世纪到现代美国风格都有体现。所以，他们的布馆风格显得不拘一格，他们可以在露天阳台上举办一场艺术展，让人们充分感受自然；也可以把巨大的水族箱作为展品，展出珍奇水生动物。

以丹铎神庙为例，在神庙前方，有波光粼粼的水池，为的是营造神庙被河水包围的情境，当年，这座神庙也是这样被尼罗河水环绕。博物馆还充分考虑到光线的重要性，建造了大片落地窗，让自然光充分洒在池水和神庙上，这是因为埃及就是一个阳光充足的地方，只有在大面积的阳光下，人们才能更好地体会埃及人的心情。

关于落地窗，也有一个传说。据说，埃及政府在赠送神庙的时候，曾经提出一个条件：必须把神庙放在所有人都看得到的地方，让人免费参观。所以，大都会博物馆才特意设计了内外通透的落地玻璃窗，这样，即使在博物馆外面走过的人，也能看到神庙。

这座展厅非常特别，它没有被大量艺术品充塞，反而有宽阔的空间，随处可见坐着休息的游客，还有奔跑的儿童。为什么留下这么大的空间？这恰恰是大都会博物馆的精明之处。这个展区对外出租，人们可以在这里举行画展、作品展、宴会、音乐会等各种活动，在现代化的便利场所，被巨大的埃及文物环绕，在美国，这样的场所可谓独一无二，自然成了抢手货。由此可见，大都会博物馆不愧是富翁们建立起来的，有精明的赚钱思维！

下面该说说丹铎神庙里的文物了。在上文中，我们已经谈过木乃伊、石棺、壁画、器物……位于美国的这座神庙，最大的特点是其整体性，而不是单个藏品的价值。

神庙主殿前有两根雄伟的柱子，石柱精雕细琢，柱头是埃及人最喜欢的莲花，花瓣呈层层开放状。在主殿的四面墙壁上，全部有精美的浮雕，雕刻着埃及神祇的形象。游客可以从柱子旁走进神庙，里边的石墙上同样刻满浮雕，并刻有象形文字。

主殿中供奉了一位女神，她的石像被一个透明罩子保护起来，人们仍然能够清楚地看到她的身姿。令人遗憾的是，她也是不完整的。这位女神是埃及神话中的爱西斯，也是埃及地区最有名的女神，她象征智慧，保佑婚姻、女人的生育和人们的健康，被称为"母亲神"。

爱西斯特征明显，她的头上总有一个特别的头饰———只张开翅膀的鹰，她用竖立的眼镜蛇当耳坠。在神话里，她是死亡之神奥西里斯的妹妹和妻子，奥利西斯的弟弟赛特垂涎爱西斯的美貌，设计杀掉奥利西斯，并把他的尸体肢解洒在尼罗河畔。悲伤的爱西斯收集了尸体的碎片，重新拼在一起，让爱人再一次复活。

这个神话有许多现实隐喻，例如，古埃及人允许亲兄妹通婚，不少法老直接娶了自己的姐妹；人们制造永生的木乃伊，就是用布将身体紧紧包裹，这是模仿爱西斯拼起奥利西斯的尸块；木乃伊左右手交错摆放，也是模仿奥利西斯复活时的姿势。而爱西斯具备的重生之力，正体现了埃及人对生命的向往。

此外，沿着神庙前的水池，摆放了黑色花岗岩雕成的神像，它们较为完好，人们可以仔细观察法老的面孔，还有那些人身兽首的古老埃及神。一尊花岗石狮身人面像也摆在大厅里，你可以在那些古老的石柱旁直接坐下来，聊聊天，发发呆，体会来自埃及时代的诗意。

凝固在画中的镇馆之宝：《舞蹈教室》

大都会博物馆的另一件镇馆之宝体积不大，它是来自法国印象派画家埃德加·德加的名画《舞蹈教室》。德加不但是个风格多变的画家，在雕塑上也颇有造诣。他最喜欢的题材是芭蕾舞、女性以及赛马，他的画有突出的印象派光影风格，又带着法国古典绘画、浪漫绘画的特点，他注重构图和动作，准确的表达使他成为当之无愧的大师。

创作于1874年的《舞蹈教室》是德加的得意之作，画的是他最喜爱和最擅长的题材：一群芭蕾舞演员正在大厅里练习。这似乎是一个紧张拥挤的场景，十几个身穿白纱舞裙的少女跳着芭蕾，中间有一位拄着拐杖的老人，远处的角落里有几个穿着华服的妇人。

老人是这张画的中心，他看上去不高，衣着随意，拄着一根高高的拐杖，严肃地看着一位少女跳舞。被他看着的少女同样处在画面中心位置，她的体态轻盈，动作却有些拘谨。可以看出，被老人注视着，她从内心到表情都有些紧张，但她仍想极力表现，于是，高高地抬起腿，试图做一个完美的动作。

有人说这是练习场面，有人说这些少女正在接受考试，他们说的都有道理。倘若有一位严格的导师在场，平日的练习也会像考试一样紧张。

画面上人物众多，比较显眼的是近处的几名少女，她们认真地检查着自己的动作，也有人正在观摩他人的练习。中景处仍是白裙的少女们，她们或在练习，或坐在地上看别人练习，或倚着墙休息。在画面左边的一面镜子上，映射着窗外的风景和少女们的舞姿，这是这幅画的点睛之笔，加强了画面的空间感。

远景处的人物面目更加模糊，那群妇人也许是少女们的母亲，也许是戏院的观众，她们看得很认真，有一位黑衣女士在和舞者轻声交谈，这又让画面有了一丝写实感。画家注重空间布局，镜子、镜子旁贴的海报、人物、地板、放着乐谱的架子、略微凌乱的头发和老人随意的衣着等，都透露着生活感。

在这幅画中，每个少女的动作都不一样，所有人物的位置都有构图上的意义，他们或衬托、或作为画面重心，就连镜子前的少女和镜子里的身影，也做了精心的安排，显示出画家出色的构图能力。特别是画家对动作的描摹，生动准确，这来自于画家常年在巴黎的舞蹈教室里观察女演员的经历，他画过无数张演员速写。

最后来说说印象派绘画，这一起源于法国的流派注重捕捉天然的光影关系，画家们的画作整体很准确，细节很朦胧，这正是他们想要表达的效果。在这幅画中，每一个人物都浸润在朦胧的光感中，却能让人们准确地把握他们的形体,甚至能从光影的暗示中察觉他们内心的情感,这便是大师的手笔。

此外,印象派注重色彩,这幅《舞蹈教室》的色彩安排也令人称道。绿色的墙壁,暖褐色的地板,白色的舞裙,远处黑衣的妇人,明亮的镜子和少女带有阴影的肌肤,环绕着那位穿着冷色调服装、黑色拐杖的老人,形成了色彩的对比。老人的橙色衬衫,又突破了他的冷色外衣,呼应了整体的温暖色调,让这幅画的色彩表达更加完美。

蛋清和黄金调和的镇馆之宝:《圣母与圣婴》

2004 年 11 月,大都会博物馆征集了一件巨额藏品,一幅文艺复兴时的蛋彩画,它的价格是 4500 万美元。这一天价版画立刻成了大都会博物馆的镇馆之宝。它的名字是《圣母与圣婴》,作者是文艺复兴时期著名的意大利画家杜西欧。

蛋彩画,一种源自欧洲的古老绘画技巧,流行于文艺复兴时期。顾名思义,"蛋彩"就是以鸡蛋清调和绘画颜料,再在物体上着色。这种颜料的好处是有很好的凝固效果,附着在墙壁上不易脱落,不易龟裂,而且,浓稠的蛋清混合颜料后,调出的色彩更加鲜明夺目。造价低、效果好、取材简单,这些特点使得蛋彩画风靡一时。当时,欧洲很多教堂的墙壁上都涂着鸡蛋清,被称为"湿壁画"。蛋彩在木板上也有同样不错的效果。

而且,蛋清和颜料因配方比例不同,可以呈现出各种效果,这增加了颜色的魅力。不少画家研究如何配制蛋彩颜料，以达到更好的效果。想要得到更好的颜色，也不是件简单的事，画家们为此绞尽脑汁，杜西欧的这张版画的特别之处，就是他在蛋清中加了黄金，真正的黄金。

可以理解这幅画为什么如此昂贵了吗？它简直是黄金做的，具有无可比拟的艺术性。

关于画作本身，杜西欧虽然是文艺复兴的名家，但和达·芬奇一类的大师相比，显然有些逊色。"圣母和圣婴"又是欧洲艺术经久不衰的形象之一，画家们用各种方法、各种角度、各种风格描绘玛利亚抱着婴儿耶稣的场景，体现一种神圣的母爱，杜西欧的主题也是如此。

这幅画也显示了大都会博物馆在欧洲绘画收藏上的欠缺，博物馆起步较晚，最重要的欧洲画作早已被欧洲各大博物馆收入囊中，还有一些挂在私人收藏家的宅子里。在这一方面，大都会博物馆无法与欧洲老牌博物馆媲美。也因此，它要走一条不同于老牌博物馆的发展之路，在收藏历史珍品的同时，大都会博物馆注重一切文物的收集，以显示"博大"特点。

重金收购这幅《圣母与圣婴》正是这种努力的表现之一，博物馆注重的不仅仅是这张画表现的艺术性，还因为其材质、代表的历史背景、表现方法的独特。大都会博物馆征集藏品，看中的不只是"艺术"，更重要的是艺术与历史的平衡，过去与现在的平衡，所以，它才能成为一所包罗万象的博物馆，不比它的欧洲"老前辈们"逊色。

圣杯，基督使用过的杯子?

即使没有看过《圣经》的人，也都知道达·芬奇的名画《最后的晚餐》以及它讲述的故事。故事说的是耶稣在被捕前的晚上召集12个门徒，在开饭前对他们说："这是我和你们最后的晚餐。"然后，他举起一个杯子，摇晃着里边的液体说："看，这是我的血。"

在大都会博物馆，有这样一个杯子，被称为"圣杯"，据说，这就是在最后的晚餐中，耶稣使用的杯子。

《圣经》这部基督教经典留下了很多疑问，人们总是在争论，这部书究竟是神话，还是真实存在过的历史？一部分人认为它是一部史书，里边的很多人物都曾经存在，也是因为这种信仰，欧洲有许许多多"《圣经》文物"，例如圣人们使用过的衣物、器物，它们不是保存在教堂，就是被虔诚的信徒奉在家中，当然，有不少也进入了收藏家的私宅。

现在说说这个杯子，它于20世纪初在安提阿出土，这是罗马帝国的第三大城市，位于交通要道，繁荣热闹，是东西方文化的汇集之地，当地的教会也很发达，是公元1世纪的基督教中心。这个杯子被埋在一口井中，伴随它一起出土的还有其他文物。后来，这个杯子被运往纽约，一位专家宣传它就是圣杯，很快，它就在美国各地进行展出。1950年，它被赠送给大都会博物馆。

专家的论断有一定的根据，安提阿这座城市在耶稣死后，成为宗教中心，耶稣的门徒曾在那里传教，他们极有可能将耶稣的私人物品携带过去。"圣杯"的名气不断发酵，甚至有很多人写信给梵蒂冈，要求梵蒂冈"官方认证"它就是真正的圣杯。

梵蒂冈对这一要求不予接纳，作为教廷中心，主教们当然不会轻易宣布某种物品属于基督，这让当时的美国人非常失望，也让人们对"圣杯"的真实性产生了怀疑。

大都会博物馆一向欢迎人们对其收藏品提出质疑，博物馆的研究员们也经常研究藏品的真伪。"圣杯"这一物品的神圣性和它引起的轰动，让人们研究它的时候更加谨慎。有人说，它只是看上去像个杯子，其实它是早期基督教会使用的油灯。而且，根据研究，它的制造年代是公元500年左右，也就是说，公元1世纪的基督使用"圣杯"时，它还没被制造出来！

这是所有博物馆都难免出现的乌龙事件。本以为是一件珍贵的藏品，其实却是一件普通的文物，甚至是一件赝品。不过，作为罗马帝国的工艺品，它仍然有很高的价值，它的雕刻十分考究，不论上面的小男孩还是葡萄藤都非常精细，显示出罗马帝国的奢华做派。如今它和其他展品一起陈列在玻璃橱柜中，但仍然有人相信它就是那个代表希望的圣物。

亨利八世的铠甲，一桩历史秘闻

　　铠甲收藏是大都会博物馆的又一引以为傲的特色，这里收藏了大约15000件武器和盔甲，这些盔甲被摆在玻璃罩子里，陈列在大厅里，散发着几百年前的金属光芒，幽深锋利。它们提醒人们战争和危险的存在。大都会博物馆早在建馆之初就注意盔甲和武器的收集，最早主管铠甲部的巴什福德·迪安，曾是哥伦比亚大学的动物学教员。他从小就对铠甲着迷不已，这位聪明非凡、会讲七种语言的研究员为铠甲部做出了重大贡献，使博物馆的铠甲收藏位居世界前列。

　　第一次世界大战中，美国陆军部还曾向铠甲部求助，请巴什福德·迪安设计一种适合现代战争的头盔。设计还没完成，大战就已结束，设计也被搁置。到了第二次世界大战，迪安已经去世，继任者们继续他的研究，设计出头盔与防弹衣——谁能想到，美国陆军的精良防身装备，来自大都会博物馆；而设计者的灵感，来自中古时代的铠甲。

　　在博物馆展出的众多铠甲中，一件镀金铠甲是其中的珍品，它保存得十分完整，还带着镀金色泽和金属的寒气。比起其他盔甲，它显得十分巨大，人们可以轻易判断，曾穿着它的人一定是个胖子。铠甲做工精美，从头到脚层层防护，价值不菲。现在，人们已经知道，它属于一位著名国王——英王亨利八世。

　　1547年，英国国王亨利八世去世。这位国王身材魁梧，文武双全，他一手建立起英国海军，支持英国海上贸易，反对教权巩固王权，还精通骑射与音乐。他最令人津津乐道的，恐怕是那著名的六段婚姻。亨利八世去世后，他留下的物品有一份长长的清单，这份单子非常详细，甚至包括每一条床单。

在名单上有一件铠甲。单子上记载的对铠甲的描述，在几个世纪后的一次偶然的机会中，引起了大都会博物馆的注意，他们发现在博物馆收藏的铠甲中，有一件与清单所描述的样子几近一致。本来，这件铠甲本是众多铠甲中的一件，人们认为它只是16世纪某位贵族的防护服装。但是，研究员们越是研究越觉得它的来历非同寻常，一个大胆的猜测萌生了——它是不是属于亨利八世？

研究员们拆解了这件铠甲，他们发现，铠甲的镀金比一般铠甲更为明亮，而且在装饰上也有不同，他们在铠甲上发现了玫瑰——都铎王朝的标志，也是亨利八世最喜欢的装饰，它有个名称叫"都铎式玫瑰"。这一发现让研究员们欣喜不已，铠甲和亨利八世的关系似乎更近了一些。

他们进一步提出，这件铠甲比一般铠甲更为巨大，它的腰围足有51英寸，显然，他的主人是一个十分魁梧、甚至有些肥胖的人，比一般的欧洲人胖得多。而亨利八世，他年轻时是个酷爱运动的美男子，他经常穿着威武的铠甲与人比武——他年轻时候铠甲的腰围只有35英寸。不过，到了晚年，这位喜欢享乐的国王经常大吃大喝，体重不断增加，成了一个大胖子。

让他肥胖的原因不只是无节制的饮食和运动的缺乏。1536年1月24日，亨利的脑部在一次角逐比赛中受了重伤，从此，这位英明的国王变成了另一个人。他的脾气变得暴躁，他杀掉了他的皇后，处决了超过5万名臣民，让人惧怕。他的自控力似乎消失了，暴饮暴食让他迅速肥胖。他也控制不住野心，决定入侵法国。

从前的那些铠甲已经穿不上了，亨利命人制作新的铠甲，也就是我们看到的这一件超大铠甲。铸造师根据亨利的身材不断调整，才让国王能够穿上它。重新披挂上阵的亨利带着英格兰军队前往法国。进军失败了，亨利很快就死去，这位曾经贤明的国王留给英国的，是战争的泥沼和财政赤字。几个世纪以来，人们试图解释亨利八世晚年的"失常"，随着现代医学发展，人们越发相信这种性格反常和他脑部受伤有关。

都铎王朝早已成为历史，亨利八世给后世留下了很多遗产，包括他对英国历史的贡献，他那些精彩的婚恋故事，他的政治智慧和他的收藏品，还有站在大都会博物馆的、这件伴随他人生最后的戎马生涯的盔甲。

《皇帝礼佛图》，心酸的文物历史

在大都会博物馆，还有一件堪称国宝级别的藏品，来自中国的龙门石窟。现在我们去洛阳，可以看到两块被挖得千疮百孔的石壁，这就是"帝后礼佛图"曾经的所在处。这两块石壁上原本刻了《皇帝礼佛图》和《皇后礼佛图》，统称为"帝后礼佛图"，一位日本学者曾拍摄过照片，记录下了它们原本的样貌。

龙门石窟在北魏时期开凿。北魏孝文帝迁都洛阳，实行汉化，使北魏迅速崛起。他去世后，他的儿子宣武帝为了纪念父母，在龙门开凿石窟，在石窟两边墙壁上，刻的就是大型浮雕"帝后礼佛图"。浮雕凿了24年，具有极高的艺术价值。

两幅浮雕和真人等高,有逼真的相貌,还原的服饰,真实再现了历史上皇帝、皇后礼佛的场景。作品中的人物身穿宽大长袍,衣袂舞动,神色庄严虔诚,衣服的纹理疏密有致,既有佛家的庄重,又有皇家的华贵。只见孝文帝头戴帝王冠冕,在大臣和侍臣的簇拥下缓缓行走,侍从们手中端着伞、剑、香盒、羽葆,这种仪仗形式说明汉化措施的成功;另一边,皇后手中拈香,在宫女和贵妇的簇拥下行走,两幅浮雕互相照应。

人物的刻画极其细致,每一个人物都有符合自己身份的服装、高度、动作、位置,体现出尊卑有别。佛教从印度传入中国,发展到北魏时,已经成了中国的一大宗教,很多帝王信奉佛法,开凿石窟,兴建寺院,留下了不少珍贵文物。龙门石窟是中国最著名的石窟之一,"帝后礼佛图"更是国宝中的国宝。

可惜,国宝命途多舛。20世纪30年代,一个叫普爱伦的美国人来到龙门石窟。此人是有名的文物贩子,他到过敦煌,企图盗取敦煌壁画,没有得逞。后来他担任大都会博物馆的远东部主任,专门收集中国文物。当他看到精美绝伦的"帝后礼佛图",立即起了觊觎之心。他很快在洛阳找到一个叫岳彬的文物奸商,勾结了当地的土匪,又逼迫几名石工共同窃取了这两幅浮雕。

1934年,普爱伦和岳彬签订了一份合同,两幅浮雕售价为14000银洋。石工们每天夜里偷偷溜进石窟,将浮雕一块块凿下来,用担子挑走,运到北京,由岳彬找人重新拼接,然后再运往美国。龙门人发现有人盗窃石窟,自发组织起来抵抗,无奈岳彬和普爱伦勾结了当地的土匪,在山洞外放哨,这份国宝就这样到了美国。这群人还以同样的方法盗取了大批龙门文物。

粗暴的盗取方法导致石壁全部毁坏,被凿下的部分也残缺不全,还有一些碎片遗落在中国，现在仍交由龙门石窟保管。新中国成立后，岳彬被人揭发，以倒卖文物罪被判死刑。普爱伦逍遥法外。如今，石窟两侧只剩下凹凸不平的石壁，恢弘的《皇帝礼佛图》在大都会博物馆展出，《皇后礼佛图》则在美国纳尔逊博物馆。这是时代留给中国人的遗憾。

兹休—那都儿绘画文书，中美洲的神奇符号

现在我们看到的奇妙图案画在一张鹿皮上，准确地说，是把鹿皮连贴成带状，再写上文字、画上图画。这是中美洲的一种记录方式。鹿皮柔软可折叠，便于携带，而且，比起纸张，它们更容易保存。这是一幅来自密修帖卡王朝的文物。

这幅画讲述的是密修帖卡王的英雄历史，这位国王有个奇特的名字——"八只鹿"，他生于11世纪，是中美洲传说中的英雄人物，但是，在这张画上，我们恐怕很难理解他究竟有过什么样的丰功伟绩，因为这幅画上的图案太奇特了，简直是一幅现代抽象派插画，是由一位难以理解的冷门艺术家创作的。

来看看这幅画吧，全部都是抽象图案。简化的线条，奇怪的形象，人物显然有美洲人的某些特征，却更像卡通人。女人被绳子绑在树木上，蜷曲着身子；同样蜷曲身子的还有一些赤裸的男人；一个男人戴着大帽子，抱着膝盖，瞪着大眼睛，似乎在思考什么难题。整个画面都被这些抽象图案充塞。画面底部是一些长线条构成的奇怪动物，我们很难分辨那个看似

凶恶的长条水生猛兽是龙还是鳄鱼，它们的身体扭曲，用圆圈作为装饰，这种圆圈装饰了整个画面。在这群奇怪动物上面有山，有弹着乐器的人物，有用一堆圆圈代表身子的动物头骨。人的装饰也充满拉美风情，帽子上有兽头、有动物，面部有刺青痕迹，表情令人费解。

画面上还有几个木架子，似乎是祭台，上面放着人的首级，和那些捆绑着的蜷曲的人凑在一起，间隙里有各种看似凶恶的动物头，还有一位国王或祭司式的人物，穿着华丽，也许他正在进行某些仪式。这奇妙的画面越看越是费解，却也越看越有意思。想要弄清这份文书的含义，只能等待专家们日后的不懈努力。

《天使报喜图》，精美的佛兰德斯织锦

在文艺复兴之前，织锦画曾在欧洲各国流行，佛兰德斯地区是织锦画制作的翘楚，这里的确是个汇聚了美与艺术的地方。巧手的工匠拿羊毛、丝和金线织造了一幅幅生动的图画，被贵族们悬挂在华丽的墙壁上。特别是与佛兰德斯有密切贸易往来的西班牙，对织锦画更是情有独钟。这幅《天使报喜图》织造于14世纪末或15世纪初，后来，它在西班牙被发现。

宗教故事是那个时期艺术创作的主流，这幅织锦也不例外。画中人物是贞洁的少女玛利亚和大天使加百列，加百列手中展开一幅卷轴，上面写着"福哉玛利亚"，大天使上方，是怀抱耶稣的上帝和几位天使。这个故事是说上帝选中玛利亚作为圣子耶稣的母亲，她以处女之身受孕。大天使

来报道这个好消息。

　　初看这幅织锦，我们可能不太习惯它的构图方式。人物和背景的比例都出现了扭曲，图案塞得过满，这是由织造材质决定的。工匠们想要表现更多的寓意，就要在有限的空间里织造出更多图案，也难为他们了。看，玛利亚坐在椅子上，她膝上有一本摊开的书，头边有只精致的小鸟，室内有带着复杂图案的地毯、花瓶，还有许多家具，这些细节无一不精美。

　　人物形象的塑造，也很难让人相信是用丝线织成的。玛利亚面孔端庄，五官秀美，衣着华丽，就连手的动作也显示出她的矜持。窗户外面飞来的天使穿着宽大的袍子，翅膀的绣法尤为细致，分毫可见。所有人物的表情都相当鲜明，体现了工匠们精湛的艺术造诣。

　　再看看背景上那些花草树木，它们被刻意设计得繁琐，以显示工匠们巧夺天工的手艺，它们看似和人物之间并没有寓意上的呼应，只是为了让整个画面更加热闹。其实不然，花园暗示了玛利亚未婚受孕，花瓶里有一株百合花，象征玛利亚的纯洁。就连构图都有宗教内涵，据说玛利亚用耳朵受孕，于是，大天使飞向玛利亚的耳朵。

　　重看这幅画，它又多了几层意思。可以想象，500多年前，一位贵妇将它悬挂在房间，看着那繁花锦簇的画面，作为它的拥有者，是怎样自豪的心情。

爱是俗世的团圆：《美神和战神》

在大都会博物馆收藏的众多绘画中，威尼斯画派的代表人物委罗内塞占据了重要位置。他是文艺复兴时期的大师——提香的弟子，并和丁托列托以及他们的老师提香一起，被尊为"威尼斯画派三杰"。

委罗内塞出生于名城维罗纳，也就是罗密欧与朱丽叶上演他们轰轰烈烈的爱情故事的那座城市。他从小学习绘画，博采众长，自成一家，他的画色彩鲜明，氛围生动，场面豪华，又有很强的装饰性，因此受到了贵族们的喜爱。此外，他对教廷的规矩不以为然，总喜欢在画中表达强烈的世俗情绪，这又符合人文主义思潮。

《美神和战神》是委罗内塞在1578年创作的油画，是他晚年的重要作品。当时委罗内塞已经有50岁，但他的创作能力毫无衰退，而是到了炉火纯青的境界。这幅画从色彩到构思无不洋溢着爱情的欢喜和世俗家庭的幸福。

文艺复兴时期的大师们喜欢在希腊、罗马神话中寻找题材，这幅画也不例外，画家选择了战神阿瑞斯（罗马名为马尔斯）和爱神阿芙洛狄特（罗马名为维纳斯），以及他们的儿子厄洛斯（罗马名为丘比特）来表现爱情。

在希腊神话中，爱神在主神宙斯的安排下嫁给了工匠之神赫斯托斯，赫斯托斯不但长相丑陋，而且是个瘸子，这让美丽的爱神大为不满。包办婚姻不能让爱神幸福，所以她干脆选择另觅伴侣。她与英俊勇武的战神产生感情，并生下了一个儿子，也就是小爱神。小爱神以罗马名"丘比特"广为人知，他的经典形象是一个拿着弓箭，长着一对翅膀的小婴儿。

在这幅画中，裸体的爱神与戎装的战神形成了强烈的戏剧性。强壮的战神身披战甲，华贵的丝绸环绕着他的身体，身后还有一匹骏马，他像是刚刚得到胜利，从战场回到家，接受爱人的赞美。爱神一脸自豪的笑容，用左臂轻轻揽住战神的肩膀，十分亲昵。让人忍俊不禁的是光着身子的小爱神，他在母亲腿上系了一根彩带，似乎在玩一个有趣的游戏，又似乎在用这条彩带象征爱情的维系。

在形象上，一家三口都是神，爱神有希腊式的古典形象，小爱神有文艺复兴时期的儿童形象，战神则是一个英雄。但细看他们的表情，就会发现这幅画完全是对世俗生活的描绘，三个人没有神的庄严，脸上洋溢着团圆的幸福感，其乐融融。就连那匹马也显得温柔多情，给马擦拭腿部的小天使令画面更加活泼。

画的背景很有装饰感，古堡、树木、田野、蓝天的颜色都十分华丽，这些静态的背景衬着动态的人物，使画面更加丰满。画家对色调的高超运用，使人物的形象更加耀眼，呈现出温暖欢乐的氛围，这些优点都决定了这幅画的杰出地位。

《游舟》，印象派传世之作

爱德华·马奈，法国印象主义奠基人之一，他大胆地追求绘画的二维表现效果，敢于突破传统，创作出色彩鲜明、高贵华丽、充满光与色感的杰作，给莫奈、塞尚等人开辟了道路。他从未参加过印象派的展出，却被誉为印象画派的"奠基者"。

大都会博物馆收藏的这幅《游舟》，或译为《在小船上》。画中描绘了一个悠闲的假日，一位男子正与一位女子在湖上约会。女主角穿着华丽典雅的衣服，露出笑容，不知在说着什么；男子戴着礼帽，穿着简单的白衣，显然是一位绅士，他划桨的动作淡定有力，面部表情带着一点严肃，显然，他平日是个不苟言笑的人。

这是一个欢乐的假日，男女主角的造型和表情都很闲适，阳光明亮，湖水清澈，浅蓝的湖水带着小小的漩涡，体现了画家对景物的准确描画，小船似乎随着波浪在荡漾，主人公的身体上也呈现出细微的光影，使整幅画更加安宁。

尽管马奈并没有把自己归到印象画派，但人们只要看到他的画，总会把他当作印象画派大师，这是因为他的画作中的印象派特征太过明显。看似模糊却准确的细节，独特的光影描绘，热情的颜色，对风景中雾气和光线的捕捉……欣赏印象派作品，一定要留心观察这些特点，才能真正懂得这一流派的美妙之处。大都会博物馆还收藏了马奈的其他作品，可以一并观看。

水，所有景物都斑驳不清，这正是点彩派的特征。毕沙罗喜欢使用明亮的色彩来强调人物的活力，因此，这幅朦胧的画依然让我们感受到了阳光的沐浴。

此外，西涅克和修拉也是点彩派的代表画家，大都会博物馆同样收藏了他们的作品。西涅克的《科利乌尔海滨》，修拉的《马戏表演》，都是值得一看的作品。

梵高，一辈子只卖出一幅画

惊世骇俗的绘画天才梵高有很多传说，他怀才不遇，一生不顺，曾因绝望割掉自己的耳朵，向三个女人求爱未遂，精神病发作自杀身亡……同时代的人们不理解他的天才，他一生只卖出过一幅画。死后，梵高却声誉鹊起，如今他的一幅画至少几千万美元。

在欧洲古典名画收藏上，大都会博物馆落后几个时代，但自从它成立，就全力收集同时代的优秀艺术家的作品，收获颇丰。因此，博物馆拥有梵高的数幅珍贵作品，包括《向日葵》《夹竹桃》《鸢尾花》《麦田里的柏树》《科诺克斯夫人像》……从风景、静物到建筑、肖像，一应俱全，可以让游客很好地体会这位天才的风格。

色彩是梵高的最大特色，人们可以从很多作品中一眼辨认出梵高的，他的用色太特别了。他所使用的色彩，无一例外具有高纯度。他的笔触貌似笨拙实则厚重，他大胆地突破各种绘画传统，以集中线条表达空间马奈是位重视名誉却运气不佳的画家。他一生都得不到公正的评价，特别是他的名画《草地上的午餐》展出后，他受到了拿破仑三世的攻击，整个巴黎似乎都在嘲笑他，只有著名文学家左拉坚持认为马奈是一位伟大的画家。直到1882年，他才得到官方的承认，得到一枚荣誉勋章。那时候他已经是缠绵病榻的垂死之人，对这迟来的承认也提不起喜悦之情，只说了一句："太晚了。"第二年，他因病离世，享年51岁。

《林中浴女》，扑朔迷离

擅长光影的印象派不断发展，到了后期，出现了一个小分支——点彩派。

一位叫保罗·西涅克的法国画家创立了这个流派，这个流派的画家通过观察，认为物体是由无数的微小色块组成的，他们用细小的笔触把这些色块在画布上"点"出来，形成一种闪烁的效果，因此被称为"点彩派"。这一流派的画家的作品上，充满精心组织的色点，看上去扑朔迷离，斑驳不清，但只要把画布移得远一点，就能看到一幅完整的画。

卡米耶·毕沙罗是点彩派的代表人物，他在西印度群岛出生，后来在巴黎定居，深受印象画派影响。毕沙罗最喜欢描绘的是与世无争的乡村生活，安静的树林，潺潺的流水，劳作的男女，还有乡村风景，都是他经常描绘的对象。他的画透露出内心的安静平和，让人感到回归田园的轻松。

《林中浴女》是毕沙罗的代表作，在一片灿烂的阳光下，一位少女正准备在小溪里沐浴，色彩在她赤裸的身体上跳跃，草地、树林、浅浅的溪感，以高度明亮的色彩强调事物的精神内核，他的作品充满了生命的激情和创造的激情。

梵高想要传达的不只是事物的色彩和形状，更重要的是内心的感受。他画的《向日葵》代表了生命；《鸢尾花》则有一种蓝紫色的宁静感；《麦田里的柏树》以扭曲的云彩和层层麦浪预示内心的不安；《采摘橄榄》以流动的色块代表急促的心情……在这些不安与漩涡的深处，是诗意与画家本人的悲剧意识。

梵高生性敏感，这让他能够更细致地感受周围的环境；内心狂热，对艺术有极高的追求，又让他孜孜不倦地提高着自己的画技；又有极高的天赋。这三点，已经注定了他将成为一个不同凡响的画家。可是，他的命运坎坷，无法与人正常相处，得不到别人的理解，作品也不受欢迎，这让他在自大和自卑之间摇摆，甚至怀疑自己究竟有没有天赋。这种境遇也造成了他精神方面的疾病和最后的自杀结局。

正是这种强烈的患得患失心态和对艺术的狂热追求，他的绘画表现始终是大胆的，甚至疯癫的。他的作品上注入了强烈的感情，让观赏者能够在瞬间感受到巨大的生命力，甚至产生了一种精神上的压迫感。梵高之所以能够引起人的共鸣，正是因为这种对人类命运的终极思索，他逼迫一切人反思。

梵高的影响是巨大的，他的作品促进了表现主义的诞生，后世的画家追随他、效仿他，他名满全球，作品的价格也不断提高。可惜这些热闹与去世的画家无关。也许，对梵高最好的纪念，就是在路过他的作品时，仔仔细细地欣赏，以弥补他生前不被承认的落寞。

美国绘画突围！功臣波洛克和他的滴画法

现在，让我们以一位美国绘画大师的作品结束大都会博物馆的旅程。

普通人根本无法理解这幅《秋韵》，它的创作过程如下：把一张画布平铺在地面上，画家拿着一个装了颜料的钻孔的盒子，在画布周围随意走动，把颜料滴落在画布上，形成复杂的线条网，这就是美国画家杰克逊·波洛克发明的"滴画法"。

这种图画没有构图的中心，没有确定的结构，也没有任何规律，它是一种抽象派表现主义的绘画手法。画家凭借直觉作画，用全身心感受灵感的降临，滴落颜料，因此，画作能够反映人内心情绪的细微变化，画面的线条变化无常，让人无法静止，这线条流畅、连贯又不乏雅致，颇具观赏性。

长期以来，美国绘画一直模仿欧洲，把欧洲奉为宗主。随着美国国力提高，艺术家们的追求更高，他们渴望摆脱欧洲，在国际上获得自己的地位。波拉克是第一个冲破欧洲传统，获得国际承认的美国画家，他让美国艺术从欧洲文化的包围中"突围"出去。不是所有美国艺术家都能理解波洛克的作品，但他们理解了波洛克的精神：大胆、自由、充满想象、不受拘束。以此为基础，美国艺术蓬勃发展，在世界占据越来越重要的地位。

大都会博物馆的发展也像"突围",从最初的文化荒漠确立自己的形象,从对欧洲博物馆的亦步亦趋到走出自己的模式,从收集真假难分的艺术品到如今有自己的专业研究所,从单一的藏品结构到包罗万象……大都会博物馆正迈着强有力的步伐,向更加广阔的未来行进。

第四章　俄罗斯国立埃米塔什博物馆

冬宫，一个遥远的名字，在天寒地冻的莫斯科，释放着珠光宝气，吸引无数人的目光。达芬奇、米开朗基罗、拉斐尔、伦勃朗、鲁本斯、提香、高更、塞尚、凡高、戈雅、毕加索……顶尖画家遗留的珍品，是这里的座上宾；浓郁的历史收藏，又积淀着俄罗斯艺术的底气。既是民族的，也是世界的，这就是埃米塔什博物馆的魅力。

"我只是个贪婪的女人……"

"没有到过圣彼得堡，就不算到过俄罗斯；
没有到过冬宫，就不算到过圣彼得堡。"

冬宫，音译为"艾尔米塔什"博物馆，位于圣彼得堡涅瓦尔河左岸，原是俄国沙皇的皇宫。如今，它是一所宏伟的博物馆，包含了从古至今的270万件藏品，有绘画、雕塑、硬币、奖章、军械、乐器、实用艺术品……这些藏品完整地再现了欧洲艺术和人类文明的发展。在寒冷的彼得堡，冬宫给那里的人们带来最初的艺术火光。

冬宫是一组宏大的建筑群，由"冬日之宫""小艾尔米塔什博物馆""大艾尔米塔什博物馆""新艾尔米塔什博物馆"和"艾尔米塔什歌剧院"五座宏伟的建筑共同构成，分为原始文化部、古希腊、罗马部、东方民族文化部、俄罗斯文化史部等多个部门，共有400多个展厅，以其宏大规模位列"世界四大博物馆"之一。

每座博物馆都有独特的来历，冬宫博物馆的发展，与俄国唯一一位女沙皇叶卡捷琳娜二世密切相关，冬宫，几乎是这位女沙皇的杰作。这位女皇发动政变夺走丈夫彼得三世的王位，因其出色政绩使俄罗斯成为强大的国家，在俄国人心中，她的功绩仅次于彼得大帝，人们称她为"叶卡捷琳娜女皇"。叶卡捷琳娜二世并不以鉴赏家自诩，她说："我并不是一个鉴赏家，只是个贪婪的女人。"

1764年，女皇决定在皇宫旁边建造一个相对隐蔽的休息场所，存放她在欧洲市场买到的艺术品，供闲暇时观赏。正如她本人所说，她"贪婪"，对艺术品谈不上品位，却有强烈的收集欲。她的代理人奔走于欧洲市场寻找各种"猎物"，收获不菲。这座新建的小宫殿迅速扩充，女皇和她的朋友经常在里面观赏、谈心。

随着艺术品的增加，女皇越来越喜爱这个隐秘居所，她一次次下令扩建，还给来此参观的人定下严格的规矩，如不准携带武器，必须脱帽，不能损毁任何物品，不能在珍贵的艺术品前高声讲话，不能有身份等级意识，甚至不允许看艺术品时打呵欠等等。

当时，沙俄皇室的欣赏水平有些"非主流"，他们还没有对文艺复兴大师们的作品钟情，只是喜欢一个叫"佛莱芒画派"的北方画派，这个画派的画家既从文艺复兴画家那里学习技法，又继承了北欧的传统画法，也许因为地缘上的亲近，沙俄皇室早期多是收藏这一画派的作品，这些作品也只是作为宫殿里的摆设。

叶卡捷琳娜女皇的兴致愈来愈高，她命委托人尽量收集精品，不再局限于某一画派，于是伦勃朗、凡·戴克等人的作品也进入了冬宫。女皇有意炫耀她的收藏，所以冬宫对艺术爱好者、外国游客、美术学生开放。其实，当时的俄罗斯人民没有欣赏艺术品的雅好，有时，他们被迫进入博物馆，在寒冷的房子里，瑟瑟发抖地看那些他们根本看不懂的艺术品，还要注意不能说话、不能打呵欠，简直是种折磨！

女皇却乐此不疲，她和她的继任者们不断在欧洲市场购买艺术品，他们以大手笔的价格拿下了不少精品之作。进入19世纪，博物馆在收藏上注重画派的均衡，而且开始注重品质甄选。与此同时，俄国人的文化生活也在日益丰富，不少诗人、画家涌现，人民的欣赏能力也在不断提高，皇室成员们也从"贪婪的收藏者"变成了"有眼光的艺术爱好者"，在此基础上，冬宫的博物馆形象进一步深入人心。

1837年，冬宫发生一场大火，宫殿被烧毁，幸好藏品并没有被影响。沙皇尼古拉一世重建冬宫，意大利设计师巴托洛米奥·拉斯特雷利操刀设计了一座优雅精美的新古典主义宫殿。1852年，新博物馆对外开外，接受来自各地的参观者，尼古拉一世有意将它打造成一座伟大的博物馆。

十月革命后，冬宫和博物馆的所有藏品被宣布充公，从此成了俄国人的共同财富。被没收的还有俄国的王公贵族和富商们的私人财物，大量私藏艺术品，包括梵高、塞尚、马蒂斯等人的精品画作进入冬宫，由人观赏，冬宫从此成为国有机构。

在冬宫历史上只有三次大危机：一次是1837年大火；一次是第二次世界大战时期圣彼得堡（当时改名为列宁格勒）遭到纳粹封锁，馆藏品不得不转移；还有一次危机却是政府带来的灾难。

事情发生在斯大林当政时期，苏联政府准备向美国购买拖拉机，为此，打算出售冬宫的一批画作。冬宫博物馆的工作人员大为吃惊，他们当然不愿看到杰出的艺术品被美国买走，可是，如何有效地劝说斯大林？聪明的馆员们并没有据理力争，他们想了个"曲线救国"的方法。一位馆员对斯大林提议，为什么不卖掉那批格鲁吉亚艺术品。这个看似普通的提议竟然奏了效，斯大林不再卖冬宫的艺术品。原来，斯大林出生在格鲁吉亚，馆员们的提议，让他想起了家乡，也意识到了祖国艺术品的珍贵。

可以说，冬宫博物馆从创建到发展，一直与当权者的爱好密不可分。当人们走进冬宫，参观那些精美的艺术杰作，免不了怀念起当年第一个在此驻足的人，那是一位众说纷纭的女皇，她对收藏的贪婪，却成了沙俄皇室留给后人的礼物。

名副其实的镇馆之宝：伏尔泰坐像

说到冬宫的收藏，林林总总，难以计数；说到冬宫的镇馆之宝，却很一致。人们把这顶桂冠戴到了一件来自法国的精美雕像上。这件雕像被誉为雕像史上最杰出的作品之一，艺术家用大理石雕刻了一位坐在椅子上的老人，他那稳重的坐姿和富有智慧的眼神，给人以极其深刻的印象。那么这位老人究竟是谁，能够在冬宫享有如此高的地位？

其实，这位老人不但在冬宫有名，在俄国有名，在欧洲，在全世界都享有着长盛不衰的美誉。他就是伏尔泰，法国启蒙运动的旗手，法兰西的思想之王，也被称为"欧洲的良心"。他所提倡的"自由、平等、博爱"是后来法国大革命的核心标语，也是欧洲、美国甚至其他国家的资产阶级革命追求的目标。他开启了启蒙运动，狄德罗、卢梭等人无一不受到他的影响。他也因为激进平等的思想受到政府的迫害。

雕塑的作者乌冬，是法国启蒙时代的雕塑家，也是伏尔泰的头号粉丝，一生制作了不少伏尔泰的雕像。这幅作品是在伏尔泰经过流放，重新回到法国后，艺术家为了庆祝而制作的。此时伏尔泰已经是80高龄的老人，乌冬记录了他的形象——也是最后的形象，一年后，伏尔泰去世，这件雕像成了无价之宝。

哲学家伏尔泰穿着希腊式的长袍，这是古代智慧的标志，符合他的身份，也盖住了他的多半身躯，让人们察觉不到他的衰老，只看到他那微笑的表情。乌冬是个注重汲取古代雕塑智慧的艺术家，从他在衣纹的处理上，可以看到古希腊、罗马雕塑的遗韵，他追求一种稳重感，显得一丝不苟。

艺术家极好地捕捉了伏尔泰的神态。伏尔泰是个擅于讽刺艺术的作家，他维护公民自由权利，敢于揭露黑暗和腐败，所以，他的表情里常常流露出对现实的嘲讽，这种表情很好地被乌冬留在了石头上。同时，伏尔泰又是一位智者，对世间一切有深刻的洞悉，因此他的表情又是平静的、安详的。

让人印象最为深刻的是伏尔泰的眼神，石头没有着色，却有超越色彩的明亮感。眼睛是心灵的窗户，人们透过他那深邃敏锐的眼神，仿佛看到了他的智慧。这位老人也因为常青的智慧变得充满活力，流露着高贵的气质。他既是18世纪的伟大思想家，又像是来自古代的哲人。

伏尔泰坐像能在冬宫拥有如此高的地位，还和叶卡捷琳娜二世有关，俄国女皇和法国思想家，有一段传奇般的忘年交！

1763年，70岁的伏尔泰接到一封来自俄罗斯的信件，寄信人竟然是刚刚登基的女沙皇叶卡捷琳娜二世，在信中，女皇称自己为"您的读者"，希望伏尔泰能够成为她的导师。十几年前，年轻的叶卡捷琳娜嫁给俄国皇储彼得大公，她的丈夫是个迷恋军事却只爱玩士兵木偶的脆弱男人，对叶卡捷琳娜也毫无兴趣，大臣们总把他们没有孩子归咎于叶卡捷琳娜。她只能苦闷地看书打发时间，却被伏尔泰的作品深深吸引。后来，叶卡捷琳娜发动政变，成为女沙皇，她希望陪伴自己苦闷生涯的导师伏尔泰，成为她帝王生涯的导师。

当时，女皇只有34岁，她的确需要一个有智慧的人给予政治上的辅佐，也希望能够结交一些欧洲名人，来提高自己的声誉，营造良好的形象——她的丈夫已经不明不白地死去，有人说是她下令杀死的，全欧洲都鄙视这个女人，没有人愿意与她来往。

但伏尔泰没有拒绝。在那个时代，欧洲国家都是君主制，他提倡的人权建立在"开明君主制"基础上，他也希望凭借自己对君主的影响，把某些国家变为平等自由的文明社会。他虽然与法国国王路易十五不睦，却曾经在普鲁士的王宫里，为腓特烈二世服务，但他和这位傲慢的帝王相处得并不融洽，两个人闹翻了。现在，一位年轻的女皇主动向他求助，他希望在这位君主身上，实现一些构想。

伏尔泰和叶卡捷琳娜二世开始频繁通信，女皇在伏尔泰的影响下，开始起草法案，制订改革政策，着手改善农奴们的处境，并提倡科学。她越来越显示出一位出色政治家的能力和魄力，让伏尔泰欣喜不已。她成为俄国文明的代表，提倡建立现代化国家，并第一个接受牛痘接种，让这种新医术在俄国得以普及。叶卡捷琳娜二世能成为一位优秀的皇帝，和伏尔泰的辅导密不可分，通过女皇，伏尔泰间接地参与了俄国历史，改变了俄国的命运。

女皇和伏尔泰的关系很是复杂，女皇视他为导师，甚至有一点女儿对父亲的依赖，常常用调皮的口吻给伏尔泰写信，如果伏尔泰称赞其他君王，她还会醋意大发，直接表达不满；伏尔泰对女皇，既不失对君主的恭敬，也经常像长辈一样评价女皇的作为。伏尔泰对女皇最大的不满，在于女皇是个多情的人，有不少情夫，伏尔泰试图劝说女皇对爱情专一，对此，女皇则以幽默的口吻回答："我是个专一的人，我只对美色专一！"伏尔泰无可奈何。

伏尔泰一直维护女皇的形象，常常为她做辩护，两个人的友谊持续了15年，直到伏尔泰去世。叶卡捷琳娜二世悲痛万分，她还没有机会亲眼见见这位导师，就已经失去了这个思想依靠。她花费重金买到了伏尔泰的全部著作和所有收藏，运往圣彼得堡，当时的法国人却不知道这些东西的价值。如今，他们想要看看法兰西民族一流思想家的遗物，只能不远万里去圣彼得堡。

当之无愧的镇馆之宝：达·芬奇的两张圣母像

    文艺复兴美术三杰的作品，在任何博物馆都是当之无愧的主角和镇馆之宝。在冬宫，最让俄国人自豪的便是他们收藏的两件出自达·芬奇的真品。两件作品都以圣母和圣婴为题材，一幅叫《持花圣母》，一幅叫《哺乳圣母》。不过，在很长一段历史时期，它们吸引参观者，并不是达·芬奇的名头，而是其高超的技法和杰出的画面表现力——起初，人们根本不确定它们是达·芬奇的作品。

    《持花圣母》，面带欢乐笑容的玛利亚手中拿着两朵四叶小花，逗弄怀中的圣婴耶稣。女性和婴儿的头顶有金色的光环，揭示他们的身份。远处一扇不大的窗子，是光亮的来源，也照亮了圣母的面孔，四片叶子的花朵呈十字状，预示着耶稣今后被钉上十字架的命运。所以，婴儿没有欣喜的表情，反而显出了沉思和严肃，似乎在思考自己未来的命运。

    相比较而言，玛利亚的表情更为天真，她是一位年轻的母亲，甚至还带了某些少女的神韵，她没有任何忧虑，一心爱抚自己的儿子。她的衣着并不华丽，却相当典雅，绿色的上衣，橙红色的披风，白中透蓝的长裙，翻卷的衣褶，这套打扮的点睛之笔，是胸前的宝石胸饰，它带着幽光，是这幅画中唯一贵重的饰物。

    在众多画作中，这幅圣母画显示出了高超的技术，画面的轮廓经过精心处理，有微妙的渐变感，光影渐渐变淡，轮廓却更加清晰，就连窗外的天空，也呈现出深远的渐变感。达·芬奇绘制的圣婴耶稣，常常没有孩童的天真感，反而深沉得像个哲学家。在画中，他的左手扶住母亲持花的手，右手正在触摸绿色的叶子，这个孩童的动作被处理得相当凝重，让人们立刻意识到婴儿的神圣身份。

《哺乳圣母》，又名"圣母丽达"，这幅画像中的圣母更符合人们对她的审美定势。她端庄、秀丽，穿着一件缀着金丝的华丽红色衣裙，外面披着蓝色的丝绒感披肩，披肩还有一条金色的丝绸边，显得更加华丽。就连头上的丝巾，也勾有细细的金线，挽着头发垂在耳边，她正慈爱地看着小耶稣。她的身后有两扇窗子，窗外有远山和蓝天。这是一张标准的圣母像。

婴儿耶稣正在吸吮乳汁，他仍然没有孩童的天真感。在形象上，他是一个健康的婴儿，肥嘟嘟的身体，健壮的四肢，一头蜷曲的金色头发，手里还拿着一只小鸟玩具。可是，看看他的眼神，小耶稣的脸朝向画外，大眼睛似乎正看着观赏画作的人，那清澈的眼神透露着某种召唤，似乎他已经是传道的成人，正召唤画外的人与他一同领略神的境界。

他的眼神似曾相识，似乎能和画外人进行直接的交流，在欣赏《蒙娜丽莎》时，人们也会被她的眼神吸引，产生一种精神上的对话感。这样高超的感染力，可不是普通的艺术家能达到的，所以，当这幅画的作者尚未明确时，它就已经是一件价值不菲的珍品。而它所采用的"明暗对照法"，又是达·芬奇最喜欢的画法，人们越来越倾向相信，这就是达·芬奇的作品。

想要确定一张画的真实作者不是件容易的事，何况，达·芬奇传世的画作少之又少，远在北欧的冬宫真的那么幸运，拥有其中的两张吗？不少艺术爱好者、学者、专家对此展开持久的讨论，有人坚持认为这是达·芬奇的画作，有人认为这是大师的学生的作品，有人认为当时有不少优秀画家模仿、冒充达·芬奇，这也许只是其中的优秀作品……

这件艺术悬疑案的告破，有赖于信息的交流和鉴赏能力的提高。卢浮宫收藏了一份达·芬奇的手稿，这是一张不完整的素描稿，只有头部，经过仔细比较，人们发现这幅素描图不论角度还是创作手法，和《哺乳圣母》惊人的一致，可以看出，画家为了创作这幅作品打了草图。又经过很长一段时间的反复对比和讨论，原作者的身份终于被确定，就是达·芬奇。

　　《持花圣母》的鉴定是纯技术式的。起初，人们传说达·芬奇在佛罗伦萨画了两张圣母图，那是他年轻时代的作品，作画时，他还是个画室学徒，这两幅圣母图下落不明。几经辗转，人们发现了其中一幅，也就是《持花圣母》，最后被冬宫收藏。直到20世纪，权威专家们才在那经典的画法中，确定其作者的身份。

　　对于博物馆来说，没有什么比发现一份收藏品是无价真品更兴奋的事了，在冬宫，这样的真品不止一件，它们从身份未明到身价百倍，简直是一部传奇小说。另一件镇馆之宝也有这样的经历，它来自米开朗基罗。

后来居上的镇馆之宝：《蹲着的奴隶》

1851年，冬宫收藏了一件大理石雕塑，是个蹲在地上的年轻男孩。男孩看上去无奈又沮丧，但他结实的身体显示出蓬勃的力量，这种力量似乎被其沉闷的精神状态所压迫，正在萎靡。这幅作品有超凡的古典性和现代性。放在古希腊的雕塑中，它对形体、骨骼、肌肉的准确把握，使它毫不逊色；放在现代雕塑中，它流露出的精神上的苦闷感直击人心，甚至和罗丹那尊著名的《思想者》有些许类似。

显然，这是一幅超越时代的作品。

这么突出的作品，人们当然会好奇它的作者，这又成了一个争论不休的谜题。人们愿意相信他是米开朗基罗的作品，他是大理石雕塑的行家，他也刻画过类似的奴隶作品，这件雕刻充满了米开朗基罗的艺术风格，只有这个名字才和如此动人的艺术品相配……可是，缺少确凿的证据支持这些热情的判断。

这次为人们揭示谜底的是大英博物馆。大英博物馆收藏了不少大师的手稿和素描，其中有一份米开朗基罗的手稿——他为佛罗伦萨教堂的圣器收藏所和美第奇家族的坟墓画的设计稿，里边有很多雕像的草图，其中两幅与《蹲着的奴隶》相似。人们猜测，这尊雕塑原本准备放在一个年轻人的墓室中。

这是米开朗琪罗的晚年作品，那时他已经完成了《被缚的奴隶》和《垂死的奴隶》的创作。作为一个被人资助的艺术家，他常常身不由己，深深苦闷。他脾气暴躁，不愿忍受环境的束缚，但为了作品，又不得不一次次与统治者妥协，他认为自己过着"奴隶般的生活"，这件《蹲着的奴隶》似乎亦是这种思想的流露。

可是，在任何时候，伟大的米开朗基罗的作品都充满了生命力，年轻、健美，显示人的无穷力量。此刻男孩蹲在地上，现实似乎要压垮他的脊梁。但是，他仍然有如此雄伟的身躯，只要他愿意站起来，人们一样可以看到他伟岸的一面。也许这就是米开朗基罗想要传达给我们的东西。

《浪子回头》，伦勃朗的巅峰之作

提到西方油画的色彩大师，人们首先想到的名字只有一个——伦勃朗。

色彩是伦勃朗最大的优势，他如此娴熟地运用明亮和阴暗两种色调，特别是后者。人们对他的第一印象大多是"暗"，这也许是因为他的代表作《夜巡》太过出名的缘故。他对阴暗的表现能力尤为出众，仔细观察，会发现他的阴暗与光亮达到了很好的平衡，阴暗不但突出了光明，还突出了人物形象，甚至隐隐地绘出人物的心理活动。《浪子回头》是伦勃朗在生命最后阶段绘制的作品，也是他的巅峰之作。

每位艺术大师都有取材上的癖好，有人喜欢希腊神话，有人喜欢《圣经》故事，有人喜欢历史传说……伦勃朗的爱好是把《圣经》作为灵感来源。但是，他画出来的并不是宗教画，而是一幅幅世俗生活场景，他的画面里没有宗教，只有现实。他的艺术追求在于反映周边的世界，以及人与世界的关系。这也让伦勃朗的绘画更加深入人心。

《浪子回头》的故事取自圣经，耶稣曾给人们讲了这样一个故事：一位老人有两个儿子，小儿子向父亲要求财产，拿到钱后，他肆意挥霍，很快倾家荡产，不得不给人放猪维生。饥饿的时候，他甚至想吃猪的食物，却没有人给他。他终于悔悟，回到父亲身边，请求父亲的原谅，并表示改过自新，要做父亲的雇工。慈爱的父亲宽恕了儿子，他对人说："我的儿子，是死而复生，失而复得的。"耶稣以此赞扬父爱的伟大和"浪子回头"的道理。

伦勃朗的画中没有"浪子回头金不换"的教育意义，他截取了儿子跪在父亲面前忏悔的场景，来表现一个家庭的关系和人性的真实流露，这幅画没有背景空间，只有一片混沌的阴暗，阴暗中共有五个人，每个人的形象都耐人寻味，值得反复观看。

画中最明亮的部分坐着垂老的父亲，是这幅画的中心。他须发皆白，眼睛似乎已经看不见东西，感觉到儿子扑在他的膝上，他垂下头，用手扶住儿子的肩膀，触摸他，想要拥抱他。但他的表情又带了一丝思考，让这个形象更加丰富。

回家的"浪子"跪在地毯上，我们看不到他的表情，只看到他衣衫褴褛，一双鞋破得不成样子，露出的脚掌破了皮，显然，他在外面经历了艰苦的生活。他的头抵在父亲的怀里，请求父亲宽恕，他的动作有些拘谨，透露着内心的紧张。

站在画面最右侧的中年男子，和老人一样披着红色外袍，他应该是老人的大儿子，他神色复杂地看着眼前这一幕，没有流露出任何欢喜，也没有旁人脸上的同情和慈爱，但也并不凶狠麻木。可以看出，他不是无情的人，只是对弟弟的突然归来，有些不知所措。

在阴影处有两个人，一男一女，也许是这个家的仆人，也许是亲属，也可能是邻居。男人的形象比较清楚，他坐在椅子上，看着那个忏悔的浪子，似乎在为眼前这一幕感动；画面最后方的女性倚着门框，也是这幅画中唯一露出一丝笑容的人，只有她单纯地为浪子回家感到高兴，既不责怪从前，也不担心今后会发生什么。

画中人物的内心世界虽然丰富，但主题却很明确：赞扬父爱的伟大。能够将这种感情表达得如此细腻，还与伦勃朗的个人经历有关。在年轻时，他也曾经拥有大量财富，但是，他为了收藏艺术品而肆意挥霍，导致老年生活凄惨。他完全能体会画中"浪子"的心境；他还曾经历过丧子之痛，能明白画中父亲对儿子的一片爱心。画家的个人经历和个人情感融入到画面中，使画中人物的感情更加丰沛。

在冬宫，还有伦勃朗的其他作品，其中《芙劳拉》是画家以他的妻子为模特创作的名画。这位美丽的夫人去世时只有30岁，她几乎带走了伦勃朗所有的幸福。特别是在伦勃朗36岁那年，有16个保安委托他画一幅肖像画，他画出了美术史上的无价之作《夜巡》。但是，毫无艺术鉴赏能力的保安们非常不满，认为他没有将16个人均匀分布在画布上，因此将伦勃朗告上法庭。伦勃朗受到来自社会各界的嘲笑，他的画风不被认可，生活也走上了不可逆转的下坡路。

在耶稣讲述的故事中，儿子重新得到了父亲给予的财富，结局皆大欢喜；在现实生活中，伦勃朗并没有凭借他优秀的画技改变他凄凉的晚年生活，他去世时尤为悲惨，像乞丐一样下葬。直到100多年后，人们才重新认识到他的价值，给了这位艺术家应有的地位。

《犹滴》，犹太人的女英雄

在《圣经》中，有这样一位女英雄，她住在一座叫伯修利亚的城市里，是一位富有的年轻寡妇。一天，尼布甲尼撒二世手下的大将荷罗孚尼率领亚述军队包围了伯修利亚，这位美丽的年轻寡妇挺身而出，穿上华丽的衣服前往荷罗孚尼的军营中，称自己前来投靠。她每天吃自己带来的食物，定时到山坡上祈祷，亚述军人渐渐习以为常。一个晚上，她把觊觎自己美色的荷罗孚尼灌醉，割下其首级。

第二天，她像往常一样去山坡祈祷，亚述军人们没有发现异常。这个年轻寡妇偷偷溜回伯修利亚城，将荷罗孚尼的首级悬挂在城头。亚述军队顿时大乱，伯修利亚城的守卫们趁机出城杀敌，亚述大军败北而去。这位聪明勇敢的女英雄叫作犹滴。

出自文艺复兴绘画大师乔尔乔内之手的《犹滴》，是冬宫的重要藏品，这幅画本来用来装饰一扇门，也是乔尔乔内为数不多的传世画作之一。乔尔乔内是一位英年早逝的天才，他只有短暂的 33 年的生命，他是威尼斯画派的代表人物，他的作品抒情优美，色彩丰富，特别重视风景的描绘，对后世画家有巨大的影响。

在这幅画中，犹滴容貌秀丽，穿着颜色鲜艳的服装，手中持一把宝剑，脚下踩着敌人荷罗孚尼的头颅。作为一个胜利者，犹滴的表情过于安静，没有任何骄傲，甚至带了一点困惑，这不禁引起人们的诸多猜测。而荷罗孚尼的头颅呈死亡后的青色，看上去十分凶狠，却又带着一点笑意，也让这幅画的寓意不再那么明确。

乔尔乔内的画工十分精致。不论人物的线条，或是动作，或是风景，处处都有光线的讲究和细致的勾画。犹滴的衣领和腰带最能体现这种细致入微。但这种精致不仅不显得繁琐啰嗦，反而更简洁生动，这得益于画家对构图的把握，画家没有在画中叠加各种充满寓意的道具，只有一个人，一件简单的长袍，一把剑，一棵树，一个死人头颅，这就是所有内容。

乔尔乔内有独特的风格，他的画中，人物完全融入背景，成为密不可分的整体，没有任何抽离感。画家有强大的表现能力，能将自然和人的心理完全融合，在《犹滴》这幅画中，这一点尤其明显：那片淡蓝色的宁静天空和同样色彩的远山，呼应着人物圣洁宁静的形象；那棵暗色的高高的树，暗示着人物的坚强意志；人物脚边的野草和手中的长剑，有着相似的金属色泽，既有装饰性，又实现了色调上的呼应；人物的衣服是淡粉色的，与身后淡淡的蓝，共同构成一种朦胧纯洁的感觉，而红色的下垂的披风，又似乎暗示了人物的激情；金属长剑和人物额头、脖子上的金属首饰强调了贵重；两件首饰又使用了同样的宝石……总之，每一种色彩、每一个细节都相互呼应。

乔尔乔内一直在他的作品中表达强烈的人文主义思想，犹滴的胜利不是因为上帝或天使，她靠勇气和智慧保护了家乡，这幅画中的人物也不是带着圣光和金环的圣女，而是一位略带羞涩的年轻女子，她的端庄是世俗的，她的神圣来自心灵，这是这幅画最深刻的意义。

《治愈杰里科的盲人》，冬宫的早期品位

冬宫建立时，佛莱芒画派和荷兰画派的作品，是其主要收购对象，贵族们喜欢色彩鲜明的风景画和人物画。让我们从这幅《治愈杰里科的盲人》上，感受一下早期的冬宫气息。这是一幅三联画作品，出自荷兰绘画大师卢卡斯·凡·莱登之手，也是他的力作。这位画家是个雕刻天才，从14岁就已经创作出了成熟的作品，让当时的人惊叹不已。他靠着天赋和勤奋成为荷兰的艺术大师。

三联画是当时流行的一种绘画形式，画家需要绘制三幅图，中间那幅表达中心意思，两边各有一幅长型图画，绘制对称的内容。这幅作品的两边各有一个人物，是一对穿着华丽的夫妻，据说是这幅画的委托人。丈夫威严，妻子美丽，他们应该是荷兰的贵族，不但衣着华贵，手中还持有带家族族徽的旗帜。妻子的美貌尤为吸引人，她比丈夫年轻，彩色的头巾和裙带舞动着，既端庄又活泼。两位人物的服装均有很强的装饰性，这是因为这幅画要悬挂在一所医院的墙壁上，不能过于日常。

两位人物一左一右地站立着，他们的视线都看向中间那幅画。那就是作品的重点，也是在基督教国家广为流传的一个故事。传说，耶稣在经过耶路撒冷附近的城市杰里科时，遇到一位双目失明的盲人，耶稣用其非凡的力量使盲人恢复了视力。这是一个经久不衰的"医疗故事"，放在医院里，想必能够增加病人的信心。

莱登首先描绘了杰里科的旷野，远处一层层的白云，蓝色的山脉，隐隐能够看到白色石头的城堡，还有蜿蜒的河水。一棵棵绿树或高或矮点缀在背景中，拉着人们来到近处一片土黄色的地面上，那里聚集了一大批人，他们正在观看耶稣显灵，表情惊讶，议论纷纷。

穿着深蓝长袍的耶稣和盲人位于画面的中心位置，耶稣面容平静，信心十足；老人被一个儿童搀扶，正在对耶稣诉说自己的痛苦。人群围绕着两个人，他们中有穿着华贵的贵族，有普通的农人，有怀抱婴儿的妇女……那个戴着尖角帽的围观者似乎是一名巫师。这么多不同身份的人聚集在一起，显然不能在现实中发生，这是画家想象的结果。

这些人形貌各异，神态也活灵活现，有人正在指指点点，有人漠不关心，有人窃窃私语，有人远远地看热闹，他们的动作甚至有些夸张，这正是画家想要取得的效果。这应该是一幅热闹的作品，可是，在蓝天和绿树的冷色背景下，每个人物都犹如雕塑，整幅作品营造出了庄重的气氛。

需要注意的是画家的技法，这幅画使用了"色彩分区法"，画家把色彩分成三个区域，分别是地面的黄褐色，人物背景的深绿色和远景的蓝绿色。北欧的画家最爱用这种方法上色，这是一种相对简单的分层方法，会造成画面的不连贯和断层，那些欧洲大师们的色彩过渡更为自然，因此有更高的艺术成就。在观赏时，不妨注意观察这一点。

《美惠三女神》，最优美的雕塑

安东尼奥·卡诺瓦，新古典主义雕刻家，人类最伟大的雕刻大师之一。他出生在一个石匠家庭，祖辈和父辈都以雕刻为生，家庭的熏陶和个人的努力，使他在9岁时就崭露头角。此后他拜师学艺，16岁就已经有了自己的工作室。后来，他从威尼斯到了罗马，立刻受到了罗马教会的赏识，并为教皇修建了纪念碑。这件作品使他声誉鹊起。

各种邀请接踵而来，他不断接到贵族们的订单，创作了不少脍炙人口的作品，如著名的《爱神丘比特和普赛克》。远在圣彼得堡的沙皇都派人邀请他去俄国，但他不愿离开祖国。沙皇虽然吃了闭门羹，仍然为卡诺瓦的作品魅力折服，收集了不少他的雕塑。

卡诺瓦的名声越来越大，当时的法国皇帝拿破仑慕名派人而来，拿破仑家族成员也向他定做雕塑作品。其中，最优美的一座雕塑，是拿破仑的皇后约瑟芬请他制作的《美惠三女神》。现在，这件作品存放在冬宫，可称之为冬宫最优美的雕塑。

美惠三女神是希腊神话中的人物，她们如名字一般，代表着人间的美丽、优雅、欢乐以及一切美好的东西。她们是天神宙斯和三千海洋女仙之一欧律诺墨的女儿，分别为欢乐女神欧佛罗绪涅、激励女神塔利亚和光辉女神阿格莱亚。姐妹三人从不分开，跟随在爱神阿芙洛狄特身后，她们走到哪里，哪里就会有欢乐，因此，她们成了艺术家喜欢表达的主题。

无论在绘画、雕塑还是文字中，三位女神的形象紧紧相连，很少落单，她们常常以裸体形象出现，在卡诺瓦的这件雕塑中也是如此。女神被雕刻成青春洋溢的少女，美丽优雅，以亲密的姿态依偎在一起，她们的肢体密不可分，她们的手臂环绕着，像是沐浴完毕的女伴正在亲切地交谈。

　　这件作品的优美首先体现在材质的选择上。卡诺瓦对白色大理石情有独钟，他选择细腻的大理石精心打磨，让石头表面呈现出镜面一样的光滑，和米开朗基罗刻意追求的粗糙截然不同。这种精细也让雕塑线条更加流畅，更适合塑造女性的曲线美和肌肤美。卡诺瓦的作品大多数使用白色大理石，打磨成光滑效果，这种优美几乎是他的艺术标签。

　　创造优美感觉，还有赖于对人体比例和外貌无微不至的刻画。三位美女体态曼妙，姿势毫不做作，自然生动，连手指的动作都带着轻盈妩媚，面部表情更是细腻，让人觉得大理石有了生命。走近她们，仿佛就能听到她们的轻声交谈。

　　雕塑的优美还得益于细节的完美。这尊雕像的每一个细节都经得起推敲，就连女神们挽起的头发——不论是贴在额角的小小卷曲，还是遮住耳朵的层次感，或是盘在头顶的自然扭曲下垂——都给人以真实感。一位女神的手臂上搭了一条长长的裙带，它垂成两个波浪褶皱，又有一定的舞动感，是这尊雕像的动感来源，使整件作品更加流畅自然。

　　卡诺瓦的作品无不优美，他始终在雕塑中追求一种韵律，女神们舒展的动作和交缠的身体，都有一种类似音乐的韵律感，让凝固的雕塑变得轻快。在卡诺瓦出生的时代，巴洛克艺术大行其道，追求豪华，强调想象，远离生活，甚至刻意夸张，是那个时期雕塑的一大特点。卡诺瓦返璞归真，从雕塑的源头，也就是希腊、罗马的雕塑中吸取营养，加以自己的创造，确定了新古典主义的典范，也让雕塑艺术得到了一次新生。

卡诺瓦的健康状况不佳，中年时就已频频生病，但他从未放弃对雕塑的追求，依然不懈地创作新的作品。65岁时，他病逝于回乡的路上。他的心脏被安置在一个金字塔形状的坟墓中，那是他为著名的威尼斯画家提香制作的大理石坟墓。提香是威尼斯画派的杰出代表，所有威尼斯艺术家都尊重的人。冬宫里也陈列了他的代表作。

《圣塞巴斯蒂安》，提香的遗作

提香·韦切利奥出生在意大利阿尔卑斯山区，长大后去了威尼斯，从此深深地打上了威尼斯的烙印。他在这里学习画画，成为威尼斯画派的代表人物，并在这里终老。他有极高的美术天赋，几乎没有他不能上手的题材，没有他不能精通的形式，不论肖像、风景还是宗教画，他都以丰满的画面、明亮的色彩和鲜活的人物取得极高的艺术效果。他是公认的天才。

提香的绘画作品可以分成三个部分：早年，他主要受文艺复兴大师和威尼斯画派大师的影响，注重造型和色彩；中年，他的画风渐渐变得沉稳，更加注重细节；到了晚年，他的画技已经登峰造极，大开大合，可以用单纯的色调实现丰富的变化，又能以简单的形象塑造复杂生动的内心世界，他的艺术造诣没有因衰老而衰退，反而在晚年达到了最高峰。

冬宫收藏的《圣塞巴斯蒂安》就是这位大师晚年的作品，这幅画一直放在提香的画室，直到画家去世才被出售。也许画家还没有完成这部作品，也许画家对它过于喜爱，留在身边观摩。这幅画是提香的遗作，有典型意义。

作品主角是圣塞巴斯蒂安，一位基督教圣徒。关于他的作品不计其数，在卢浮宫，我们看到过《伊蕾娜看护圣塞巴斯蒂安》就是其中一幅。塞巴斯蒂安的传奇故事，带给艺术家们无尽的想象力，也使他成为画家们最爱的主题之一。

传说，塞巴斯蒂安是个年轻俊美的青年，罗马国王爱上了他，想要分给他一半江山，换得他的爱情。可是，塞巴斯蒂安是一个基督徒，在古代基督教教义里，同性不能相爱，所以他断然拒绝了国王的求爱。国王恼羞成怒，命人将塞巴斯蒂安乱箭射死。

从此，世界上多了一个节日，叫圣塞巴斯蒂安节，是每年的1月20日；教会多了一位圣徒；艺术家们也多了一个表现主题：塞巴斯蒂安年轻貌美而又强壮的身体被箭刺穿，带有一种令人震撼的毁灭之美。在西方绘画史上，塞巴斯蒂安被捆绑又被利箭刺穿的画面随处可见，常是大师手笔。

提香这一幅画的色彩并不明亮，他有意以昏暗的效果反衬明亮。人物脚下有燃烧的火光，照亮了他的身体和脸庞，和昏暗的背景混合，营造了一种模糊的效果。塞巴斯蒂安的身体伤痕累累，胸下、腹部和胳膊上插着箭，他的表情痛苦又不屈，眼睛里的光亮像是泪水的反光，使人们更加同情他的遭遇。

画面的色调相当紧张，多种色调不断调和，凑近看，甚至觉得有些混乱：背景有大量线条和色块堆积，有些细节相当潦草，但如果离得远了，细节又显得清清楚楚——这种技巧让同时代的画家们钦佩不已，也说明画家晚年对绘画有了更深层次的理解。对比画家早期作品，这种技巧更为直观。可以看看同样陈列在冬宫的《达娜厄》，那也是提香的名画，不过，它的表现力不如这一幅。

猜测不断，《夫妇肖像》

去冬宫，一定要看看著名的《夫妇肖像》。

这是一幅被讨论了好几个世纪的作品，至今没有任何结论，人们还会继续讨论下去。它的争议点不是"作者是谁"——作者是洛伦佐·洛托，一位独特的威尼斯画派画家，毫无争议；不是"画得怎么样"——洛托的作品虽不能和达·芬奇等人比肩，却也有其独到之美，堪称大师；不是"颠覆意义"——这只是一张带有生活气息和装饰意味的双人肖像画，不论画技还是主题都没有超常之处。那么，它为什么一直被争议？

答案是没人明白画家到底要表达什么。

这幅画的构图很简单，一张铺了桌布的桌子，一扇窗子，一对夫妇坐在桌子两旁，妻子怀中抱着一只宠物狗，一只手搭在丈夫肩膀上；丈夫的手指指向桌子上睡着的松鼠，一只手拿着一张纸条，纸条正面对观看者，上面写着："没有这样的人。"

首先必须为画家对人物的描绘喝彩。洛托最擅长的便是肖像画，他能用线条捕捉人的独特个性，让每个人物活灵活现，用一个表情和一个动作，就能揭示一段故事。他的人物都是"有故事的人"。可以肯定，《夫妇肖像》中的两个人显然遇到了某些特殊"故事"。

先看看丈夫的表情吧，这是一张诚恳老实的脸，流露着悲伤，眼睛里还含着泪水，显得瞳仁格外明亮，有些可怜；妻子的表情正好相反，这是一张精明高傲的脸，她的眼神没有妇人的柔情，带着强硬，甚至有点凶狠。她坐在比丈夫更高的位置上，傲慢地看着画面外的人。

他们的家境显然不错，丈夫的两只手上都戴着戒指，衣着考究；妻子更是一个喜欢奢华的人，她穿着华服，戴着绣金的帽子，脖子上戴了一串珍珠项链，又在肩膀上加上一串黄金链子，双手共戴了三枚戒指。她穿的比丈夫更华丽，从她的动作上，也看得出她在家庭中有主导权，牢牢地控制了丈夫。

整个画面的氛围有些阴冷，丈夫穿着黑衣、戴着黑帽，像在服丧；妻子也穿着冷色调的衣服，配着她阴冷的表情，更让人觉得压抑。就连本该带有活泼意味的狗和松鼠，都像是地狱里的动物那样缺少生气。画家喜欢使用冷色调，并以此制造出发光的效果，但女子身上的光一点也不温暖，她那可怜的丈夫也显得唯唯诺诺。

人们试图从各个方面解释这幅画的寓意，有人说男人失去了妻子，有人说男人为娶了一个悍妇而难过，也有人试图从狗和松鼠代表的含义来解释……可是，这幅画的主题依然模糊不清，"没有这样的人"——是的，没有能看懂这幅画的人，也许它只是画家和人们开的一个玩笑吧。

《舞蹈》，野兽派扛鼎之作

1905年，法国一批前卫画家举办了一次画展，参展画作令观众们震惊不已，这些画家完全打破了以往的构图、用色、线条法则，那些抽象画的形体、疯狂的线条、大面积的色块让评论家们目瞪口呆，一位记者干脆用"野兽主义"概括这次展览的风格。这个带有嘲弄的评价竟然成了一个新兴画派的名称，时间流逝，野兽派已经被人接受，他们大胆的用色和狂热的艺术追求，启迪了很多现代绘画流派。

亨利·马蒂斯，与毕加索齐名的法国现代艺术大师，野兽派创始人兼代表人，以大胆的艺术表现创造出了出色的视觉作品，广受关注。他最有名的作品《舞蹈》就落户于冬宫。这幅画也是很多人对野兽派最直接的印象。

20世纪初，俄国收藏家谢尔盖·舒金购买了这幅画，马蒂斯亲自去了舒金位于莫斯科的住宅中安置这幅画作，画作其实有两幅，一幅是《舞蹈》，一幅是《音乐》，集中代表了野兽派的技巧风格和艺术追求。十月革命后，舒金的收藏被充公，画作被带到冬宫博物馆。

这幅画线条简明，用色大胆，这种简明不是古典式的简洁，而带有现代漫画甚至简笔画的意味，只是多了更深层次的追求；这种大胆也不是以往绘画中的丰富色彩，相反，画家只用了几种单纯的颜色，并用颜色象征了某种内涵。

画面中，五个人正在手拉着手跳舞，他们头顶有深蓝色的天空，寓意高远的事物；他们脚下有深绿色土地，寓意地平线的连绵；他们有男有女，赤身裸体，褐红色的肌肤超越了人种，体现了一种团结；他们正在天空和大地之间围成圈旋转、跳舞，超越了空间的限制，体现了生命的热情。

这幅画像是在描绘原始人的某种仪式，但从人物的形体上，看不出种族，而且，他们的表情和动作都更像现代人。也许画家只是在用这种形象来表示他对舞蹈这一艺术的理解，当人物陶醉地旋转时，奔放动感，表现出强烈的喜悦。

马蒂斯用色大胆，却十分协调，狂热的画面没有失去分寸，反而靠人物的动作和色彩的对比达到一种理想的均衡。每个人的动作都被精心设计，身体的弧线相互呼应，连起来的手臂是一个圆环，抬起来的腿部也能构成一个圆环；在色彩上，画面似乎只有三种色彩，上半部是蓝，下半部是绿，中间是动态的红褐，既有强烈的色彩对比，又相互弥补，不会产生视觉上的不适。

野兽派画作始终用人物和色彩的巧妙安排，来揭示现代人内心的情感，进而引起强烈的共鸣。一开始接触这种艺术时，人们可能搞不懂它想要表达的东西，甚至认为它简单又粗糙，只有不断深入体会，才能理解艺术家的敏锐和情趣。在冬宫，还有一幅《对话》，是马蒂斯本人最喜爱的作品，值得仔细品味。

在风景中行走——冬宫里的风景画

在冬宫，能够看到不少风景画，来自不同地区、不同画派的艺术家们，他们对自然风景有着迥异的审美情趣和艺术追求，笔下的画面也呈现出不同的风貌，仔细品味，能对西方艺术有更深层次的了解。毕竟，在大多数时候，风景不是画作的主角，它们只是人物的陪衬，风景画家们只能跟随在那些擅长人物、场景、色彩的大师们之后，甚至默默无闻。风景画的崛起，也算是西方艺术史的一件大事。

说到西方风景画，首先要说的就是法国画家尼古拉斯·普桑。普桑是法国古典主义风景画的奠基人，他为风景画开辟了空间，确立了法则，壮大了生气。风景画从普桑开始形成气候。同时，他也是一位古典主义大师，是法国艺术史上的大家。他把人物和故事安排在广阔的风景中，力图揭示自然的结构和人与自然的关系。

冬宫里这幅《波吕斐摩斯风景》是普桑的代表作之一，取材自古罗马作家奥维德的神话故事。波吕斐摩斯是海神的儿子，一个长相丑陋的独眼巨人，他爱上了女海神加拉忒亚。可是，加拉忒亚却喜欢一位叫阿咔斯的牧羊少年。愤怒的巨人用石头将情敌砸死扔进河中，跑到一座荒凉的岛屿吹奏芦笛，诉说内心的幽怨和对女神的爱慕。

在这幅画中，一片茂盛的草地，河神和林泽女神们正在嬉戏，远处有农人在劳作，更远处有高大的树木和更加高大的岩石。主角波吕斐摩斯坐在岩石上，只露出侧面，吹奏着芦笛，整座山林仿佛都在聆听他的音乐。画面充满了原始性，波吕斐摩斯是原始的化身，画的角落里还画着两个面露贪婪之色的神祇，他们代表了"原始"的复杂性；而河神和仙女则代表自然美的一面。蓝天、山谷、绿树、各种神祇、人类在画面中交织，大自然的神秘跃然纸上，这就是普桑的特点，也是他对风景画的有益启示。

接下来让我们欣赏荷兰画派风景画家雅各布·凡·雷斯达尔的大作《沼泽地》。雷斯达尔是荷兰古典主义风景画的先驱者，他的画作致力于表现海洋、农村、山林等自然景物，在他的笔下，自然是画布的主角，人反而成了配角。早期的沙俄贵族喜爱荷兰画派的作品，收购了12幅雷斯达尔的作品。

《沼泽地》描绘了一片沼泽地，这里有静止般的沼泽，老树已经扭曲，病树早已倒下，高大的树木挡住天空，幼小的树木还在生长，还有茂密的水草和层层白云。过于宁静的景物却显示出某种不安，这时，画家画上了他的点睛之笔——一个小得不能再小的人出现在沼泽和密林深处，他仿佛是一个迷路的人，在环境的包围下显得渺小而迷茫。整个画面写实又有极强的隐喻性，那个孤独的人影，能让任何时代的观赏者产生共鸣。

再来看看威尼斯大师的风景画——卡纳莱托的《法国大使的欢迎会》。卡纳莱托是意大利风景画家，擅长描绘建筑和人群，这类作品在18世纪大受欢迎，特别受到王公贵族们的喜爱，画面恢弘又热闹，挂在宫殿中，与宫廷氛围相当一致。而冬宫本身巍峨又奢华，更适合悬挂此类作品。

这幅画的中心建筑是威尼斯总督府，总督府前的广场聚集了大量人群，广场前面就是港口，华丽的船队即将登岸。远处有一排排船舶，显示了水城的特色。人们聚集在这里，迎接法国大使的到来，一派热闹景象。这里的总督府、圣母殿以及图书馆都是写实之作，威尼斯是卡纳莱托作品的主题，他细致地描绘了每一栋建筑物，包括窗棂上的雕花和每一道栏杆，再用缤纷的色彩描绘人群，整个画面色彩和谐，场景恢弘，细节完美，是威尼斯风景画的杰作。

接下来这幅作品来自德国，是北欧画派的著名代表卡斯帕·大卫·弗里德里希的作品。这幅《夜晚的港口》脱离了传统的写实色彩，充满神秘感。弗里德里希的画初看缺少吸引人的色彩和布局上的魅力，必须静下心仔细欣赏，才能领悟其中的深刻内涵。也是这种内涵让他成为德国著名画家。他的作品得到了广泛欣赏，沙皇尼古拉斯一世就是他的追捧者。

画面中的港口在夜晚降临时显得雾气迷蒙又冷清，远处有一座教堂，建筑物的尖顶高高耸起；近处，两位穿黑色衣服的女士正在阳台上看着港口的风景。高大的桅杆占据画面右半部，显得凌乱紧张，桅杆前还有一个黑色的十字架，暗示水手的死亡。整幅画被黑衣和十字架带进了另一个境界之中，使欣赏者恍然大悟，原来，这是一幅和死亡有关的风景画。这时，重新观看画面中的色彩以及画的顶端那渐渐变小的太阳，人们不禁陷入对生命和死亡的思考之中，风景也因此显出了更沉重的意义。

最后让我们看看著名的印象派风景画。印象派以对光线的捕捉而驰名，这一画派的创始人、代表人、领导人是法国画家克劳德·莫奈，他最喜欢画睡莲、雾、桥……一些受拘束又不太确定的东西，他因一幅《日出·印象》成名，又因为对伦敦雾气的观察而成了"伦敦雾的创造者"。晚年，他住在伦敦的一所酒店，窗口外就是滑铁卢桥，他为这座桥画了一系列作品，展现不同光线下桥的不同面貌，冬宫这一幅，恐怕是其中最朦胧的一幅。

滑铁卢桥，英国伦敦的一座有名大桥，横跨泰晤士河。莫奈的一系列作品让它驰名于世；后来，又有人在这里拍摄了电影《魂断蓝桥》，使其更加出名。在莫奈的这幅作品中，桥体笼罩在浓重的雾气中，只能隐隐看到轮廓，还能看到河上的小船、船上的人和远处的建筑。光线从雾中透出来，呈现出各种淡淡颜色，让人有种不真实感，却也刺激了人的想象力。看着那轮廓，你能在脑海中描摹出桥、船、人、建筑的样子，这就是印象派的独到之处。

冬宫之美，和大帝有关的回忆

参观冬宫，不能只看里边琳琅满目的艺术品，它本身的建筑风格、陈设，都是艺术。事实上，当你踏上圣彼得堡的土地，导游十有八九会带你直奔冬宫，进入高大雄伟的大厅，先为你介绍俄国人最为推崇的帝王——彼得大帝，以及这座宫殿的真正主人——叶卡捷琳娜二世。

18世纪，彼得大帝将圣彼得堡变为一座军事港口和沙皇俄国的首都，那时皇宫是一座木制城堡。叶卡捷琳娜二世夺得皇位后，为了体现自己的权力，拆掉了彼得大帝的城堡，转而修建了一座巴洛克风格的宫殿，游览这座宫殿，一定要仔细看看下面这些地方，每一个细节，都是难得一见的艺术。

小金銮殿，为了纪念彼得大帝而设立的房间，这里有彼得大帝的座椅，放在雄伟的白色立柱中央。房间的墙壁上，覆盖着红色的天鹅绒，上面有彼得大帝的名字。宝座后面，有一张巨大的画像，画中人是彼得大帝与智慧女神，寓意彼得大帝的非同凡响。

约旦阶梯是新艾尔米塔什馆的最华丽设计。这座由乳白色大理石制造的大楼梯连接了上下两层，足有三层楼高，充分体现了皇家的气魄。楼梯是巴洛克的华丽风格，所有廊柱和灯具都镶着金边，美轮美奂，阶梯上铺上红色地毯，在屋顶，有一幅巨大的油画，据说是文艺复兴时期的名家提香的作品。白色与金色，是这里的主题，明亮的玻璃窗更增视觉效果。

正厅又被称为徽章大厅，也是冬宫最大的房间，面积足有上千平方米，铺满名贵的橡木地板。沙皇在这里宴请各省的官员，所以，这座大厅里有各省的省徽作为装饰。大厅后又有大金銮殿，同样显示沙皇的权威。

在大厅间穿梭，你能看到叶卡捷琳娜二世的情人专门为她打造的孔雀钟；能看到由绿色孔雀石制作的花瓶，这是一种俄罗斯特有的石头，产自乌拉尔山；也能看到拉斐尔的绘画复制品挂了一个走廊；还能看到骑士厅里的俄国大臣们的肖像……这些艺术品与馆内藏品交错，华丽的宫殿，丰富的藏品，每走一步，都是视觉的享受。

在俄国历史上，只有两位皇帝被称为"大帝"，就是彼得大帝和叶卡捷琳娜二世，应该仔细看看他们的肖像。

彼得大帝最著名的肖像由让—马克·纳蒂埃绘制。这幅画本身也是珍贵的艺术品，绘制于1717年，画面中的彼得大帝穿着银色金边的铠甲，胸前配有勋章，一手握着宝剑，一手拿着权杖、提着头盔，十分英武。他的面容却十分文雅，倘若只看头部，可能会怀疑他是位多才的诗人，只有那双坚定的眼睛中透露了他的威严。

叶卡捷琳娜二世的肖像很多，最有特点的一副是用马赛克拼成的。女皇穿着银白色衣裙，戴着成套的蓝宝石皇冠和首饰，手握权杖，肩披一条蓝色绶带。女皇是个丰满的人，双眼含情，脸颊红润，又流露着不可一世的气势。她高高在上地看着游人，似乎在等待游人们夸奖这里的奢华，毕竟，这可是她一手创造的博物馆。

下 篇

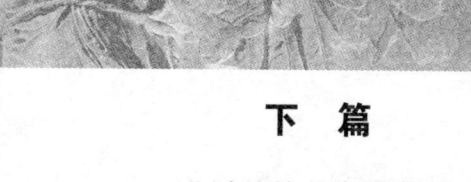

世界其他著名博物馆

　　博物馆，作为收藏历史珍宝、维系国家传统、培养民族认同感的公共空间，不仅面向本国和本地区，也面向全世界。我们走进博物馆，走近那些古老的文明，亲近时代的脉络，体验文明的传承，鉴赏精美的宝藏，每一间博物馆，都是历史与诗意的再创造。

第五章　北京故宫博物院

世界上规模最大、保存最完整的古代建筑群坐落在中国北京，其宏伟博大的建筑概念、对称含蓄的美学追求、天人合一的装饰风格，集中体现了中国5000年建筑艺术的最高水平。每一道红墙，每一扇木门，每一条汉白玉栏杆，每一件文物，都蕴藏了历史的秘密，蕴藏了明清王室500年的悲欢离合。

风雨沧桑，500年故宫

故宫，每个中国人耳熟能详的名字。它位于中国首都北京，是明、清两朝皇帝的居所。现在的故宫博物馆，是以过去的皇宫及其收藏为基础建立的综合性博物馆，它汇集了中国古代最伟大的艺术品，想要了解华夏文明，不能不去故宫；想要欣赏中国艺术之美，不能不去故宫；想要体会中国人的艺术精神，不能不去故宫；想要回味王朝兴废的历史沧桑，不能不去故宫……

因为历史原因，故宫的一部分珍贵藏品被带到台湾，在台北故宫进行展览，但北京故宫藏品之丰富依然令人惊叹。现在，北京故宫有超过180万件藏品，包括绘画、书法、铜器、瓷器、金银器、雕刻、玉石、绣品、古籍、皇家礼仪物品、生活用品等各种文物，共分25类，品种之多、数目之多，举世罕见。北京故宫是中国最大的博物馆，收藏文物占全国文物的1/6，是中国文物最丰富的博物馆，也是世界著名的古代文化收藏殿堂。

故宫本身就是一个庞大的艺术品。在明清时代，故宫叫做紫禁城。依照中国古代天文学，北极星名紫微垣，位于天顶中央，是天帝居住的地方；在地上，人间皇帝居住的地方与天上相对，就叫紫禁城。这座雄伟的宫殿占地面积达到72万平方米，建筑面积为15万平方米，是世界上规模最大、保存最完好的宫殿。它始建于公元1406年，也就是明成祖朱棣在位时的永乐四年。

朱棣是明朝第三代皇帝，他从自己的侄儿建文帝手中夺取皇位。为了巩固皇位，加强对全国的控制，巩固边防，朱棣决定将明朝首都由南京迁到北京。迁都工作进行得很有秩序，他首先派人在北京营造宫殿，继而营造城墙、陵墓、开通漕运。一切准备就绪后，明成祖下令迁都，从此，中国的政治重心由江南转到北方。

明成祖命人仿造南京的宫殿营造紫禁城，这座新宫殿于永乐十八年（公元1420年）建成，它更具规模，城墙超过10米，护城河足有50米宽，宫殿坐北朝南，被皇城和北京城包围，分为前朝和后廷两部分，以太和、中和、保和三座大殿为主要建筑物。这座宫殿规划合理，布局严谨，每一栋建筑都有其特色，可谓中国宫殿艺术的集大成者。

从明朝到清朝，这里居住过24位帝王，有威严的朱棣、荒唐的嘉靖皇帝、自缢于煤山的崇祯皇帝、千古帝王康熙、乾隆……还有中国末代皇帝溥仪。1911年辛亥革命爆发，结束了中国封建帝制。1924年，冯玉祥发动北京政变，溥仪被赶出紫禁城，故宫收归国有。1925年10月10日，故宫博物院成立，从此，人们可以进入从前的皇宫，观看里边的雄伟建筑和奇珍异宝。

中华民国成立后，中国政局不断变化，故宫博物院的整理、修缮工作常常被耽误，也很少对外开放。特别是"九一八事变"爆发后，为使故宫文物免遭战争掠夺，文物被打包运往南京；"七七事变"爆发，南京即将沦为战场，文物又被运往抗战大后方。解放战争时期，一大批文物被国民党带往台湾，从此，故宫分为"北京故宫"和"台北故宫"。

新中国成立后，对故宫博物院文物重新整理，又修缮了残破的宫殿，这座有500多年历史的宫殿终于重新焕发了生机。如今，它已经成为世界上数一数二的旅游、文化圣地，接待来自全球的游客，人们在这里看到的不仅是雄伟的建筑，精美的文物，还有封建王朝的500余年兴衰，华夏文明的5000余年历史。

镇馆之宝之一：《清明上河图》

想要在故宫选出一件镇馆之宝，真是件不容易的事。这里汇集了历代王朝收藏的宝物，全部都是精品中的精品，随便拿出一件都是国宝级文物。因此，本书只能有选择地介绍一二。

首先介绍的是中国绘画的绝世珍品——明代画家张择端的《清明上河图》。

这是一幅长达528.7厘米、宽24.6厘米的"巨画"，描绘了当年中国北宋首都汴京（今开封）的繁荣生活，不但有高超的艺术水平，更有文史研究价值。在这幅画上，可以看到北宋经济的繁荣，集市的热闹，建筑的精美，景色的秀丽，还能了解北宋城市生活的面貌，各阶层人士的服装和日常生活，画里的生活距离我们已经有1000多年，历史学家们需要查阅诸多典籍，才能为我们描述，但是，在这幅生动的图画中，历史活灵活现，近在眼前。

画面的主题是一条河——汴河，作者描绘了清明时节汴河两岸的景物和500多个人物，沿着河流，风景、建筑、人物组成一个戏剧性的有机体，十分巧妙。整幅画从汴京郊外一直画到热闹的市区街道，也像一条河流，极有流动感和韵律感。

在风景上，作者选择了"清明"这个时节，春天刚到，万物复苏，树木还显得干枯，河水已经解冻，城里人多地暖，有开放的红花，流水从潺潺溪流到宽阔的护城河，粗细不同的树木映在风景中，热闹的街道是这幅画的重点，来来往往各色人等构成了一幅世俗图景。

在建筑上，从郊外的茅屋到城门、桥梁、庙宇、房屋、茶摊、酒肆、各色商铺，都加以仔细描画。沿河更有渔舟和各式货船，两岸有各种货车，反映出这是一个商业发达的城市。

人物众多，各有身份，从衣着褴褛的乞丐到衣饰华丽的富翁，从抬轿的轿夫到拉纤的纤夫，从骑马的高官到摆摊的小贩，从说书的先生到行脚的僧人……应有尽有。

画中的动物也都栩栩如生，驮着货物的牛，被人骑着的马，载重的骡子和驴，还有一队骆驼也赫然在画中，加上大车小车，大轿小轿，无一处不热闹，无一处不生动。

画中还有许多戏剧性场面，一座大桥上挤满了人，人们靠着桥栏向下张望；有人在算命摊看手相，身后的人议论纷纷；城门下靠着游手好闲的懒汉，看着来来往往的人；有人正排队在井中打水……这么多复杂场景融在同一幅画中却不显杂乱，是因为画家使用了"散点透视法"，才能做到这种多而不乱。

在细节上，画家的功力也让人拍案叫绝，几笔就能勾勒出人物的情貌，显示了汉语中的"形似"和"神似"特点。在器物描绘上又有写实的味道，连船只上的小小物件都照顾到，而且，纤绳、船钉的位置分毫不差，可见画家观察的细致。

可惜，在中国，画家没有太高的社会地位，很多画家的身世都没有记载，张择端也是如此。人们不知道他的生卒年月和人生经历，只能期待有更新的考古发现，让我们了解这位伟大的画家，才能更加深入地了解《清明上河图》的创作过程。

镇馆之宝之二：《平复帖》

故宫有一所屋子叫三希堂，由清朝乾隆皇帝命名，也是他的书房。顾名思义，这屋子里藏了三件稀有的宝贝。它们是晋朝书法家王羲之的《快雪时晴帖》、王献之的《中秋帖》和王珣的《伯远帖》。这三张法帖代表了魏晋书法的最高成就。

这个命名直接说明了书法艺术在中国的地位。中国书法，是汉民族创造出的独特艺术形式，以笔墨为载体，将单字笔画、用笔与结构、字间章法和篇章气势融为一体，被形容为"无言的诗，无行的舞；无图的画，无声的乐"，流畅的美感，和谐的韵律，舒展的线条，让书法艺术得到了人们的青睐，历朝历代受到重视。

在古代，有文化的人都要练字，练字就需要字帖，历代著名书法家的字帖，是最好的临摹对象。在故宫，有许许多多珍贵法帖，其中最重要的一张，是西晋陆机所书的《平复帖》，它被誉为"法帖之祖"，是传世年代最早的名家法帖。

首先说说陆机。陆机是西晋时期著名的文学家、书法家，他是东吴宰相陆逊的孙子。西晋文学大家有"三张二陆两潘一左"的说法，"三张"指张载、张协、张亢；"二陆"指陆机及其弟陆云，"两潘"指潘岳和潘尼，"一左"指大诗人左思，因此可知陆机的文学造诣位于那个时代的顶层。陆机的文字华美，善做骈文，不但文章好，书法和绘画造诣也高，还为绘画写了一篇《画论》。这张《平复帖》，是他给朋友的一封书信，他大概也想不到，千百年后，这封信会成为中国的国宝。

这封信有九行共 84 字，字迹十分潦草，是中国最早的草书真迹，后人评价："无一笔姿媚气，亦无一笔粗犷气，所以为高。"从欣赏的角度，人们可以读出陆机的率性；从书法研究的角度，陆机使用的章草似乎是当时流行的文字，用秃笔随手写在纸上，文物学家们认为这封书信是中国书法史发展的重要证物。从出土的章草字简来看，章草的主要特点便是简朴自然，在陆机的用笔中也有所体现。

不过，很多人无法欣赏这张法帖，这种早期草书笔画不是很连贯，章法更不清楚。它的珍贵，在于它是现存最早的书法家真迹，而不在于书法家的造诣。人们还是更欣赏《中秋帖》或《伯远帖》，或者朝代更近的书法家作品。另，三希堂的另一珍品《快雪时晴帖》，现藏于台北故宫。

镇馆之宝之三：玉器魁首《大禹治水图玉山》

中国是世界上最爱玉石的国家，佩戴玉器，是中国从古至今的习俗。"黄金有价白玉无价"，是中国人对贵重金属、宝石的基本认识，中国的玉器工艺，也位居世界前列。

中国人为什么喜欢玉石？这是因为玉石的质地符合中国人为人处事的要求。玉石温润、内外一致、坚硬、不易伤人，是宝石中的君子。"谦谦君子，温良如玉"，可见在古代，人们就已经拿玉来比喻君子。玉的光泽、质地、颜色都受到人们的喜爱，中文词语中，形容男子英俊用"玉貌"，形容人的潇洒用"玉树临风"，形容女子的洁美用"玉女"……古人说玉有五种美德，分别是仁、义、智、勇、洁。

故宫有不少玉器珍品，有各个时期的玉环、玉勺、玉玦、玉佩、玉璜、玉璧……随着玉器工艺的不断发展，玉器越来越精美，越来越考究，越来越复杂，终于，中国历史上用料最费、耗时最久、雕刻最精、气魄最大的玉器在清朝诞生了！这就是故宫收藏的《大禹治水图玉山》。

这件玉器高达226厘米，宽96厘米，座高60厘米，重量达到5000千克，是世界上最大玉雕作品，也是中国玉雕艺术的智慧结晶，是国宝中的国宝。玉器选择了中国最古老的"大禹治水"神话为题材，这个故事一向作为中华民族智慧与意志的象征，体现了民族精神，与玉器的宏大和珍贵相得益彰。

传说三皇五帝时期，天降大洪水，人民流离失所，损失惨重，鲧和禹父子负责治理洪水。鲧试图用"堙水法"堵住洪水，失败了。禹在父亲的失败里汲取经验，使用"疏导法"，终于让洪水退去。大禹治水共用了13年的时间，他日夜殚精竭虑，曾三过家门而不入，他的聪明才智和以天下为己任的道德情操，使他获得了世世代代人们的敬重。下令雕琢玉山的乾隆皇帝选择这样一个题材，是为了表达自己心怀天下、想要成为明君的决心。

　　这座工艺品能够完成，不知耗费了多少人的心力。首先，人们在新疆地区选择了一块上好的和田美玉。和田玉是中国最珍贵的玉种，而这么重的玉石，稀有至极，运输都成了困难。为了将这块玉从新疆送到扬州，就花费了将近4年时间；雕刻又花去8年，前前后后，这件玉雕用了十几年时间。花费的金钱更是不计其数。

　　在这座玉山上，有悬崖峭壁、飞流瀑布、花木古松，还有成群结队的劳动者，他们有的拿着锄头开凿山壁，有的拉着车子搬运山石，有的拿着杠杆撬动巨石，场面紧张又热烈，显示着开山治水的信心。整个场景呈环绕式，从每一个角度观赏，都能看到山壁、花树、劳动者、工具，没有任何累赘之处。

　　玉石的雕刻考验玉匠的想象力，玉匠必须根据玉石的形状和纹理构思何处雕刻何物，还要考虑整体效果和细节能否生动。好在这件玉器有个蓝本，整体形象参考了清宫收藏的一张《大禹治水图》。不过，把平面图改为立体雕刻，同样不容易，这件玉器如此完美，不知耗费了玉匠的多少心力。

　　玉器的底部配了嵌金丝的山行褐色铜底座，还加上了乾隆皇帝的亲笔题字"密勒塔山玉大禹治水图"。乾隆皇帝参与了玉器制造的整个过程，他要求工匠在凿玉前，把每一张图纸、每一个纹样交由他来过目，亲自批示，直到他满意才能开工。这份玉器在扬州雕成，完成后送往北京。乾隆皇帝绞尽脑汁地想给它找一个最好的安置地点，最后，它被放在乐寿堂。高寿的乾隆皇帝当了三年太上皇，就住在这里，和这件宝物相伴。

镇馆之宝之四：秦国石鼓

中国最早的文字起源何处？谁也不知道。

中国最早的石刻文字刻在哪里？答案是故宫博物院的秦国石鼓。

公元627年，一位老人在陕西凤翔的陈仓山放羊，他在山里走来走去，看到十块外形齐整的大石头，这些石头每一个都大约0.6米，上面窄下面宽，呈圆形，倒像是十个大鼓。老人好奇地抹掉石头上的泥土，没想到石头上竟然有非常神秘的图案，那些图案既像图形又像文字，老人大吃一惊，这个消息很快就在当地传开。一时间，人们都以为这是神物。这些石鼓也被称为"陈仓石鼓"。

后来，朝廷对石鼓产生兴趣，想要收藏，从此石鼓开始了它们收了又丢、丢了找回、找回又失踪的曲折经历。珍贵文物的命运大多如此，有些不知所踪，只有极少一部分才能呈现在后人面前，完好无损的文物更加稀少。特别是在中国，书画艺术都在纸上或布上，易腐烂、易燃烧，给保存增加了难度。年代流逝，丢失、损耗、毁坏的国宝不计其数。

十面石鼓能被保存下来，得益于它们的石头材质，每个石鼓重量约有

1吨，不便搬动，不易破坏，只是上面的铭文被磨平了不少。如今只有九面石鼓上还有铭文。这是一种中国早期文字，称为"大篆"，是西周时期使用的文字。战国时期，秦国恰好建在西周的故地，这十面石鼓就是秦国制造的，距今已有2000多年，可谓历史悠久。

中国汉字经历了长时间的演化。在远古，汉字是一些象形符号，刻在龟骨上，被称为"甲骨文"。广义的大篆包括远古的甲骨文、商州时期刻在铜器上的金文（又称钟鼎文），还有这十面石鼓上的石鼓文。到了战国时代，人们有意简化文字，因此石鼓文虽然还有画的形态，但它的线条已经变得简练，字形也更为规范，正在向方块字演化。

那么，这些珍贵的石鼓上，究竟刻了怎样神秘的内容？答案并不神秘，这些文字只是记录了秦国国君的打猎过程，因此又被称为"猎碣文"。如今这些文字成了极具研究价值的历史文物，人们不但可以通过它们研究汉字的演化，还能了解当时秦国的朝廷状况。它最广泛的实用意义是被拓印下来制成字帖，供书法爱好者们揣摩。

《千里江山图》，绝世天才的绝笔

北宋有个皇帝叫赵佶，史称宋徽宗，是个百年难得一见的天才人物。他的书法、绘画水平，在中国艺术史上占据一席之地。在书法上，他自创"瘦金体"；在绘画上，他所画的花鸟图是稀世珍宝。他还擅长骑马、射箭、蹴鞠，还对花草鱼虫有深入研究……他似乎什么都能做好，就是不会当皇帝。他任用奸臣，导致国政混乱，最后匆匆传位给儿子，又和儿子一起被金兵掳走，史称"靖康之难"。北宋也在他手里断送。

宋徽宗在位时，因为爱好缘故，对绘画极为重视，宋代设有画院，很多人因为善于绘画做了大官。某一天，宋徽宗突然发现画院里有个天才，此天才年仅18岁，却显出了非凡的才具。宋徽宗不懂识人，总是提拔蔡京一类的大奸臣；却懂识画，一眼就知此少年必成大器。于是，宋徽宗派人叫来这位天才，亲自传授作画技巧。

天才名叫王希孟，他由皇帝的点拨，学习笔墨技巧，画艺精进，半年后，作出一幅名垂千古的山水画，名为《千里江山图》。

在长过一米的细绢上，画家勾勒出崇山峻岭、深谷平原、密林修竹、溪流泉水、渔村渔船、桥梁水车、亭台楼阁，繁复的景物安排合理，层层叠加，毫不累赘。更有正在捕鱼、游玩、渡河的人群，使画面既有山水画的磅礴气势，又有生活画的活泼动人，显示了画家胸有大千世界。这幅画采用青绿设色，墨青色极具中国古典韵味。

这幅画有个有趣之处，画的近景一派江天浩瀚，烟水茫茫，是南方常见的水乡风景；画的远景却是巍峨崇峻的山岭，显然是北方的山岭。在同一张画内既有南方景致，又有北方气象，而且两者结合毫无别扭之感，反而融为一体，不可分割，难怪叫做"千里江山图"，囊括了中国南北江山！

然而天妒英才，王希孟只活到 20 多岁便去世，仅仅留下《千里江山图》。这幅画位列"中国十大传世名画"，人们不断为他的天才惊叹，为他的早逝惋惜……

《洛神赋图》，才子佳人的隐秘爱情

东晋著名画家顾恺之有两幅最有名的画作，一幅《女史箴图》，收藏在大英博物馆；一幅《洛神赋图》，收藏在故宫。比起《女史箴图》的说教意味，《洛神赋图》无疑是爱情的颂歌，它不仅表现了画家高超的绘画才能，还将东方爱情含蓄典雅的韵味表现得淋漓尽致。

《洛神赋图》取材自曹植的《洛神赋》，原诗写的是诗人与洛水女神宓妃的爱情故事。曹植是三国时期有名的大才子，与父亲曹操、哥哥曹丕并称"三曹"。他在哥哥曹丕企图杀害他时，七步成诗，唤起了哥哥的骨肉亲情，而免于杀身之祸。

在《洛神赋》中，曹植极力描写宓妃的美貌，她"翩若惊鸿，婉若游龙，荣曜秋菊，华茂春松"，将她从头夸到脚，就连走起路来，都是"凌波微步，罗袜生尘"，这样一位绝世美人，只能存在于人的想象中，也只有顾恺之这样的画家能将她画出来。

这幅画分三个部分，描绘了洛神和曹植的形象以及他们的爱情，景物均以工笔勾画，山、石、河流、云朵、车马、仪仗，分布有序，疏密得当，这个时期的中国画有"人大于山，水不容泛"的评价，人比山还大，说明画家们把人物作为主体，并不擅长山水背景的安排，只采取象征手法作为装饰，顾恺之这幅画也是如此。但这只是当时的审美使然，人们习惯把山水作为装饰物，而不是实景，自然不会真实地描绘山水形态。但顾恺之的构图是完整的，而且已经有了初步的山水概念，这也启迪了后来的山水画家。

故事才是这幅画的重点。画面中，曹植在洛水边张望，洛神在洛水间回眸，二人的思念之情萦绕在纸上，十分动人。这正是《洛神赋》传达的爱情观。顾恺之的画笔流畅，线条简洁又富有深意，极好地表达了这种思念之情。

洛神究竟美在何处？美在她飘逸的神态。人的形象可以描画，神态却难以表达，而《洛神赋图》以神取胜，用山纹水波衣裙飘然来衬托宓妃出尘的形象，她不论深情凝视还是飘然云端，都显示出一位女神的轻盈、柔婉、含蓄，在神光离合间，人们不得不惊叹她的美丽。

《洛神赋图》引起了人们更多的想象和猜测，画中的丽人究竟是谁？真的只是一位幻梦中的女神？才子曹植爱恋的女人究竟是谁？他是否把意中人作为原型，写到了《洛神赋》中？千百年来，人们相信的确有这样一个女人，她就是曹丕的妻子甄宓，也是后来的魏明帝的生母。传说她是河北第一美人，她的美貌打动了曹操父子，而她则对大才子曹植心怀钦慕。

命运弄人，她却阴差阳错地嫁给曹丕，这对有情人隔着世俗压力，只能默默思念对方。曹植将自己对甄宓的思念写成一篇《洛神赋》，文中那位天仙一般的女子，正是对甄宓的描写。诗中主人公有情而不能厮守的结局，也是他与甄宓的结局。

唐代著名诗人李商隐也曾写过一首诗，中有一句"宓妃留枕魏王才"，写的就是曹植与甄宓。这句诗的最后两句"春心莫共花争发，一寸相思一寸灰"，道尽了相思的无奈。古往今来的艺术家们同情这对才子佳人，李商隐如此，顾恺之也一样。

巧夺天工，掐丝珐琅缠枝莲纹象耳炉

说到掐丝珐琅，恐怕很多人都会问："那是什么？"说到它的俗名，人们则会立刻恍然大悟："原来是景泰蓝！好东西！"

传说，元朝皇宫曾遭遇一场大火，烧了不少宫殿和宝物，人们清理废墟的时候，突然发现一个色彩斑斓的瓶子，皇帝拿到后爱不释手，命京城的工匠们仿制。巧手的工匠们根本想不通这个宝瓶的制造工艺。一位姓李的工匠日思夜想，不得其解，而一天晚上，他梦见女娲娘娘，并告诉他："这宝瓶，是宝石和金银融在一起烧成的。"从此，李工匠开始烧制这种瓶子，它也成为一门宫廷专有的特种工艺。

这当然只是传说。早在春秋时期，中国就已经有了这种工艺。工匠们把扁铜丝烧热，掐成花纹焊在铜胎上，再把珐琅质地的釉彩填进花纹内，用火烧制。成品图案精美，色彩斑斓，贵气十足，一直受到人们的喜爱。

珐琅釉多为蓝色，这种工艺在明朝景泰年间最为流行，因此民间称之为"景泰蓝"。反而它的专业名称"掐丝珐琅"，渐渐不为人们所知。

掐丝珐琅（景泰蓝）的应用十分广泛，小到女子的耳环、头饰、镯子，大到巨大的花瓶，都可以运用这种工艺。同时，它也十分昂贵，古代有"一件景泰蓝，十件官窑器"的说法。所以，珍贵的景泰蓝艺术品大多被皇家收藏，故宫中有"景泰蓝传世六珍"，分别为元代的缠枝莲纹象耳炉，明代的出戟花卉纹花觚、缠枝莲纹直颈瓶，清代的天鸡尊、缠枝莲纹多穆壶、兽面纹提梁卣。其中，以元代的这一件最为贵重。

这是一个精巧的香炉，高度只有13.9厘米，直径是16厘米，如此小巧的香炉，大概是贵妇人在内室焚香时使用的，也可能是专供把玩的摆件。它通体莹润，发着玻璃般的光泽，造型厚重，配着华贵的颜色，更显富丽。它的颈部装饰有黄、白、红、紫四色菊花，共有12朵，菊花的造型十分典雅。

在香炉腹部，有红、白、黄6朵缠枝莲花，全部是掐丝珐琅。缠枝莲是中国人最喜爱的装饰图案之一，又名"万寿藤"，以莲花和藤蔓缠绕，连绵不断，寓意吉祥。在瓷器、丝织品和建筑上，都可以看到这种图案。这件香炉上的缠枝莲将莲花作为主体放大，蓝、红、白、黑、黄交替作为花瓣配色，使色彩更为丰富，又保持了整体配色的一致性。在炉的下部，同样装饰了莲瓣纹，莲花和佛教有密切关系，将莲花装饰在佛教用品上，有敬重之意。

这个香炉的另一个特点是它的"象耳"，耳，不是指大象的耳朵，而是古代中国人对香炉两端的把手的称呼。这个香炉的"耳"，是两个大象头，它们卷着鼻子，通体金色，更显富贵。据专家考证，这两个象耳，包括香炉底部的象足，都是明朝时候加上去的，而主体的珐琅是元代制造，所以，它仍然是一件元代艺术品。也因为这些象耳和象足，很长一段时间，它都被归入明朝工艺品。

还有这两个富贵的象头，中国人大多数认为大象是印度传来的动物，据说汉朝时期的佛经，就是几头大象驮来的。其实，中国古代也有大象，只是后来因为各种原因，本地象灭绝了，只能"进口"。史书上关于大象的记载不少，最有力的证据来自秦朝，那时秦始皇派人征服岭南地区，设立了一个郡，就叫象郡。可见，这种动物早已存在。

九五之尊的天子气象——九龙壁

在故宫，随处可以感受古建筑的装饰之美。不论是汉白玉的台阶和浮雕，还是朱红色的墙壁，或者屋檐上的琉璃瓦，屋脊上的兽首，窗格子组成的图案，家具上的雕花……中式建筑雕梁画栋，每一处都显露着匠心。木石之美无处不在。其中，九龙壁是游人们一定会去的地方。

在中国文化中，"九"这个数字有重要意义。在《易经》中，"九五"是个卦名，代表"飞龙在天，位乎天德"，也就是天子的意思。"九"是阳数中的极数，"五"则居于阳数正中，代表不偏不倚，两个数合在一起，既象征了帝王的身份，又代表了帝王的公正，所以才会有"九五之尊"的说法。在帝王的居所雕刻九龙壁，象征了帝王的尊贵。

故宫九龙壁是一面单面琉璃影壁，位于宁寿宫外。影壁，是中国建筑的一种装饰墙壁，用来遮挡来者的视线。人们需要绕过影壁，才能看到院子里的风景，它既有装饰美，又起到缀景作用——倘若一切景物尽收眼底，未免让人觉得无聊，有这么一个墙壁挡住，勾起了人们的探究心理，这正是它的巧妙之处。

故宫的这个影壁之所以有名，是因为它是琉璃制造的，颜色艳丽，工艺高超，有很强的观赏性。九龙壁长29.4米，高3.5米，不但华丽，而且雄伟。走向九龙壁，远远就看到一片蓝色上有九条彩色巨龙，正在一片绿色的波涛间腾空而起，背景上蓝下绿，取海天相接之意，象征天子威严的巨龙，就在海天间遨游。

九龙壁的上端是黄色琉璃瓦铺成的庑殿式顶，庑殿式顶这种建筑模式一般只用来装饰皇家建筑或神庙，平民不允许使用。在九龙壁壁面上，九条翔龙姿态各异。中间是代表天子的黄龙，它处于中心位置，龙身环绕，托着火焰宝珠，踩着海水，十分威严；左右两条龙为昂着头的蓝龙，龙首相对；其次为两条正在升腾的白龙；再次为两条黄龙和两条紫龙。九条龙昂首摆尾，活灵活现。

"九五"的概念贯穿了九龙壁的设计，九条龙分为五个空间，是为"九五"，斗栱之间有45块龙纹垫栱板，又是"九五"，九龙壁用了270个塑块，是6个"九五"……设计师们的智慧是无穷的，处处体现了帝王之尊。

九龙壁为琉璃烧制，琉璃是中国传统工艺，用人造水晶为原料，在1000度以上的高温下烧制而成，成品鲜艳欲滴，晶莹剔透，人们经常用琉璃比喻洁净而美丽的质地，佛教的《功德经》中，药师琉璃光佛曾许愿："愿我来世得菩提时，身如琉璃，内外明彻，净无瑕秽。"想要烧好一块琉璃，费时费力，还常常因为一个小疏忽烧坏，像九龙壁这样的"大件"，想烧好可不简单。

关于九龙壁的烧制，还有一个有趣的传说。

传说九龙壁是一个叫马德春的琉璃师傅带着一群小工匠烧制的。九龙壁是乾隆皇帝下令制造，命工匠限期完成，不得延误，马德春等人日夜辛苦，终于按期完工。就在安装当天，一个小工匠因为太紧张，不小心弄碎了一片琉璃瓦。众工匠看着地上的瓦片，吓得六神无主。皇帝很快就要亲自来检查九龙壁，他们已经没有时间重新烧制一块瓦片。马德春立刻对工匠们说："倘若皇上知道这件事，我们都活不成了！大家要守口如瓶，我来想办法！"

回到家里，马德春想来想去，想出了一个移花接木的法子。他找来一块楠木，细细雕成一块瓦片，安在了九龙壁上。第二天，乾隆带着大臣们前来观赏九龙壁，他们对着那九条龙反复观看，谁也没看出那片楠木有什么不对头，反而为九龙壁的美丽啧啧称奇。乾隆还为此赏了马德春不少银子。

现在故宫九龙壁，东边第三条白龙的身上，还有当年马德春的那块楠木，不妨仔细看看。

金瓯永固杯，乾隆皇帝的酒杯

18世纪最有名的中国收藏家，毫无疑问是乾隆皇帝。这位皇帝25岁登基，在位长达60年，是"康乾盛世"的缔造者之一。他平定了边疆叛乱，拓展了中国领土，关心百姓生活，并大力发展文化事业。在他统治期间，清朝的版图达到最大，文化事业也迎来高峰。他下令修订《四库全书》，各种民间艺术蓬勃发展，京剧也在此时形成。

乾隆皇帝是个爱艺术的人，他爱写诗，一生共写了41683首诗，数量能和《全唐诗》媲美。可惜，他没写过一首能让人记住的诗，文学水平有限。他还爱好书法和绘画，水平也很有限。他是个成功的皇帝，却不是个成功的艺术家。不过，他的鉴赏眼光却很独到。皇宫里本来就有不计其数的珍宝，他又命人到处收集历代珍品。不但收集，他还寻觅能工巧匠制造珍品。金瓯永固杯，就是其中之一。

乾隆年间，宫廷制造了各式精美酒杯，最著名的一件便是金嵌宝的金瓯永固杯。金嵌宝，就是把各种宝石镶嵌在黄金上，仅听名字就知道其昂贵的价值。乾隆这个杯子更是不得了，上面镶嵌了10颗罕见的大珍珠，还有红宝石、蓝宝石、粉碧玺。

先说宝石，杯上的21颗宝石都是上等的缅甸红、蓝宝石，内部微微泛着星光一样的色彩，被称为"星光石"，是红、蓝宝石中的极品。

再说碧玺，碧玺是珠宝级别的电气石，因晶莹剔透、色泽鲜丽受到人们的喜爱，其中红色、粉红色等颜色均为上品，杯子上的4颗均为此种颜色，可见其珍贵。

原料是基础，造型是关键。这个杯子之所以成为乾隆的爱物，靠的是它精巧的造型。杯子由黄金制造，高12.5厘米，通体都是缠枝花纹，杯的两边以龙首为耳，镶嵌以珍珠。杯身左右各有一条夔龙盘旋向上，代表了天子的威仪，龙头上装饰着宝石花。

杯子的底部更是特别，中国古代酒杯有三足，这个杯子的三足被做成大象耳朵的形状，相当别致。精巧的杯子的每个细节都透露着华贵，寓意着吉祥，它的名字更是让开疆扩土的乾隆皇帝龙心大悦。永固，寓意大清江山永远稳定巩固。

那么，这个杯子是不是乾隆用来喝酒的？它的确是一件酒具，却不是皇帝日常的酒杯，而是仪式上专用的礼仪用具。每年正月初一，乾隆皇帝举行开笔仪式，在杯中注入屠苏酒，以新年第一杯酒祝愿国泰民安。平时，这个杯子被放在乾隆的书房里，时不时看上一看。

关于杯子还有一个传说：乾隆拿到杯子后，对精巧的工艺大为赞赏，下令重赏制造杯子的人，封他为"九品工匠"。可制造者究竟是谁，史书没有记载，因为很少有工匠被载入史册，这是中国历史的遗憾。人们不知道第一位九品工匠的名字，只知道从他开始，那些顶级的工艺大师，都会被人们尊称为九品工匠。

古老的天文仪器，金嵌珍珠天球仪

这是一座高 82 厘米，用纯金打造的工艺品，初看它时，人们会以为它是一个地球仪。它和地球仪的形状的确有相似之处，都有一个圆球体，但仔细看，它上面刻的并不是地图，而是一些代表星座的圆点。地球仪用来代表地理方位和显示地名和地区位置，而这个仪器却用来显示天上的星星的位置，它叫天球仪。

天球仪，又名浑天仪，是古代用来观测天体运行的工具，它的发明者是西汉天文学家落下闳，后来又被发明地动仪的张衡改进。它能够直观地显示日月星辰的具体位置，以及它们的运动规律。古代皇宫有专门的天文官员，负责记录星宿的运行，并根据星象占卜吉凶，提前预测皇帝的安危和国内的大事，天球仪是他们必备的工具。

这件天球仪以九条游动的龙作为支架，共同托起天球。九条龙寓意九五之尊，也暗示了这件艺术品属于皇帝。每条龙的姿态都不同，它们吞云吐雾，十分威风。有四条龙头朝上，尾朝下，它们的头部就是天球的支点。另外四条龙尾巴朝上，头部朝下支在底座上。中间有一条龙抱着一根柱子，连接上下部分。在龙的下面，还有景泰蓝底座和龙首足，整个艺术品的组成十分复杂，运用了多种工艺。

天球仪十分科学，它的时辰盘、赤道位置、南北极位置、黄道位置，以及他们的交点，都符合天文时辰。天球仪上有三垣、28 宿、300 个星座，共有 3242 颗星，它们位置准确，显示了中国人丰富的天文学知识。而且，这些星星全部都是珍珠，大小不同的珍珠镶嵌在黄金上，视觉效果十分奢华。

那么，这个天球仪有什么作用呢？这个天球仪是乾隆下令制造的，莫非他还是个天文爱好者，想要在业余时间观察星象？

的确如此。清朝皇帝康熙十分好学，他不但勤勉地学习汉族文化，任用大儒们做大臣和讲师，还对西洋科学产生了兴趣。他有外国老师，曾把《几何原本》读过二十几遍。他任用南怀仁为钦天监，并铸造了六件天文学工具。这些天文工具不仅是古代的天球仪，还融合了西方天文学知识，是东西交流的产物。

乾隆也受到了这种交流的影响，他不像康熙那样好学，却和康熙一样有好奇心，他喜欢的西方器物主要是钟表和机械。这个金嵌珍珠天球仪里，装了西式发条，只要拧上发条，天球就会转动；而且，天球仪上的珍珠有大有小，分出大星和小星，这是西方天文学的星等概念。所以，这件文物不但是古代科学和古代工艺的融合，还加入了西方科学。

不过，乾隆可不是天文学家，他制作这个东西，完全是兴趣使然。

珍宝馆，奇珍异宝荟萃

去故宫，一定要去珍宝馆，那里有琳琅满目的珍宝，全部是无价珍品，世间罕见。

珍宝馆位于故宫东部，面积只有220平方米，却是个"聚宝盆"，在那里展出400多件文物，其中有我们已经介绍过的石鼓、天球仪、永固杯和《大禹治水图玉山》，九龙壁也设在这里。那里珠光宝气，奢华逼人，有各种玉器、雕像、生活用品、摆件、佛教用品，还有皇后用过的头冠和首饰，皇帝用过的玉玺、珍珠、宝石、珊瑚、象牙……昂贵的材料加上国宝级的做工，就这样聚集在一起，珍宝馆名副其实。

点翠嵌珠宝五凤钿，是清朝皇后戴在头上的饰物。它用铁丝编成帽架，再在帽架上用各种工艺做出装饰效果。凤是皇后的标志，在中国古代，皇帝为龙，皇后就是陪伴在龙身边的凤，这件饰品上缀有五只凤凰，全部用金丝制成，上面有大小珍珠几百颗，还有珊瑚、绿松石、青金石等各色宝石，足有200多块，黄金和宝石的色泽辉映，显示出皇后的尊贵身份。不过，这么多的宝石戴在头上，可想而知皇后的头部需要承受多大的压力。幸好这顶凤冠只在仪式时使用，并非日常饰物。

在这顶头冠上还有一项中国传统的特种工艺，叫做点翠。取翠鸟的蓝色羽毛镶嵌在底座上，形成一种亮丽的蓝色。在中国的名贵饰物中，经常可以看到这种蓝色，而且，这种羽毛不会褪色，所以才受到人们长久的喜爱。五凤钿的表面全部运用点翠工艺,明亮的蓝色使金玉更加华贵。这项技术到现在仍有应用,只是受到了动物保护人士的指责,认为人们不该从活的翠鸟身上拔羽毛。

在珍宝馆的珠光宝气中,一只红色的狮子格外吸引人们的视线。这只狮子并非染色,而是由天然红珊瑚雕刻而成。珊瑚也是一种名贵的珠宝,它是海中的珊瑚虫分泌的石灰质骨骼堆积而成,形成千姿百态的树枝状。中国人自古就喜欢珊瑚,认为它代表吉祥。这只狮子选用上好红珊瑚雕琢,它威风凛凛地站在那里,双目圆睁,口露兽齿,一足抬起,三足着地,十分凶猛。狮子是瑞兽,用来镇宅,古代人门口经常放两只石狮子。这只珊瑚狮子虽然不大,只能摆在桌上,想必也有护宅的效果。

在台北故宫有件非常有名的藏品,叫白玉苦瓜,它因为台湾诗人余光中的一首诗而名声大噪。在北京故宫珍宝馆,也有不少玉雕蔬菜,其中有一件翠绿的翡翠白菜花,尤为引人注目。工匠巧妙地利用翠玉的肌理,雕琢出层次分明的白菜叶片,特别是叶缘上带着淡淡的褐色,尤为逼真。会有这种褐色,是因为翠玉的质地不好,有褐色的脉络,没想到竟被工匠如此利用,可见心思之巧。

金嵌珠七珍是佛前供器,也在故宫收藏。七珍是佛前的供器,又名七政宝,象征智慧法论常转。七珍一共有七件:轮宝,千辐金轮开悟众生,降服恶魔;象宝,纯白大象遨游四海,教人远离妄念;马宝,奔驰的马匹驶向彼岸;君宝,象征三昧已定;臣宝,威猛智慧,扫除障碍;后宝,心性纯洁,慈爱温暖,象征"欢喜";如意宝,光明灿烂,普照万物。

故宫七珍由黄金打造,造型典雅优美,有佛家的庄严气象;又缀满珠玉宝石,显示出皇家的华美。清朝统治者大多信奉藏传佛教,雍正、乾隆都是虔诚的教徒,更有顺治帝留下一段历史疑案:相传,顺治的爱妃董鄂妃早逝，顺治悲伤不已，从此出家当了和尚，将王位传位康熙。这件事成了清朝历史四大疑案之一（另外三案为孝庄太后下嫁、雍正继位之谜和乾隆身世之谜），历来众说纷纭。

在珍宝馆，还有一个悲情的场所，很多人进入这里，就是为了寻找清宫里的一抹香魂。

1898年6月11日，怀有大志的光绪皇帝支持康有为、梁启超等人开始进行学习西方、改革帝制的"戊戌变法"，希望通过政治、文化、经济制度的改革，学习西方先进知识，达到富国强兵的目的。可是，变法触动了慈禧太后等守旧派的利益，他们重重阻挠，各种维新措施仅仅实行了100天就失败了，所以这次变法又被称为"百日维新"。变法失败后，康有为、梁启超逃走，戊戌六君子遇害，光绪帝也被慈禧太后囚禁，后被毒死。

光绪帝是一个有政治抱负的皇帝，可惜他的努力没有结果，反而给自己招来杀身之祸。在皇宫里，没有人支持他的变法，只有一个妃子始终和他站在一起，这个人就是珍妃。珍妃生性聪明，和光绪一样喜欢西学，常常和他讨论各种问题，有自己的见解，得到了光绪帝的专宠，她也支持他的变法决定。变法失败后，珍妃也被幽禁，每天过着悲惨生活。八国联军侵华时，慈禧太后带光绪帝逃跑，趁机命人将珍妃推进一口井中溺亡。

这口井被叫做"珍妃井"，就位于珍宝馆。珍妃死时只有25岁，她与光绪帝这对苦命鸳鸯的死亡，代表了清朝立宪制改革的失败，从此，清朝灭亡的命运再也不可逆转。清朝在国外强敌和国内革命的双重打击下结束了统治，如今只剩下宏伟的故宫和无数的珍宝，供后人赏玩体会。

第六章　雅典考古博物馆

古希腊，欧洲文明的源头，世界四大古文明之一，以神话、艺术、哲学、政治闻名于世，想要了解欧洲，必须了解希腊；而想要了解希腊，就要去汇集希腊最重要文物的雅典考古博物馆看一看。那里有最直观的希腊文明展示，在几千年的历史长河中，希腊文明如灿烂的星斗，是西方思想的摇篮和宝库，每一个爱自由、爱生活、爱智慧的人，必然爱希腊。

一座建了70年的博物馆

1821年3月25日，一场起义在希腊爆发，迅速席卷了希腊本土、伯罗奔尼撒半岛、克里特岛等地区，被奥斯曼土耳其帝国奴役了400多年，希腊人终于拿起武器，要求独立。这场战争持续八年之久，1829年，希腊终于取得了胜利。

希腊独立，不只是政治上的独立，在文化上，希腊人要求重拾自己的文明，他们理应这样做。希腊，是西方文明的摇篮，著名的文艺复兴开始了欧洲近代化，它的根源依然是希腊文明。作为要求独立的一个标志，将本国重要文物聚集在一起，成了一件要事。于是，1829年，雅典第一间考古博物馆成立了。

但这只是一个临时性质的博物馆，并没有起到真正的博物馆的作用。此后，在希腊考古协会的不断发掘和指挥下，希腊的重要文物被运送到雅典，分散保存在一些历史建筑中，这种混乱的局面让考古协会的工作人员心痛。与此同时，他们还不断得到爱国者们的捐赠。发掘的文物、捐赠的文物越来越多，可是它们依然没有一个足够大的"家"。

这种情况一直持续到1866年，雅典上层社会的几位捐赠人决定改变文物的保管现状，他们捐出了土地和资金，新的博物馆终于开始建设，地点定在雅典的欧摩尼亚广场附近。尽管在建造过程中，由于资金限制，只能不断改变设计师原本宏伟的想法，但它一直在不断建设中。1889年，雅典考古博物馆终于落成，它成了希腊最大、最丰富的博物馆。

新馆建了23年，如果从独立后算起，这个博物馆足足建了70年，中间还经历了二战和冷战等一系列历史大事，在这70年中，希腊陆续出土了一些重要藏品，给博物馆的收藏增加了分量。令人遗憾的是，早期希腊考古发现的精华文物，大多被其他国家掠夺，无法追讨，剩下的最精华的部分，就存放在雅典考古博物馆。

这座博物馆的主建筑为恢弘的新古典主义风格，入口是4根巨大的爱奥尼亚立柱，展现了希腊建筑的最古典特色。博物馆有两层，50间展室，收藏了近2万件文物，从公元前3000多年到公元1世纪，系统地梳理了古希腊艺术，让人能够清晰地把握其中的脉络。文物包括远古雕塑、陶器、青铜器、壁画、武器、黄金制品、木板画等种类，尤以大理石雕塑、陶器绘画和迈锡尼文物最为著名。

欣赏希腊艺术，是游客来此的主要目的。古希腊人最擅长将他们对历史、对生活、对宇宙、对人类、对神灵、对自然、对政治的思考融入到艺术中，所以，他们的艺术品不是单纯的工艺品，而是深入思考的产物。古希腊的艺术品时而抽象、时而复杂、时而暗示人与命运的关系、时而记录历史，内涵极其丰富。

正是有了这种思考和艺术上的不懈追求，古希腊艺术才成为西方艺术的典范，热爱西方艺术的人，可以在这间博物馆中找到很多种类艺术的源头，例如绘画、雕塑、构图、戏剧、色彩……希腊艺术既是古典的，又是跨时代的，它对今天的艺术依然有巨大的启迪作用。

古老的神话，恢弘的史诗，浪漫的传说，曲折的历史，灿烂的文明，丰富的思想，多样的艺术，在雅典考古博物馆，你能切实地感受到希腊文明的巨大吸引力，走进这座博物馆，就是开启最古典的艺术之旅。

镇馆之宝之一：阿伽门农金面具

走进雅典考古博物馆，就能看到最重要的一个展厅——迈锡尼展厅。这里存放着来自迈锡尼考古遗址的重要文物。迈锡尼位于伯罗奔尼撒半岛，是古希腊有名的城邦，迈锡尼文明也是希腊文明的重要组成部分。它开始于公元前 1200 年左右，也就是著名的《荷马史诗》成型的时期。

迈锡尼古城被发掘很有传奇性，这段文明得以重现于世，是因为两个传奇。

一个传奇就是被誉为西方文学源头的《荷马史诗》。传说一位叫荷马的盲眼诗人整理并传颂了两部史诗：《伊利亚特》和《奥赛罗》，前者描写波澜壮阔的特洛伊战争，后者记述英雄奥德修斯在海上漂泊最后返回家乡的经历，中间又掺杂了许许多多希腊神话故事，这两本史诗成为西方艺术家们的灵感来源，至今影响西方人的思维和生活。特别是它的故事，带着一种不加修饰的人类童年气息，又有包括英雄、美人、宝藏、战争、神话、命运等诸多元素，吸引了一代又一代的人。

另一个传奇是个叫海因里希·施里曼的德国人。这个人和很多西方人一样，从小就听过《荷马史诗》，他相信荷马说的不是神话，而是历史，他立志今后要去发掘特洛伊城。于是，他首先成了一个成功的商人，赚了很多很多钱；接着，他毫不犹豫地放弃经商，拿着钱去考古；然后，他什么都没发现，花光了所有的钱；再后来，他又一次赚钱成了富翁，继续去考古……终于有一天，他找到了《荷马史诗》中的特洛伊、迈锡尼、柯林斯，他被称为"考古界的传奇"，也证明了《荷马史诗》并不是虚构的神话，它可能有现实原型和更广泛的社会基础。他发掘的迈锡尼文物，也成了雅典考古博物馆的镇馆之宝。

在《荷马史诗》中，迈锡尼是一个遍地黄金的地方，施里曼发现的迈锡尼，也的确出土了许许多多黄金饰品。其中最重要的一件，是一个盖在尸体脸上的黄金面具。这张面具完全贴合死者的面部，表面光滑，显示出高超的黄金锻造技术。当施里曼第一眼看到这精美的面具，就惊喜地称呼它为"阿伽门农的面具"，从此，面具的名字再也没变过。

但这是错的。

阿伽门农，是《荷马史诗》中的迈锡尼国王，也是进攻特洛伊的重要将领。他为了得到胜利，杀掉自己的女儿献给神，又因为这件事，在胜利之后被自己的妻子杀掉。这张面具看上去威严、庄重，又有古希腊标志性的大胡子，看上去的确像一位国王，再加上这具尸体被放在一堆堆华贵的殉葬品中，一看就是国王的排场，难怪施里曼会将他当作阿伽门农。

事实上，面具的确属于一位迈锡尼国王，只是他不是阿伽门农，这具面具制造于公元前16世纪，比《荷马史诗》早了将近400年，那时候传说中的阿伽门农还没出生呢。只因施里曼太过痴迷于《荷马史诗》，才会先入为主做出这个判断。当然，谁也不会苛责施里曼，谁让他是个骨灰级史诗迷，没有他的着迷，我们也看不到这个面具。

这个面具在1867年一经发现，立刻引起了轰动。面具成了希腊古文明的标志。同时出土的还有雕刻考究的墓碑、无与伦比的黄金饰物、精美的陶瓷和象牙雕塑、各种动物角杯……富丽堂皇。显然，迈锡尼文明是一个高度的文明，根据后代考古学家们的辛勤考证，这一文明的辐射区域远远超过希腊，甚至对意大利、西班牙等地都产生过影响。

这个黄金面具最主要特点是显示了死者的所有面部特征，包括极其细微的眉毛和嘴唇，这大概是工匠们先把薄薄的金片贴在死者脸上，然后再进行塑造所取得的效果。这位死去的国王究竟是谁？至今没有答案。希腊文明最让人遗憾的地方就是艺术品太多，文字却太少，人们得到的往往是美的享受，而不是历史的记录。

镇馆之宝之二：宙斯或波塞冬雕像

说到古希腊最著名的艺术形式，毫无疑问是雕塑。几个世纪前，文艺复兴时期的大艺术家们就是从古希腊、古罗马的雕塑上重新认识自然、认识美的，进而从中世纪的宗教束缚中解脱出来，开始关注自身，提出了"人文主义"的伟大口号。特别是古希腊的雕塑，以其雄伟的气魄、对人体自然美的挖掘，将力量和优美结合在一起，成为雕塑艺术的典范。

在雅典考古博物馆，雕塑随处可见。它们大多有如下特点：以裸体表现对自然美的崇拜，以准确的比例和优美的动作表现人体美，以强健的肌肉和丰满的身材表现力量与动感，以某种特定情境表现人与环境、命运的关系。直至今日，西方艺术家依然喜欢裸体、运动、情境，新的创造层出不穷，但内涵依然属于古希腊。

在所有古代雕塑中，一尊男像无疑是雕塑中的"神"，也被称为"镇馆之宝"。它所表现出来的威严与力量，让人们能够直观地感受到古希腊文明最崇高那一部分。这种崇高仿佛不属于凡人，而属于高高在上的天神。不过，因为希腊艺术家没有留下作品名的习惯，人们至今搞不清楚这尊雕像究竟是天神宙斯，还是海神波塞冬。

这尊雕塑本来被放在一艘船上用作装饰，那么他很可能是投掷三叉戟威震海洋的海神，可是，他所体现出的那种凌驾万物的威仪，又让人觉得只有宙斯才会有的威慑力。于是，这尊雕塑的名字只好叫做"宙斯或波塞冬雕像"。

1926年，人们在正对大海的一座小岛上发现了雕像的一条手臂，过了两年，又发现了身体的其他部分，经过修复，我们看到了这尊几近完美的男性雕塑。雕像的高度超过2米，材质是青铜，这种重量级雕塑需要把握构图重心，才能使作品稳稳地立在地上——在这一方面，古希腊雕塑家们都是高手，他们对人体比例和构图重心的把握，甚至超过了多数现在的艺术家。

雕像显示出巨大的力量感，人物一脚向前，一脚靠后，做出了一个即将投掷的动作。那抬起的左手似乎正指向目标，右手呈一个抓握的动作——如果他是宙斯，手里抓的就是闪电；如果是波塞冬，手里抓的就是三叉戟。他身体上的每一块肌肉都随着这个动作发生变化，显示出艺术家对运动的观察，而这变化也使人体更加紧凑、更加具有强健的美感。

与肢体相协调的是面部的表情。这显然是一位有身份的人物，他的头发和胡须都经过精心打理，一点也不凌乱，一绺一绺既分明又有层次感，配合着他挺立的鼻子和透着庄严的嘴唇，更显得威风凛凛。艺术家特意强调了他的眉骨部分，使面部的立体感更强。可惜的是，眼睛里的填充物被挖走了，但人们能在这庄重的面孔中，想象他坚定的目光。

考虑到视觉效果，这尊雕塑并没有完全遵守人体比例，而是做了一些调整，艺术家加长了人物的手臂，以强调人物的力量，而且这种加长并没有造成观赏者的不愉快。人们必须上上下下地打量这座雕塑，才能对它有整体印象，这就让雕像在视觉中"动"了起来，增加了观众们的想象空间，这是希腊艺术家们"狡猾"的地方。

古希腊神话中有很多英雄传说，人们敬仰英雄，并在艺术作品中表达出无以伦比的英雄气概，这尊雕像就有一种能够战胜一切的气质，不论他的目标是什么，从他的表情里，你看不到失败的可能，他一定是一个胜利者。同时，他的表情又是沉稳冷静的，这说明他的底气和艺术家的底气，这也是希腊艺术吸引人的一个重要特点。

镇馆之宝之三：马与少年

1928 年，人们从海里打捞出一尊铜像，它在海中沉睡了 2000 多年，刚一面世，就让人们惊讶不已，希腊人也将这尊铜像当成国宝，小心翼翼地将它收藏起来。这铜像使用浇铸的方法，雕刻了一个少年骑着一匹正在飞奔的骏马，不论马、少年或运动形态，都是希腊艺术中屡见不鲜的主题，为什么这件雕塑成了人们心中的稀世珍宝？

亲眼看看它，你才会明白答案。

首先说说这匹马，它是一匹前腿腾空、后腿着地的奔驰中的快马，想要清晰准确地表达运动的概念，让人们产生"它跑得真快"的想法，就需要艺术家常年观察运动中的动物，看它们的肌肉如何紧绷，四肢如何伸展，骨骼如何突出，身上的毛如何迎风张扬，五官在运动中有何变化……了解这些只是基础，还要加以适当的艺术化，能够引发人们的想象；还要有精妙的构图，使作品具备造型美……一件精品的产生，需要艺术家投入太多的心力。

这匹马就是这样一件精品，它在全力奔跑，鼻孔因喘气而放大，嘴巴微张，耳朵向后卷起，身体在似乎被剧烈的运动拉长，肌肉矫健，甚至能够看到骨骼的形状，马尾也飞了起来。四个蹄子的形态捕捉的尤为准确，它似乎正要跳过赛马中的障碍物，又似乎正要跳过一个悬崖，它的表情带了一些惊慌，动作甚至有些失控，让观赏者紧张。

单单是这样一匹马，还不能成为博物馆的镇馆之宝。这件作品最妙的地方，是马背上坐的那位骑师。他是一个不过十一二岁的男孩，和马比起来，他又瘦又小，而且，艺术家似乎有意放大了马，缩小了这位少年的身子，使马和人更加不成比例。这个处理更凸显出少年的勇敢以及高超的驯马技术。

只见这位少年身体向前俯着，几乎贴到马背，这是一个行家所用的驯马姿势；他的双眼直视前方，显得十分沉着；他的左臂举起，抓着马的辔头，右臂在侧身摆动，似乎正要击打那匹马，控制方向；他的双腿纤细却十分有力地夹紧马匹，加强对它的控制；他的头微微扭转，带着一丝机警，似乎正在观察周围的情况。而且，马身上没有马鞍和脚蹬，少年赤手空拳地制服了这匹狂野的马，可见他的勇气和信心。

这是一件杰出的艺术品，它反映了希腊人的青铜雕刻技术已经达到了炉火纯青的程度，这雕像把少年和马的形态刻画得栩栩如生，就连头发上、皮肤上的锈迹，都带着别样的魅力。它更代表了希腊人的艺术追求：人在运动的一瞬间变得崇高，把握这种崇高，展现人的价值。

一个瘦小的男孩驾着一匹巨大的马，这恐怕是希腊精神最直观的体现。

雅典娜雕像，最重要的复制品

在雅典考古博物馆，有一件作品不是真品，只是一件复制品，没有太高的艺术品质，更谈不上伟大的价值。不过，每一个来这里的游客一定会被它吸引。因为它的背后有神话、有传说、有历史，它是希腊文明留在世上的最重要的符号。

这是一尊雅典娜雕像。

雅典娜，希腊神话中的智慧女神，在天神宙斯的头颅里诞生，出生时就披着盔甲。这位女神是人类的朋友，教给人类各种技能，还经常帮助那些陷于困境的希腊英雄。人们对她既喜爱又尊重。而且，博物馆所在的雅典，和这位女神有密切的关系。

传说，雅典娜曾和海神波塞冬争夺一座希腊城市的所有权，他们都喜欢这座富庶的城市，希望成为它的保护者。于是，城里的市民对他们说："你们谁能送给这座城市最有用的东西，我们就把谁当做守护神。"

波塞冬举起三叉戟刺向一块岩石，岩石中一下子跳出了一匹矫健的战马；雅典娜却只是伸出她的玉手，手中拿着绿色的橄榄枝。

全城的人都选择雅典娜作为他们的守护神，因为他们渴望安乐的生活，而不是整天骑着马战斗。从此，橄榄成了希腊的主要作物，也象征着和平。这座城市从此以女神的名字命名，就叫雅典。为了供奉他们的守护神，雅典人建起了著名的帕特农神庙。

到了公元前438年，古希腊著名雕塑家菲狄亚斯创作了一件以象牙为皮肤、以黄金做装饰、高达12米的雅典娜女神巨像，据说光是女神衣服上的黄金就用了2500磅。人们被这座雕像的美折服，恭恭敬敬地将她放在帕特农神殿的大殿内。这座雕像也因其完美的工艺、高难度的创造、高尚典雅的艺术格调，被人们称为奇迹。

如此重要的艺术品，却没能逃过毁灭的命运，后来，拜占庭帝国占领了希腊，宝贵的黄金雕像不知所踪，但希腊、罗马的艺术家们对这座雕像念念不忘。这座雕像有许多复制品，雅典考古博物馆的这一尊是公元2世纪罗马艺术家用大理石雕刻的复制品，高度不到原件的十分之一，却能让人感受到原作的形象和某些神韵，极为难得。

在这件作品中，雅典娜女神披挂上阵，穿戴盔甲，右手托着带翼的胜利女神，左手扶着一面巨大的盾牌。她的头盔上有斯芬克斯做装饰，胸前装饰着美杜莎的头颅，腰间则被两条蛇环绕，在雕像的底座上还有浮雕，描绘的是潘多拉的出生。在她的装扮上，就包含了很多神话。

女神的面容十分端庄，她的双眼炯炯有神，鼻梁高耸，神态高贵，身体丰满有力，配合着手中的武器，显然是一位准备战斗并胜利的女神。她的衣衫雕刻得十分细致，下垂的衣褶层叠着，疏密有致，又不显累赘。这种形象配合着大理石的质地，更增加了力量感。

可惜，人们看不到菲狄亚斯的原作，那才是古希腊雕刻艺术的最高峰。作为古典世界最著名的雕刻家，菲狄亚斯的大部分作品都没有流传于世，但他的肃穆高贵的艺术传统传了下来，人们也可以去帕特农神庙看一看他的风采，那里有很多作品，都是在他的设计和监督下完成的，是不可多得的雕刻精品。

几何主义，一种希腊风格

如果你留意最新的时装秀，喜欢看T台上的表演，关注时尚大师们的新作，不难发现"几何主义"是服装大师们用不腻的设计方法，把方的、圆的、三角的、波浪的几何图形添加各种颜色，重新组合，取得或华丽、或简洁、或唯美、或夸张的视觉效果，大师们的杰作因此而来。几何主义不但在时尚圈流行，也在绘画、建筑、装饰等领域大行其道。

不过，下面这个事实也许会让大师们感到沮丧，他们绞尽脑汁的创意，在几千年前，人类还处在新石器时代时，就有人使用，不论构图的精妙还是色彩的组合，一点也不输于现代的大师，这些艺术家，距离我们至少有5000年！

眼前的是一件球形水瓮，它有两个把手，称"双耳球形瓮"，它的高度是25.5厘米，用陶土烧成，它的颜色很简单，只有黑、白、红三色，但它的图案却很奇妙，用黑线在白底上勾出曲线，形成带状条纹；或者用黑线在白底上勾出漩涡纹；用红色颜料画出叶状图案，在上面勾出白色三角波浪；在黑色上用半圆的白色做装饰……这些图案巧妙地结合在一起，整个瓮身不再单调，出现了奇妙的图形，越来越有味道。

显然，这不是原始居民闲来无事乱画，而是经过巧妙的构思，而且，陶器表面上还涂了一层灰白珐琅，让水瓮显得更加光滑明亮。看来，那个时候的手艺人技术高超又有艺术追求，即使日常使用的物品，也要尽量做到美观。

　　这些陶瓷上的几何图案，反映出希腊人的思维模式，他们擅长用简单的形式形成自己的风格，看看这些图案，条带、螺旋、回纹、波浪……没有任何对自然界的描绘，只是简简单单的线条和图形，就能构成丰富多彩的图案。这也许是希腊人与生俱来的天赋，他们有复杂的世界观，并有强烈的表达意愿，图形也好、石头也好、金属也好，全是他们的表达素材。他们就在这样的创作中，思考的是人与自然、人与社会、人与宇宙的关系。这也是我们欣赏希腊文物时，必须注意的一件事。

　　这种几何风格一直都体现在希腊文艺作品中，希腊人特别注意比例和分割，他们的构图从不会失衡，即使再抽象的作品也显得稳重。从这个水瓮就可以看出，他们所追求的美是一种"平衡"，色彩的平衡、图案的平衡、比例的平衡，这种平衡来自于他们和谐庄重又充满美感的内心。

史前文物，抽象中的造型美

　　人体造型，是希腊人的拿手好戏，不知有多少人对希腊艺术的了解，是从一件件雕塑开始：断臂维纳斯、掷铁饼者、拉奥孔、带翼的胜利女神……这么多的国宝级雕塑，都来自希腊艺术家的双手。他们定义了西方人体美，让世世代代的艺术家们都遵循其中的原则。

　　不过，希腊雕塑家们的技术并不是突然得来的，而是通过世世代代的艺术积累，加以个人的天赋创造的结果。

你有没有想过，在最早的时代，希腊艺术家的作品是什么样子？也有强健动感的线条、丰美结实的肌肉、蕴含力量的动作吗？在雅典考古博物馆，我们可以直接得到这个问题的答案：最早期的希腊雕刻作品，完全属于抽象派！

先来看看最古老的希腊人对人体的理解，这里有一尊女像，她高152厘米，用大理石雕刻。那时候还没有好用的雕刻工具，人们只能用锋利的石头磨出大理石的形状，再勾出主要线条，所以，她没有后来的希腊雕刻中的好身材，她的身体几乎是用直线构成的，甚至没有五官——只有一个长三角形鼻子。

不过，这简单的雕塑依然尽可能地追求线条美，她扁平的面部被尽可能磨得圆润，粗大的颈部也被精心打磨，胸前也有显示女性特征。这件作品既有原始感，又有后现代抽象感，大概是因为这两种艺术家都在试图用最简单的线条表达最复杂的形体。

接下来这两件作品仍然抽象，他们揭示了古希腊人自古就有的爱好：音乐。比起舞蹈，希腊人更喜欢乐器，在他们的艺术品中，人物经常和乐器一起出现以显示优雅。这两位古老的希腊人一个正在吹笛，一个正在弹琴，笛手的笛子已经不见了，竖琴也只剩一个三角框，但仍能表现出他们演奏时如痴如醉的样子。

人物的身体依然笨拙又抽象，但很注意构图的稳定还有线条的流畅，特别是交叉线的运用，体现了复杂的空间性。弹琴的人坐在一个椅子上，昂头看着天，似乎在和神进行交流，这个动作丰富了作品的内涵。倘若有更合适的工具加以打磨雕琢，这两个人物无疑会具备阿波罗或缪斯的美感。

从史前时代开始，古希腊人就是造型高手，他们能用最简单的工具和线条创造出丰富的艺术感，这大概是造物赋予这个民族的天赋。

羚羊、少年与春天

去希腊旅游的人，都会把圣托里尼岛作为必选行程，那里有蓝天碧海、雪白和纯蓝构成的建筑，去过的人都感叹那里是世界上最美的地方之一。一个具有大自然美景与艺术气息的岛屿，那里生活着怎样的居民？博物馆里的这些美丽的壁画告诉我们，圣托里尼岛，自古就是一个盛产美和艺术家的地方。

在公元前 16 世纪，圣托里尼岛有一个叫阿克罗提利的港口城市，它拥有繁荣的商业气息和高度的城市文明，那里有豪华的房屋、精致的器具、优美的艺术，居民也过着富裕的生活。可是，到了 16 世纪，小镇地震频频发生，居民们只好渐渐放弃这里，另觅他处定居。他们的决定是正确的，很快，火山喷发，厚厚的火山灰淹没了整个城市。3000 多年后，城市才又一次被发掘了出来，它还保存着当年的建筑外观，而且，在一些墙壁上，还留着当年的绘画，这座小城也被称为"希腊的庞贝"。

其中有三幅壁画就是从遗址上整体搬运过来的，年代久远，它们在火山灰的掩护下，依然保存着当初的色彩，线条清楚，意境美好，可以从中看到古希腊人的艺术喜好和艺术家们的高水准。这些壁画非常清新雅致，在古文物中难得一见。

首先看到的是画在墙壁上的两只羚羊，这是一幅线条画，它没有背景，完全依靠线条组织画面，这种清晰明快的线条去掉了所有多余的修饰，却完整地表达了羚羊的外貌、体态和神韵,加粗的黑线条用在羚羊的背部、腿部、颈部以及长角上,这些都是羚羊最具力量的部位,其余的线条细而简单,寥寥几笔勾出了轮廓。只有聪明的观赏者才能了解这两只羚羊的价值,它们如此简单,却能表达出动物的机警和勃发的生命力,这可不是一般的艺术家能做到的。

  再来看看连接着这道墙的另一面较小的墙壁,上面画了两个正在打拳的少年。看来,3000多年前,欧洲已经有了拳击运动。不过,这种运动和现代拳击有区别。这两位少年光着身子,都只戴一只手套,在腰部系了一块布,有点像日本相扑选手的装束,只是,日本的相扑选手都是大胖子,他们可都是苗条的美少年。这两位少年面容清秀,长长的黑头发扎成小辫子垂下来,他们神色认真地打拳,却并没有特别凶狠,也许,他们只是在进行一场表演;也许,这是朋友间的玩闹。这幅画同样让人感觉到清新朴实的气息。

  最为清新的是第三幅画,这幅画用很多色彩和形象描绘了春天到来的景色。画面上方带有一点蓝色,不过,天空却是白色的。燕子正在天空中嬉戏,下面是彩色的山石,山上盛开着百合花。百合的叶、茎、花朵被画成抽象的图案。连绵的山和连绵的百合,构成了和谐的景物世界,这就是艺术家在墙壁上描绘的春天。

  古希腊的艺术家有很强的艺术自觉,他们知道自己要表达什么,因此不会被现实束缚,不会刻意追求写实,也不会完全抛弃现实。他们知道应该如何表现,更知道如何达到艺术的和谐。所以,刻意把简笔单色的羚羊和彩色细致的拳击少年放在同一个屋子里,百合花也可以不必弯曲,反而像树一样生长在悬崖上,这一切都在构图与颜色的调和中,达到了赏心悦目的效果。在馆内的其他绘画作品中,你也可以体会到这样的和谐。

陶罐、陶碗、陶瓶、陶杯、陶酒坛……

石雕、陶器、青铜、黄金……古希腊文明留下的遗产大多与雕刻和图案有关，而在雅典考古博物馆，陶器是藏品一大门类，各式各样的陶器令人目不暇接。可以看出，古希腊人的生活离不开陶器，他们用陶土制造各种容器——比起昂贵的黄金和工艺复杂的青铜，陶器无疑更简单、更方便、更经济。

我们应该从两个方面欣赏希腊陶器：一是造型，二是图案。特别是造型，希腊艺术突出造型美，希腊人制造的陶器形状不会千篇一律，而是富于变化，构成形状上的几何美，再配合着不同颜色的图案和图画，使每一件陶器都成为艺术品，值得反复欣赏。

在希腊文明的萌芽时期，古希腊人刚刚走出原始社会，他们已经可以制造精美的陶器，而且陶器上的图案显示出强烈的艺术自觉。这个时期又被称为"几何风格时期"。和新石器晚期相比，这一时期的陶器不再仅仅是线条和几何图案的组合，人物、动物和生活场景被绘制在陶器上，下面这个狄比隆油罐就是这一时期的杰出代表作。

这个油罐高 155 厘米，高度相当于一个矮小的成年人，瓶口由粗到细在颈部缩紧，瓶身突出向下继续收紧，双耳，线条流畅。整个瓶子环绕着丰富的几何图形。有迷宫一般的回纹，有简洁的直线，还有三角纹和波浪纹，显出一种图形上的秩序，又富有装饰性。

最引人注目的是瓶口上部和瓶身上部黑色人形图案。这些人物都非常抽象，但仍能看出，他们聚在一起，举行一场葬礼。中央是一位女士的尸体，下边有坐着示哀的家人，两旁有举起双臂的人群，瓶口还有一匹匹环绕的马。图案虽然抽象，却并不古板。

下面这个有趣的陶罐来自希腊重要的克里特文明，又称米诺斯文明，这个文明以克里特岛为中心，辐射整个爱琴海地区。它不但拥有发达的城市和贸易，还有自己的原始文字，可惜至今没被破译。克里特人热爱海洋，他们的物品中，海洋动物随处可见，因此这一时期的作品又以"海洋风格"著称。

这个双耳陶罐上画着一只巨大的乌贼，整个画面不再遵循几何风格，而是乌贼自由夸张的形体和它那伸向四面八方的触手，看上去霸气十足，又有动物的可爱。这是一件充满活力的作品，不但有艺术活力，还反应了当时人们对海洋、对生活的热爱。

历史继续发展，最初的几何式样已经略显呆板，再也不能满足艺术家们的表达需要，他们开始尝试更加流畅的线条和更加自由的画面表达，于是，完整的人物画和场景画出现在陶器上。这个双耳瓶以黑色为底，勾画了一场大战，上面的勇士们拿着长枪和盾牌，还有人骑着战马，他们之中有青年、少年还有老年，每个人都带着庄重的表情，不论肌肉、衣带或头盔的线条，都细腻流畅。在这个瓶子上，几何纹已经退居到次要的装饰地位。

此外，这是一件典型的"黑绘式"陶器，它的特点是用黑色釉料描绘人物，留出陶土原本的红色底子。还有一种陶器留着红色底子为图案，将其他部分涂黑，被称为"红绘式"，两者皆是希腊陶器中最著名的样式，在博物馆内可以看到大量此类风格作品。

完整的陶器作品让人称奇,就连那些残破的陶片,也带着显著的希腊风格,让人过目不忘。这块陶片来自于一个碎掉的梨形罐子,这块陶片的重要性在于,作品上有艺术家的个人签名,他的名字是索菲罗斯,是公元前6世纪的一位雅典画家。在这个残片上,几匹马正在奔腾,也许正在比赛;它们前面有一个阶梯状看台,阶梯上坐满了观众,他们正伸着手呐喊。马带有色彩,勾画较为细致,观众和看台全是黑色,只用浅色线条勾了轮廓。这种安排却不会显得比例失当,反而很有趣味。这块陶片的上部还有彩图,似乎是两只角力的羚羊;下部有一只黑色的狮子。通过这丰富的画面,人们不禁想象整个作品的样子,想必异常精彩。

妙趣横生,潘神戏谑爱神

这组雕像不是雅典考古博物馆最有名的藏品,更不是著名希腊文物,它只是一座雕刻于公元前100年左右的大理石雕塑作品。不过,去过这座博物馆的人都不会错过它,人们的相机一定会记录它,不是因为它完美,而是因为它太有趣了。

作品中有三个人物,都来自希腊神话,先来介绍一下他们的身份和特征。

第一位是非常有名的、在本书中多次出现的希腊爱神阿芙洛狄特,她是在泡沫里诞生的爱与美的女神,特点是美丽、漂亮、迷人……希腊雕塑家们不会注明自己的作品人物究竟是谁,倘若只有美女一个人,倘若她恰好是裸体，没有任何标志物，我们很难分辨她是谁。幸好，这件作品中的另一个人物揭示了她的身份。

第二位出场的是阿芙洛狄特与战神阿瑞斯的儿子厄洛斯，也就是长着翅膀拿着弓箭的小爱神。他可是希腊神话中独一无二的人物，谁也不会把他看成另一个人。而婴儿形象的他经常跟在妈妈身边，倘若他身旁有个美女，十有八九是爱神。

第三个人物同样特征明显，不会让人混淆。他叫潘，是牧神，他有人的面孔和上身，下身是山羊，还长了羊的角和耳朵。没错，很像后来的撒旦形象。但在希腊神话中，这位怪模怪样的神本性并不太坏，还喜欢音乐，擅长吹芦笛。他最大特点是好色，看到美女就要追求一番，也是希腊神话里很有特色的一位神。

这三个人物被安排在一个场景里，显得很有情趣。作品中的阿芙洛狄特将头发用毛巾挽了起来，显然，她正准备沐浴。这时好色的潘出现了，看到美女，他上去就拉拉扯扯。飞在半空中的小爱神厄洛斯连忙跑来帮助妈妈，他伸出一只手推着潘的羊角。爱神呢，则仍然保持着端庄的表情，没有慌乱，只是用右手举起一只拖鞋，做出要打的动作。她的神态，看上去是在开玩笑，又有一种不可侵犯的优雅。

这是一个诙谐的场景，美神的美与牧神的丑构成了鲜明的对比，他们的动作也带着明显的张力：牧神的一只手抓住美神的胳膊，小爱神的手推着牧神的角，三者之间形成了稳定又有联系的构图。潘粗暴的动作在阿芙洛狄特和厄洛斯的阻止下，倒显得不那么低俗，使整个作品向另一种美升华。

需要注意的是，这件作品来自公元前 100 年，此时古希腊文明已经随着亚历山大大帝的去世而终止，其后，罗马帝国出现，对希腊实行霸权统治。文化的脉络不会与政治保持一致，希腊文明仍在民间发展，但已经失去了从前的性质。在这件作品中，作者不再追求崇高的人体美，反而更加写实，爱神的身体微胖，骨盆大，脖子粗，穿着一双寻常妇女的拖鞋，这反映了当时创作倾向的变化。不过，爱神依然是美丽的，希腊艺术家不会放弃对美的追求，如果他们认为形式不再符合自己的思想，就会换个方式继续追求。

猜猜看，世界上最难的谜语

去卢浮宫，必须去看看蒙娜丽莎的微笑，在她那神秘的笑容中思考其中的含义。雅典考古博物馆也有一位带着神秘微笑的女性，你同样要去看看，不过，她可不是个只对你笑一下的贵妇人，而是只会出谜语为难人的女妖。她叫作斯芬克斯。

斯芬克斯雕塑制造于公元前 6 世纪，那时候希腊艺术家喜欢雕刻动物，半人半动物的雕塑也流行起来。那时的人认为人与动物在形象上结合，是一种超自然的象征，这尊雕像有一个狮子的身体，一双鹰的翅膀，一个美女的头，看上去十分奇特。不过，对希腊人来说，她并不陌生，她来自最古老又最著名的一个神话故事。

传说，天后赫拉为了惩罚底比斯城，就派了人面狮身的斯芬克斯守着底比斯附近的道路，那道路就在悬崖旁边，十分险要。斯芬克斯的任务就是害人，她害人的方法是问过往路人一个谜语，倘若路人答不出来，就会被她杀掉。不少人因为答不出那条谜语而丧生。因而，人们对斯芬克斯又恨又怕。

命运的转折出现了，一个叫俄狄浦斯的青年恰巧路过这里，看到盘踞在悬崖上的怪物。他决定挑战那条谜语。只听斯芬克斯说："有一种动物，早上用四条腿走路，中午用两条腿走路，晚上用三条腿走路，这是什么？"

俄狄浦斯想了一想，回答："是人！人在婴儿时期需要用双手双脚在地上爬，在成年时期用双腿走路，到了晚年，他还要依靠一根拐杖，因此是三条腿！"

斯芬克斯听见他答对了，羞愧难当，跳下悬崖身亡，从此，这里再也没有害人的妖怪。

斯芬克斯虽然死了，她的地位却越来越高。人们将她当作不可知、诱惑与智慧的象征，她出现的艺术作品总带着一种神秘的气氛，更有人说，斯芬克斯象征着人类对自我的探索。有了这么多头衔，难怪她的形象越来越不可怕，反而笑得挺得意。

这尊雕像中，她就带着自信又嘲讽的微笑，一双大眼睛看着你，似乎在看着猎物，嘴角微微扬起，好像马上就要出谜语；她的发辫垂在肩膀上，头上戴着帽子，帽子上残留一些色彩，可以看出，这尊雕塑以前是彩色的；她的翅膀和胸前刻出的鳞片很有装饰性——她也的确是一个装饰物，被用来装饰一座墓碑；最有趣的是她的狮子尾巴，绕在大腿上，显得很活泼。

这样一个形象，已经脱离了"可怕""怪物"的范畴，反而显得有趣可爱，这大概是因为我们已经知道了谜语的答案，再也不怕被她吃掉了。

继续猜谜，这位美少年究竟是谁？

下面出场的这一尊青铜塑像曾引起很大的争议，而且，至今没有结束。

先仔细看看这尊雕像，这是一个英俊强壮的年轻男子，他的身体赤裸，没有任何装饰，只有完美的肌肉和充满力量的骨骼和身躯。他的表情带着明显的惊讶，两眼圆睁，嘴角向下显得凝重，很显然，他一面吃惊，一面思考，可谁也不知道这个拥有完美体魄的青年在思考什么。

引起争论的是他的右手动作，青年的右手臂向前举起，上手臂提高，张开的五个手指似乎抓着什么东西，而这个东西已经消失了，没有留下一点痕迹。因为人物是裸体的，没有任何装饰物，能够让人顺藤摸瓜推断他的身份，他所表现出的凝重，使人们相信他是一位神话人物。

他右手的动作成了解读这件艺术品的关键，这无疑是个标志性动作，在希腊神话里，哪位美少年曾做过类似的动作呢？的确有这样的人物，并且不止一位，而是两位，这就是争论的来源。让我们详细了解一下这两个神话，再猜猜这位美少年究竟是谁。

第一个神话的主角叫帕里斯，是特洛伊的王子，也是世界上最英俊的男人。有一天，他遇到三位美丽的女神——赫拉、雅典娜和阿芙洛狄特，这三位女神给了他一个黄金苹果，上面写着"送给最美的女神"。她们对他说："你认为我们三个中谁最美，就把金苹果给她。"帕里斯看着眼前三位美得各有特色的女神，不知该如何选择。

女神们开始贿赂帕里斯。端庄的天后赫拉向帕里斯许诺，倘若选她做"最美的女神"，她会让他成为最伟大的国王；勇敢秀美的智慧女神雅典娜许诺，倘若帕里斯选她，他就能成为拥有最高荣誉的战士；而妩媚的爱神阿芙洛狄特许诺，她可以让世界上最美的女人海伦爱上他、属于他。帕里斯最终把金苹果递给了阿芙洛狄特。后来，爱神帮帕里斯将斯巴达的皇后海伦劫持到特洛伊，特洛伊战争由此爆发……

有人坚信，这座雕像刻画的就是拿着金苹果的帕里斯，他正准备做出艰难的决定，把苹果递给爱神。

第二个神话的主角叫珀耳修斯，他是天神宙斯和一位人间公主的儿子。长大后，他接受了一个危险的任务：砍下女妖美杜莎的头。美杜莎是一个头上长满蛇的妖怪，不论是谁，只要与她对视，就会变成石头。也就是说，想要杀她的人一看到她的脸，就成了石头，因而谁都拿她没办法。

但这件事难不倒少年英雄珀尔修斯，他得到了智慧女神雅典娜的帮助，手拿一个光亮的盾牌前去对付美杜莎。他不从正面看美杜莎，只用盾牌上映出的图像确定美杜莎的位置，一剑砍掉了她的脑袋。最后，他很有气概地提起美杜莎的头，而美杜莎倒下的尸体流了一地鲜血，从鲜血里飞出一只长了翅膀的天马和一位叫克律萨俄耳的巨人。

有人坚信，这座雕像刻画的就是珀尔修斯提着美杜莎的头时的英姿。

最后说一下这两个人的结局。美少年帕里斯在特洛伊战争中死在沙场，他千辛万苦抢来的海伦也回到了丈夫身边；而珀尔修斯经过一系列艰苦的战斗，娶到了一位美丽的公主，并建立了迈锡尼，成为一位伟大的国王，死后成为英仙星座。一个成了悲惨的亡灵，一个却是人生赢家。

那么，你认为这座雕像究竟是谁？

第七章　开罗埃及博物馆

　　拥有世界上最丰富、最全面、最完整的古埃及藏品的埃及博物馆位于开罗的中心位置，它的西面就是孕育了伟大埃及文明的尼罗河。走进这座博物馆，就像开始了一场跨时空之旅，几千年前的埃及历历在目，法老们奢华的生活，埃及人日常的喜好，文字、数学的肇始，艺术、宗教的流变……埃及博物馆，带着陌生的气息，向每个人敞开了大门。

一个外国人的墓地

　　走进位于开罗解放广场的埃及博物馆，人们首先看到的是一个摆放了许多雕像的大庭院，那些古老的雕像立刻将人们带进了陌生的埃及世界。可是，在显著位置的人物雕像却不是古埃及人的容貌，而是一个欧洲人。这个庭院就是他的墓地。他是谁？为什么埃及人会让他占据博物馆的重要位置？

　　这个人叫奥古斯特·马里埃特，法国考古学家，曾任卢浮宫副馆长，也曾被法国政府委派前往埃及，发现了数十处重要古迹。今天，埃及能够保存如此多的文物，我们能够看到这座现代化的埃及博物馆，和这个法国人有密不可分的关系，埃及人感谢他，才将他的雕塑永远地摆在博物馆的入口，以纪念他的功绩。

事情仍要从18世纪末的拿破仑远征说起。拿破仑的军队带着由考古学家、文学家、艺术家和科学家组成的学者团，把埃及文明展现在全世界人面前。金字塔、木乃伊、帝王谷成了人们的兴趣所在，商博良破译象形文，让人们能够破译埃及文明，使英国、法国等国的学者、考古爱好者甚至盗墓者蜂拥而至。一座座古墓被发掘，陪葬的金银珠宝、木器石雕、彩画壁画不断出土，人们被这伟大的文明震惊了。

随即而来的是大规模的文物掠夺。欧洲王室用各种方法将埃及文物运往各国首都，而埃及人对此不闻不问，埃及总督默罕默德·阿里甚至亲自与这些掠夺者进行交易，将珍贵的文物换成一笔又一笔金钱援助。终于有一批有良心的学者呼吁欧洲人和埃及人，不要再继续掠夺、买卖，让文物保留在创造它的土地上，这些学者包括破译埃及文字的商博良。埃及人此刻才如梦方醒，总督也颁布法令，禁止文物出口。

那么，这些出土的文物要存放在什么地方？埃及政府决定建一个小型博物馆。这个博物馆很快就被文物装满，却又很快变得越来越空，文物掠夺没有停止，最后，这里连一件文物都不剩，大门紧闭，埃及文物的流失越来越让人担忧。

这时，奥古斯特·马里埃特开始到处游说，劝说埃及政府官员保护文物。这位法国考古学家原本也和其他外国学者一样，不断把埃及文物带回自己的国家。可是，在发掘过程中，他渐渐被迷人的埃及文明所打动，唤起了他身为学者的良知。他呼吁埃及政府重视这些珍贵的国家财富，在他的四处活动下，埃及文物局成立，他亲自担任局长。

马里埃特从此指导埃及人如何从事考古发掘，发掘的文物不再运往国外，而是统一运到首都开罗。1863年，又一座博物馆建立在尼罗河边，马里埃特发现的那些文物成了这座博物馆的宝物。不过，人们很快发现博物馆的选址不理想，尼罗河水上涨的时候，博物馆会受水灾影响。马里埃特只好继续游说埃及当局，希望得到一处更适合建设博物馆的地皮。可惜，他还没有等到结果，就在1881年去世。

马里埃特死后，埃及人继续进行考古事业，博物馆再也不能承载源源不断的出土文物。埃及总督伊斯梅尔只好把自己的总督府腾出来放置文物。但这只是权宜之计，建一个新的博物馆刻不容缓。于是，人们决定在开罗解放广场前建造一个大型博物馆，系统深入地展示埃及文明。1902年，凝聚了文物保护者们心血的新博物馆终于开馆。

这是一座双层建筑，由阶梯相连，展室宽敞，风格古典，选址远离尼罗河，不会受到大水侵害，建筑材质选择了石头，呼应了埃及文化的特点。这里主要收藏法老时期的文物，多达30多万件，是世界上最大的埃及文物博物馆。平时，对外展出的文物约有6.3万件，包括木乃伊、石棺、陶器、石器、纸莎草书、车辆、壁画、各种艺术品等等，是想要了解埃及文明的人的必到之处。

随着时间推移和科学技术的发展，人们对埃及文明的了解越来越深入，更多的文物被发掘，这座博物馆也接近饱和。最近，埃及政府决定在吉萨金字塔附近另外建造一座更大、更新的博物馆，将一部分馆藏移走。当然，开罗埃及博物馆不会被取代，它依然发挥着展示埃及文明的巨大作用。而被称为"埃及博物馆之父"的奥古斯塔·马里埃特也会继续长眠在这个他奉献一辈子的地方，守护着人类共同的遗产。

震惊世界的镇馆之宝：图坦卡蒙黄金面具

1922年11月26日，一位叫霍华德·卡特的英国考古学家走下一条地下阶梯，在灯光中，可以看见一扇神秘的被封印的墓门，他断定这是一位埃及帝王的坟墓，而且，在盗墓猖獗的埃及，这座墓尚未被盗贼光顾。数日后，他的考古队顺利打开了这座古墓，发现了陈列在墓中的木乃伊、黄金棺木和众多奢华的陪葬品，这一发现震惊世界。

根据象形文的提示，坟墓的主人叫图坦卡蒙，是埃及第十八王朝的法老，他死去的时候十分年轻，对埃及也没有什么功绩。即使如此，他依然拥有十分豪华的棺木和数量巨大的陪葬品，这些陪葬品中包括各种宝石、首饰、人偶等等。其中，最让人印象深刻的就是盖在法老尸身上的黄金面具，它几乎成了整个埃及文明的象征物。在介绍埃及文化的书籍里，你一定能看到这张面具。

这是一张威严庄重的年轻男性面孔，因为雕刻艺术家技术的精湛，你并不会觉得它过于古板，反而觉得这位生活在公元前14世纪的法老，还带着一些遥远的生气。整个面具由金箔制成，镶嵌了大量宝石和彩色玻璃。

一个面具，也是一段埃及文化史。法老的头顶戴着内梅什（Nemes）巾冠，这是我们很熟悉的法老的装饰，蓝色和黄色条带状相间，从头顶直垂肩膀，这种巾冠在很多埃及法老的棺木和雕塑上可以见到，也成了法老的一大标志。在巾冠的最中央，也就是法老的额头位置，装饰了秃鹰和眼镜蛇，这是两位女神的化身，象征了埃及的统一。

细看法老的面部，轮廓十分清楚，大小和真人面部相仿，眼睛由黑曜石眼珠和石英石眼白组成，艺术家还在眼角处加了一点红色，使眼部更加写实。在法老的下颚有一个柱状物，刚接触埃及文化的人可能不明白这究竟是什么，其实它是法老的胡须，象征着法老与冥神奥西里斯同化。法老胸前戴了12个项圈，上面嵌满了彩色宝石，颜色十分考究。在项圈两侧，也就是法老的肩部，又雕刻了两只鹰头。在法老背后，写满了象形文字。

这是世界上最精美的文物之一，图坦卡蒙法老那细致、优雅、比例协调的面容，代表了古埃及高度发达的艺术水平。每一片宝石都经过精心挑选和打磨，每一个细节都没有任何瑕疵，就连面具上的象形文字也因为其独特的形态，看上去像一种装饰图案，而不是说明文。这也是古埃及文物的重要特点——方方面面都具有艺术性。

从1922年发现至今，这个面具引起了全世界的高度关注，不知有多少人想要亲眼看看它，也不知有多少人因它对埃及产生了兴趣。而它代表的古老埃及工艺、文明和历史，也是学者们说不完的话题。很多游客去埃及博物馆，为的就是看一眼这个黄金面具，体味一下法老的奢华葬礼。

2014年，这张面具遭遇了"厄运"，一位修复人员在日常修复时，不小心把面具的柱状胡子碰掉了，他心里紧张，又害怕被炒鱿鱼，就匆匆忙忙将胡子用黏合剂黏上。此后，又有人用尖锐的利器清理黏合剂，导致了面具遭到不可逆转的损伤。

国宝竟然受到如此"待遇"，全埃及的人都愤怒了，世界上的埃及文化爱好者也不断指责埃及博物馆。博物馆连忙请来世界顶级的修复团队，小心地清除了黏合剂，重新修复这个价值连城的面具，再把它放回展位，以平息人们的怒火。

最奢华的镇馆之宝：图坦卡蒙的陪葬品

图坦卡蒙是一位短命的法老。他 10 岁继承了法老位置，19 岁逝世。10 岁的孩子不可能掌握多少权力，就算到了 19 岁，他恐怕也没有体会过手握实权的滋味。而且，根据后世科学家的修复，发现这位少年国王是一个先天畸形足，兔唇，走路只能靠拐杖的残疾人——这是因为埃及王室内流行近亲通婚，导致法老的后代们易患遗传性疾病。这位少年一生下来就疾病缠身，就算每日过着锦衣玉食的生活，心情恐怕也不会好吧？

对图坦卡蒙的死因，科学家们众说纷纭，我们且放下那些没有多少证据的猜测，专心看看这位少年的奢华陪葬品。也许当时的人也同情这位薄命的少年，为他准备了丰厚的"来世帝王专用包"，希望他能在太阳神的庇佑下，顺利过上新的生活。

最让人震撼的首先是他的黄金棺木。棺木用纯金打造，重达 110 千克，这只是内棺。外棺使用了贴满金片的木棺，还有石英石制造的石棺——外棺不在埃及博物馆，放在它们的出土地。埃及人的棺材不是刻板的容器，而是打造成人的形状，这样我们能够看到法老们的长相。图坦卡蒙的金棺也是如此。

这一副金棺的每一个细节都经过精心打磨，并配上大量的宝石还有玻璃，在黄金耀眼的光芒下又加入了珠光宝气，是棺木中的"奢侈品"。法老的面部和他的面具相似，额头装饰了老鹰和眼镜蛇，眉毛加粗，胡子绑成柱状，这是法老们的典型形象。他的双手交握摆放，一手握着权杖，一手握着皮鞭。胸前有宝石拼成的项圈。在他的腿部，雕刻了两位女神，为的是保护法老顺利前往天国。

在法老的陪葬品中，华丽的黄金宝座十分抢眼。这张座椅由两部分组成，一部分是座位，一部分是座位前的脚凳。法老坐在威风的御座上，双脚就放在同样华丽的方形脚凳上。这一套座椅已经有3000多年历史，依然散发着迷人的黄金和宝石色泽，让人能一窥当年法老的神圣地位。

这是一张木制的椅子，高104厘米，上面贴满金银宝石，扶手部位雕刻成翅膀形状，翅膀后方是一只眼镜蛇。扶手最前端雕成狮子头。最特别的地方是椅背，上面雕刻了法老和他的妻子，法老和王后戴着华丽的头冠和一层层宝石项圈，穿着华丽的服装，他们不是在进行祭神仪式，而是像普通夫妻那样聊天——图坦卡蒙坐在椅子上，右臂随意地搭着椅背，皇后则站在他面前，右手亲昵地扶着他的左肩。在他们上方，是埃及人最崇拜的太阳，正散发出一道道光芒，整个画面都被金光笼罩着。

也许有些人会好奇，为什么科学家能那么确切地断定这个座椅属于哪一位法老？为什么他们能准确地叫出每个木乃伊的名字、甚至能知道某些重要文物属于哪位国王、哪位贵族、哪位祭司？这和古埃及人的一个重要习惯有关。仔细看，在这个王座上，眼镜蛇的翅膀护卫着一个椭圆的圈形图案，里边有一些令人费解的图形：鹰、太阳、波浪纹等等，这都是古埃及象形文字，它们代表了法老的姓名。几乎一个木乃伊棺木上和贵重陪葬品上，都会有这样的圈形，它们有个特定的名字：王名圈。

王名圈，可以理解为国王的"身份证"，埃及法老重视自己的身份，他们更怕在死后遗忘了自己的名字，所以在坟墓各处标记名字。这给后来的考古学家们提供了很大的便利，他们不但能够知道每一件墓室的主人，还能根据这些名字和说明文字，总结出完整的埃及历史！比起让人一头雾水的希腊文化、印度文化和玛雅文化，古代埃及人真是太贴心了！

在制作木乃伊的时候，法老的内脏要另外包裹，图坦卡蒙的内脏被麻布一层层裹起来，放在一个雪花石膏的箱子里，这个箱子同样美得让人惊叹。在这个高85厘米的箱子四条棱上，雕刻了四位女神，箱子四面则刻了象形文字。打开箱子，里边放了四个雪花石膏材质的罐子，罐子头部是图坦卡蒙的头像，这些头像雕刻得十分精美，细腻的雪花石膏呈白色，法老的眼珠和眉毛被涂成黑色，嘴唇涂红，显得年轻英俊。

这显然是经过美化的长相，不过，在科学还不能复原法老的面貌以前，人们都相信这位年轻的法老是位美男子，更因为他年纪轻轻就去世，编出了很多版本悲情故事和惊悚传奇。其中有一件最是广为人知，这就是"图坦卡蒙的诅咒"。

据说，当年霍华德·卡特和他的考古队在帝王谷发现图坦卡蒙的墓门时，门上写了这样一句话："谁要是打扰法老的安宁，死亡的翅膀就会降临在他头上。"考古队员们认为，这是法老为了吓唬前来盗墓的人刻下的。

可是，就当他们打开墓门，卡特饲养的金丝雀被一条蛇吃掉了；紧接着，当他们发现法老的棺椁，考古队员卡纳冯突然去世，去世的原因十分蹊跷——他被一只蚊子咬了一口，引起急性肺炎，因此丧命，在这之前，他的身体十分健壮；一位找到木乃伊的考古队员不久因神经错乱而死；一位并未参加发掘的勋爵自杀了，他的卧室里摆放了一只图坦卡蒙的花瓶，这是他的儿子带回来的；埃及开罗博物馆馆长米盖尔·梅赫莱尔毫无预兆地死去了，就在死亡前几周，他还对人说笑，认为法老的诅咒纯属无稽之谈，他说："我一生都在和古墓和木乃伊打交道，我现在不是好好的？"

……

在打开图坦卡蒙坟墓的十几年后，有20几个参与发掘的人先后死亡，这让人们惊恐不已。报纸上也经常出现耸动的标题，宣布又有一位考古队员"离奇死亡"，人们相信，这就是"图坦卡蒙的诅咒"！也有科学家对此投入研究，有人认为埃及法老们在坟墓里放了一种能够引起疾病的细菌来对付盗墓者，也有人认为经过几千年时间，坟墓里产生了特殊的霉菌，影响了考古队员们的健康。

对此，霍华德·卡特一直不以为然，他认为所有死亡不过是正常现象，考古队长时间在野外作业，为了寻找图坦卡蒙墓用了将近七年时间，大大损害了队员们的健康，而且，他们有些人本就老弱，即使安稳地在家里保养，也不一定会长寿。何况即使真有什么诅咒，那最应该被诅咒的人是发现了这座古墓的他，而不是别人。他并没有出现健康问题，反而因为这件事名声大噪。不过，卡特也没能长寿，他死于1939年，享年64岁。

可惜的是，就算考古学家再努力，关于图坦卡蒙的记载依然少之又少，人们根本无法了解他短暂的一生究竟经历过什么，更不可能知道他本人有什么样的性格，只能靠着他留下的奢华陪葬品，猜测那个遥远的宫廷里发生的一切神秘历史……

伟大的镇馆之宝：拉美西斯二世木乃伊

古埃及最著名的国王是谁？稍微懂点历史的人都知道，是拉美西斯二世，他可是被称为"大帝"的人物，他在埃及人心目中的地位，相当于法国人心目中的拿破仑、俄国人心目中的彼得、希腊人心目中的亚历山大……他是埃及最优秀、最著名、最有影响力的帝王。

拉美西斯二世几乎具备一个帝王应具备的全部才能以及好运。他有治国才能、打仗才能、拉拢人心的才能、外交才能，他带领军队进行了一系列远征，并恢复了埃及对巴基斯坦的统治。但他又不一味好武，当埃及军队遭遇另一强国赫梯帝国时，他考虑到两大强国连年战争，必然两败俱伤，就与赫梯帝国缔结了和平协议。在他的统治下，埃及的国力达到了顶峰。而且，他还是一个长寿的人，活了91岁，要知道，在当时的医疗条件下，一个人能活过40岁，就已经算"高寿"了。

关于拉美西斯二世有许多传说，他战无不胜、聪明睿智、精力旺盛，他还是个美男子，在位67年，有8位皇后，100多个儿女。他时不时就要兴建有他名字的庙宇，并建造了宏伟的阿布辛拜勒神庙。在埃及，到处都有他的雕像，他还爱在前朝的建筑上刻下自己的名字。他认为自己的功绩理应被万世敬仰。

可是，再伟大的君王也要面临死亡。和所有法老一样，这位第十九王朝的法老死后被制成木乃伊，葬在帝王谷。后来他的坟墓也成了盗贼们常光顾的地方，有人担心这位伟大国王的尸身被盗取、被损坏，只好将尸身用裹尸布重新包裹，藏在其他墓室里，以躲避猖獗的盗墓活动。

不论是盗墓者还是考古学家，谁都想找到拉美西斯二世的木乃伊，因为他是古埃及身份最为尊贵的帝王，他的木乃伊的价值高过埃及一切文物。可是，人们根本不知道拉美西斯二世究竟在哪里沉睡。

直到18世纪晚期，人们才偶然摸到了一点线索。那时警方发现一大批珍贵文物突然出现在市场上，他们毫不犹豫地抓住了文物的贩卖者，并找到了文物的埋藏地。那里有很多木乃伊——很久以前，人们为了保护法老们的尸体，把他们转移到这个地方。其中，就有拉美西斯二世。

全世界都激动了！报纸争相报道这个消息，谁都想看看拉美西斯二世的遗容。不过，在这个木乃伊上，谁也无法找到大帝当年的风采，这只是一具瘦巴巴的干尸。即使如此也挡不住人们的热情，这是一位3000多年前的天才帝王的尸体——想到这些，谁还能平静？

而且，大概这位伟大的国王真的得到了神明庇佑，尽管经过不少波折，他的木乃伊依然保存完好，是世界上保存最好的木乃伊之一。科学家们通过对他的研究，了解了不少关于木乃伊制作的知识，还借此了解了古埃及人的健康状况和饮食状况，给木乃伊研究以新的启迪。

如今，拉美西斯二世大帝静静地躺在埃及博物馆的玻璃柜内，接受着每个好奇的人的注目礼，如果你去看他，记得态度要恭敬一些，他是一个喜欢被人崇拜的帝王！

爱情是否永恒？斯尼布侏儒雕像

在埃及博物馆的众多藏品中，斯尼布侏儒雕像是一件很特别的艺术品，它并不奢华，只是用石灰岩雕刻出简单的人物，着上简单的色彩，人物的艺术性也不突出，但它依然是一件令人动容的作品，它塑造了一个家庭的美满生活——一个侏儒的家庭。

雕像中的侏儒叫作斯尼布，他在法老胡夫的宫廷工作，虽然身体矮小，却有不错的职位，不但在祭祀仪式上担任祭司，平时还负责保管王宫里的戏装。他的妻子比他高大许多，是一位女祭司，他们有两个孩子，一男一女，是温馨的四口之家。

斯尼布盘腿坐着，负责雕刻的艺术家并没有美化他，他的头部和身子显得很大，四肢却很短小，这是典型的侏儒体型。雕刻师也希望尽量掩饰他的缺陷，为他选择了这个盘腿动作，以免他的畸形太过明显。斯尼布大鼻子、厚嘴唇，形象并不出众，却显得很温和，神态也很满足。

这种满足一定是来源于他的妻子。斯尼布的妻子就坐在他身边，和斯尼布不同，她全身都是白色，黑色头发垂在肩膀，美丽的脸上带着满足的笑容，她的右胳膊从背后搂着丈夫，左手扶着丈夫的手臂，看得出，她十分爱自己的丈夫，即使他是一个侏儒。

在斯尼布身下的石头上，雕刻了他们的儿子和女儿。这两个孩子都不大，他们把手指举到嘴边，做出一个婴儿的动作，看上去活泼可爱，也显示出这个家庭的完整和幸福。雕像底座上还有象形文字，记录了斯尼布的身份。这一家人生活在胡夫时代，也就是公元前24世纪，距今超过4000年，但它传达出的幸福气氛，我们一点也不陌生，那是一个知足常乐的家庭所具有的。而这个家庭的基础，是斯尼布和他的妻子之间那掩饰不住的爱情。

在埃及博物馆，还有一件著名的爱情纪念物，被称为"拉胡泰普王子及妻子奈费尔特座像"。他们生活的年代比斯尼布一家还要早。这对夫妻死后被雕成美丽的坐像，威严的丈夫皮肤为褐色，上唇上面有黑色胡须，穿着短裙，只带了一个简单的吊坠项链；妻子的装束较为郑重，她肤色很浅，穿着一袭白裙，带着贵重的项圈，头上还戴有假发套和花环。这对夫妻的眼睛用水晶镶嵌，看上去非常有神。而且，他们分别坐在白色的座椅上，尽管肤色不同，神态不同，你依然可以确定这是一对恩爱夫妻，他们非常有夫妻相。人们说，即使在几千年后，依然能够感受到他们之间的爱情。

在相貌和身份上，这对夫妻十分般配，相信他们之间也曾有过甜蜜的海誓山盟。爱情究竟能不能永恒？他们生前共同生活，死后葬在一室，并留下了爱情纪念品，这大概就是人们能够做到的永恒了。看来，博物馆收藏的不只是文物、知识、历史，还有人与人之间的感情。

彩绘木俑，多姿多彩的埃及生活

当我们走在博物馆，面对各种各样的文物时，总会觉得遗憾，我们看到了这个国王的遗体、那位祭司的雕塑，看到了壁画石碑、古代文字和古代用具，却很难在脑子里形成一幅完整的古代生活图画，例如，古人究竟怎么样劳动，古人究竟怎样举办宴会，古人穿着什么样的衣服举办婚礼等等。有些博物馆会制作大型的复原图供人们观摩，可是，这毕竟是现代人的想象，不太让人信服。

在埃及博物馆，你则不用有这种遗憾，这里有很多4000多年前制作的木俑，这些小木人面貌各异，有士兵、有侍女、有船夫、有农民，而且他们可不是一个个摆在玻璃柜里，而是组成了一幅幅场景。古埃及的艺术家们十分周到，不但雕塑了人物，还雕塑了人物使用的武器、工具、乘坐的船只、工作的房间、甚至盛大的阅兵、祭祀等场面，真让人大饱眼福。

这些彩绘木头人是埃及中王国时期出现的陪葬品，那时候开始流行表现日常生活的陪葬品，而且，材料多用便宜轻便的木头，而不是石头。这些木头雕出各种形状，再涂上各种颜色，十分美观。更难得的是艺术家竭尽所能地复制生活场景感，简直是把古埃及放在了参观者面前！

先从埃及人每天都接触的交通工具说起。埃及的富庶离不开尼罗河，埃及人每天都会划着小船在尼罗河上行驶，于是就有了捕鱼雕塑。眼前的两条船上各有五个人，船头船尾各有一人划着桨，其余的人正忙着拉白色的渔网，渔网里有不少鱼，看来他们收获很不错。两条船上有男有女，每个人的表情都很认真，配合着被阳光晒成深褐色的皮肤，显示出他们的身份——一群辛苦的劳动者。

再看看古埃及人如何纺织。这一次，艺术家先用木材做了个方形盒子，模拟纺织女工们的工作间，有十几名女工，她们统一披着白色布料，在肩膀上打个结。有人手里拿着纺锤，有人手里拿着线团，地面上还铺着一块刚刚织好的布。注意，这些布可都是真正的布料，线也是真正的线，十几个女工紧张地工作着，不知她们努力纺出的布料，会被披在哪位贵人身上。

再看看埃及人的农业状况。在这个场景中，艺术家首先制造了一个神殿和两旁的墙，一位官员和他的抄写员就坐在神殿上，在他们前面的土地上，奴隶正驱赶着大批牛走过，这些牛花色、大小不一，神态也各不相同。不论牛的动作，还是人的动作，都十分生动，是一幅富足又忙碌的乡村景象。整个场景有将近30个人物，将近20头牛，在长不到两米，宽不过72厘米的场景中，活灵活现，体现了艺术家高超的造诣。

最后再看看埃及人如何打仗。这里有两组军队，一组为埃及士兵，一组为努比亚弓箭手。每一组各有四列，每列十人。埃及士兵手握长矛，另一只手拿着盾牌，显得非常英勇；努比亚弓箭手是黑人，他们是埃及的雇佣军，为雇佣者打仗。和埃及士兵不同，他们穿着彩色的包臀布，手拿长弓，显出异国特色。作为军队，这80个人身高不同，表情各异，就连盾牌的图案都不一样。这究竟是当时的实际景象，还是艺术家的追求？我们无法考证。

木俑场景种类很多，还可以看到埃及妇女制作面包、埃及工匠制作木器、埃及人的港口等等。多亏了古代艺术家，我们才能在几千年后，看到古埃及的真实生活，这种直观的享受，远远超过看单件文物和记录电影！

埃及贵族的首饰盒：那些令人惊叹的饰品

不论在壁画上还是雕塑上，不难发现，埃及人爱美，他们用各种装饰品打扮自己。在埃及博物馆内，有各种各样埃及饰品，美轮美奂，让人不得不感叹埃及人的装饰水平。现在就来看看埃及的法老和贵族们都是怎样打扮自己的吧。

首先让我们看看这个黄金头冠，它属于第十二王朝的一位公主。埃及的王冠和缀满各类宝石的欧洲王冠不同，它们的造型更加简洁，但奢华程度却不比欧洲差。这个王冠的主体是一个黄金制造的环形头箍，上面镶嵌着一系列宝石拼成的小花，额头前是用黄金和天青石、肉红玉髓和绿珐琅制作的眼镜蛇，工艺十分复杂，小小的眼镜蛇还用了石榴石做眼珠。头冠上下有长型黄金叶片，向上的叶片是固定的，向下的叶片则是下垂可动的，当公主戴着这个王冠走路的时候，这些叶片便会轻轻摆动，在阳光下折射耀眼的光芒，让她更加华贵。

下面这个胸饰属于一位国王，这个胸饰由肉红玉髓宝石用金链子穿成，中间是一个方形黄金饰物。方形中央有公主的王名圈，上面有一只展翅的秃鹰，象征天空女神；下部有左右对称的两个人，是法老正在惩罚跪在地上的犯人。此外还有一些象形符号。方形四周拼了一小块狭长的各色宝石，具有几何美。

再来看看这个纯金制造的金项圈吧，这个项圈十分奢华，一层又一层的黄金线编织成小项圈，共有 7 层，中间有黄金胸饰牌，里边的图案自然是王名圈和一些代表祝福的象形文字。这已经不知要费多少黄金了。但这还不够，胸饰下面又有金线编织而成的穗子，从短到长，一层层递增，在下面垂成扇状，当国王戴着这样一个不知用了多少黄金的项圈出现在臣民面前，可以想象，他们都要被那奢华的做工所震慑。

我们再来看看这个由黄金和宝石制成的臂饰，这是戴在胳膊上的装饰物，它分割成大大小小的长方形，也是最大、最引人注目的一部分，用天青石为底，镶嵌了一只眼睛。这叫"荷鲁斯之眼"，传说有辟邪功效。在臂饰上下，有更小的大小不一的方形格子，格子里嵌入黄、橙、蓝、红等各色宝石，这些小碎块共同构成了一种整体美。

……

此外，我们还可以看到项链、耳环、头饰、胸甲等各种饰品，还有香水瓶、香料罐、化妆匙、镜子、梳子、首饰盒等各种美容用具，这些首饰和器具不论材质如何，全部装饰有美丽的图案，具备优美的造型。当然，每一件物品都带有王名圈，看来，埃及贵人们很注意物品的所有权，由此可见，他们有多喜欢这些物品。

亡灵书，埃及人的阴间指南

了解了埃及人的生活，再来看看他们的死亡。

在古代埃及，人们相信死亡只是另一段旅程的开始，为了保证他们的新生活，他们制造了不会腐烂的木乃伊，将死者生前使用的物品做为陪葬，还在上面写下死者的名字和身份。他们对来世的考虑十分周到，为了保证死者在地下世界知道如何对抗困难，驱走厄运，人们把一些生活指导和辟邪咒语，以及对神的赞歌写在纸莎草草纸上，放进坟墓，以备亡灵在另一个世界阅读。这就是古埃及有名的"亡灵书"。

亡灵书不是法老、贵族们的专用物品，普通平民也会携带，所以，这些草纸上的文字包括了许多内容，有神的颂歌，对死者世界的描述，也有劳动者的歌谣，世俗的生活，所以，它们也成了学者们了解古代埃及生活的重要文献，从中可以看到古埃及人对世界的理解和对神的信仰。而且，这些文字虽然简单，措辞却相当优美，可以当作古埃及诗歌。

"亡灵书"上究竟写了什么？举个例子，一份草纸上写了这样一段话：

"诚实的抄写员阿尼念诵道——
我是一朵圣洁的莲花，我从拉的鼻孔诞生，它本属于哈舍。
我已为自己开辟了道路，我追随着荷鲁斯，我是拉的大地上长出的一朵圣洁的莲花。"

"亡灵书"主要用这种诗歌性质的语言，诉说自己对神的爱，诉说自己是神的仆人，以及对死后世界的希望。这些草纸上还有各种图画，画出亡者的形象以及死后的遭遇。一份"亡灵书"，有画、有诗、有记录文字，是一份精美的"指南"。

埃及博物馆收藏的皮努杰姆一世的"亡灵书"是其中代表。这张草纸图画精美，文字优雅，但它并不是国王的亡灵书，而是一位祭司。皮努杰姆一世趁着埃及大乱之时，在底比斯以法老自居，在他的棺木里发现的"亡灵书"上，他被画成一位戴着巾冠、留着柱状胡须、额前有眼镜蛇的法老，正在向冥界之神奥西里斯陈述自己的身份，接受神的审判。

在皮努杰姆一世的画像前，奥西里斯坐在彩色宝座上，手中交握着权杖和神鞭。他的肤色是绿色的，带着高高的帽子，留着黑色的柱状胡须，他的表情十分庄严，似乎正在考虑如何安排眼前的亡灵。画面上还有很多整齐又美观的象征图案。在人像旁有一排排色彩交替的象形文字，也就是皮努杰姆念诵的内容。他希望自己能够得到神的恩宠，到达传说中的"芦苇之野"。

埃及"亡灵书"内容丰富，是不错的了解古代埃及的读物，虽然我们看不懂纸莎草草纸上的象形符号，却可以买一本翻译成中文的《亡灵书》，听听埃及古人们的"死亡之歌"，感受一下另一个世界里神圣庄严的气氛。

他能治病？神奇的荷鲁斯石碑

这是一座用灰色岩石雕刻成的石碑，高度只有 44 厘米，在亚历山大城出土，是托勒密王朝统治时期的艺术品。那个时期，人们流行雕刻一些不高的石碑当做护身符。这座石碑的作用就是如此。在 2000 多年前，它被人们视为保护者。

石碑以浮雕形式雕刻了一位男童。男童年龄不大，相貌却十分英俊，他的动作更是独特。他的左右两脚，各踩了一只鳄鱼的头部，两只鳄鱼头部向后扭着，十分生动；他的左右两手抓着一些动物：左手抓着两条蛇和一只狮子，右手抓着两条蛇和一只蝎子、一只羚羊，四条蛇均向上伸展身体，其余动物则头部向下。在人物的头顶，有一个神像，是当时人们信赖的巴斯神的头像，代表他正在保护这个男孩。

这个男孩的行为可谓英勇，他制服了埃及的大害——鳄鱼，还抓起了那么多危险的动物，保护了埃及人。这个男孩就是荷鲁斯，是奥里西斯和伊西斯的儿子，也是埃及的战神、法老的守护者。所以，他小小年纪就有了神奇的力量，让埃及人崇拜不已。

石碑上也写了一段文字咒语。这个雕刻精美的石碑并不是墓地里的，也不是贵族家里的，而是放在公共场合，供所有埃及人使用的。那么，这个石碑究竟有什么特别的功效呢？

原来，古埃及人崇拜荷鲁斯，不只崇拜他的伟力，还有特别世俗的目的——荷鲁斯能够保护他们不被蛇和蝎子叮咬，这些动物曾给古埃及人带来过很多麻烦，有些人甚至因一个小小的伤口而丧命。人们相信，荷鲁斯能使毒物们失去毒性，就算被叮咬，只要喝了流过石碑的水，伤口就能痊愈。难怪石碑上的荷鲁斯抓着蛇和蝎子！

猫赶鹅，妙趣横生的陶片

在埃及博物馆，游客们沉浸在那些古老的文物中，那些珠光宝气、石像石碑产生了巨大的压迫感，让人直观地感受到了神秘的古老文明。埃及艺术家们为神、为法老、为贵族服务，他们的艺术风格大体是宏伟端庄的，让人有距离感。不过，在展品中，也有一些活泼的部分，透露着艺术家们的诙谐和对世俗之乐的体会。

例如这片猫赶鹅陶片。

在德尔麦迪那，考古队发现了很多公元前13世纪的碎陶片，这些陶片可不是正经的艺术品，只是一些随手画上图案的石灰岩碎片，大概是艺术家们练习画画用的，画面并不完整。其中一片画着一只猫和六只鹅，十分有趣。

先看看这只猫。猫的头部刻画得很细致，表情生动，它像人一样直立着身子，身上满是花纹，两只下腿正在走路，前爪高高举起，举着一根棍子。它肩上还挑着一个篓子，里边也不知装了什么好东西，它正神气地指挥六只鹅向前走。

六只鹅惟妙惟肖，每一个色彩模样都不太一样，它们分为两排，一排三只，昂着头，规规矩矩地迈着步子，不知要去哪里。在画面上方还画着四个鹅蛋，也许它们正要去下蛋。显然，这是一幅含有讽刺意味的画，相当于现代的讽刺漫画。鹅的天敌猫化身成人的样子，驱赶着鹅，和法老自称神的化身，驱赶着奴隶们供他享乐，有什么区别？这大概是艺术家对当权者的讽刺。

也许陶器是一种最接近埃及底层生活的器具，所以，在陶器上经常能看到生动活泼的画面，比如，在前王朝时期的彩绘陶罐上，能看到造型十分可爱的简笔鸵鸟。类似的图案还有很多，埃及的制陶技术比较发达，馆内的各种陶器也值得仔细观看。

纳芙蒂蒂，埃及第一美女

说起埃及美女，人们首先想到的当然是埃及艳后克利奥帕特拉七世，她是古埃及最后一位女法老，靠美丽和聪明先后迷住了凯撒和安东尼，最后用一条蛇毒死了自己，从此古埃及成了罗马的一部分，她也成了消失在埃及文明中的传奇人物。不过，据最新考古证据显示，这位以美艳闻名的女王并不是个大美人，她的长相很一般，能够迷住凯撒和安东尼，靠的是她的政治智慧和无以伦比的魅力。

所以，要说埃及历史上的第一美女，还要属公元前 14 世纪的纳芙蒂蒂王后。她的美丽不但有埃及历史上的无数传说作证，还有出土头像这一力证，见过她的头像的人，都会承认她的确是个大美女，非同一般的大美女！

我们先来看看存放在埃及博物馆的纳芙蒂蒂头像，这尊头像在孟菲斯的宫殿里出土，用黄褐色的石英石雕刻。本来，它应该和很多头像一样，有宝石镶嵌的眉毛眼睛，还有完整的身体。但因为盗墓或其他损害，它只剩下头部，甚至就连头部都不完整，鼻子几乎整个被碰掉，眼睛里的宝石被挖走，眉毛的填充物也不见了，整个面部只剩下脸、嘴唇、眉眼的形状——即使如此，人们依然能够一眼断定，这是一个美女！由此可知，纳芙蒂蒂的确美得出众。

这尊雕像很有质感，靠着岩石的层次打磨出肤色的光感。头颅微微抬起，显得有些傲慢，却也更显出不一般的气质，符合她的身份——法老阿肯那顿的妻子。她的名字在埃及语中的意思是"降临的美人"，当时和后世的人都称赞她是埃及绝无仅有的美人。这样的女人，有一点傲气是正常的。

她的脸型有一点骨感，又不过分瘦削，很符合现代人的审美。她眼睛的形状十分妩媚，眉毛也一样，特别是她的嘴唇，线条性感迷人，以致人们能够忽略雕刻上的那些致命的损失，单纯地感受皇后的容颜之美。埃及人认为她"完美无瑕"。

纳芙蒂蒂拥有如此高的评价，靠的是美丽，更是智慧。她 15 岁时，就嫁给了比她小一岁的丈夫阿肯那顿。从此，她和丈夫一起统治埃及，他们对埃及进行了卓有成效的改革，得到了人民的拥护。她的智慧和能力甚至远远超过丈夫。在一切场合，她和丈夫平起平坐，被人民当成另一位统治者。好景不长，他的丈夫去世了，她也没能生下子嗣。但她依然作为埃及统治者，试图挽救濒危的国家。

没有人知道这位绝世美人最后的结局，她30岁那年，突然从历史上消失了，有人说她死于瘟疫。因为她和她的丈夫大搞宗教改革，被后来统治者视为异类，几乎抹杀了他们遗留的一切物品，纳芙蒂蒂没有留下坟墓、棺木和木乃伊，只留下了她的拥护者们为她制作的肖像，还有关于她的种种传奇故事，她也成了古埃及最具吸引力的名人之一，人们一再在艺术创作中重现她的身影。

想要一睹纳芙蒂蒂完整的面容，你要去德国首都柏林，那里的博物馆里有一尊和图坦卡蒙金面具一样无价的纳芙蒂蒂雕像。这尊雕像是彩色的，高47厘米，眼睛里有黑色水晶，周身涂抹五种颜色，有一种无法形容的美丽。挖到这尊雕像的德国考古学家如获至宝，将之运回德国。后来，这座雕像就成了柏林博物馆的镇馆之宝。埃及政府曾多次索要，都被德国政府拒绝。这位美丽的埃及皇后只能在异国他乡，展示自己的美丽。

第八章　墨西哥国立人类学博物馆

　　墨西哥，美洲古老文明中心之一，古代墨西哥人曾经创造过灿烂的文化。在墨西哥土地上，矗立着雄伟的太阳金字塔和月亮金字塔，古墨西哥人崇拜玉米、崇拜太阳和月亮，有血腥的部落仪式，他们的艺术深奥独特。奥尔梅克、玛雅、阿兹特克……这些古老的名字，代表美洲失踪或陨落的文明。走进墨西哥国立人类学博物馆，走进美洲，走进一个神秘、灿烂的奇异世界。

古老的公园，崭新的博物馆

　　公元16世纪，在墨西哥西部有一个风景宜人的地方，这里密布着热带植物和各种动物，这是阿兹特克帝国的国王们休息时的打猎场所。后来，西班牙人侵入阿兹特克帝国，墨西哥沦为西班牙殖民地。西班牙总督在此建造了欧式城堡，取名"查普尔特佩克城堡"。墨西哥独立后，这片土地被开辟为国家公园。

　　公园位于墨西哥首都墨西哥城，面积广大，是墨西哥人休闲游玩的好去处，也是国外游客游览墨西哥的必经之地。这里以蓬勃的热带景观吸引游人。这里还有几座博物馆，包括墨西哥国立人类学博物馆、自然博物馆、现代艺术博物馆、科技博物馆等等，这个由古老绿地开发出的公园，有最典型的墨西哥美景，还有最集中的美洲文明展示，其中最重要的一座博物馆，就是墨西哥国立人类学博物馆。

这是一座专门性博物馆，也是拉丁美洲最大、最著名的博物馆之一。它不像其他博物馆那样无所不包，而是有所侧重，它的主题是：人类学。在博物馆中，没有来自五大洲四大洋的令人眼花缭乱的文物，而是集中展示了墨西哥的文化遗存——也就是印第安人、墨西哥人、玛雅人等古代美洲居民的文明遗迹。在长达几千年的岁月里，美洲人创造了不逊于四大文明古国的灿烂文明，这些文明在我们的常识之外，很难解读，因此愈发神秘而有吸引力。

墨西哥国立人类学博物馆，开放于1964年，占地面积12.5万平方米，建筑面积4.4万平方米，有60多万件藏品。博物馆分两层，共25个陈列室。一层有12个陈列室，展示了墨西哥地区的各个文明时期的文物；第二层主要是人种学展览，并展示古代墨西哥人穿戴的服饰、使用的生活用具、居住的房屋以及使用的武器，还有很重要的宗教仪式上的用品，系统地展示了这一地区的古老文化。

进入这座博物馆，美洲文明气息扑面而来，一座高达8.5米的巨大石像进入人们的视野，这是用一块将近200吨的巨石雕刻而成的神像，他是墨西哥人崇拜的"雨神"，能够给大地带来甘霖。神像外表古拙，四肢笨重，头颅巨大，五官抽象。

这座"门神"融合了美洲艺术的特征：美洲人喜欢用石头作为原料，而且都是巨大的石头，这些石头不易搬动不易损坏，因此很多都完整地保留了下来；美洲古代造型艺术追求抽象和寓意，石像不合比例，却有深刻的含义，而且有一种夸张美。美洲艺术和信仰息息相关，他们的艺术品大多为了敬神，或代表权威崇拜，或用来保护自身。美洲艺术有一种"自然主义"意识，艺术品离不开自然，对雨神的崇拜，就代表了人类希望与自然和谐相处。在他们的艺术中，自然处处可见。这也是古代美洲人的思维特点。

博物馆的设计继承了这种思维，注意展品与自然的结合，一些展品直接放在室外绿地中，在室内，人们也能透过玻璃窗看到室外的风景。普通博物馆严肃甚至呆板，这座博物馆却让人感到生动轻松，仿佛能在现代与古代之间穿梭。所以，有人说它是全世界最好的博物馆。它的设计者叫佩德罗·拉米雷斯·巴斯克斯，是墨西哥著名建筑师。

墨西哥国立人类学博物馆的独特之处，在于它向人们集中、客观地展示了美洲早期文明，这一文明分不同时期，各有不同特点，持续了几千年，它是一整套迥异于东西方文化的思维的体现。这种思维以原始性的自然崇拜为基础，发展到天文学、建筑学、艺术、生活、宗教等各个方面。美洲人建起过宏伟的城市、巨大的神庙，制造了精美的工艺品，并形成独特的学科和文化，这种文明虽然随着欧洲人的入侵结束，却仍然辉煌灿烂。

单单看馆内陈列的物品，就知道美洲人曾过着怎样多姿多彩生活的特征，他们穿着鲜艳的衣服，戴着造型奇特的首饰，用羽毛装饰头顶，身上有特殊图案的纹身，他们种植、打猎、捕鱼、放牧、编织、制陶、雕刻、交易、歌舞、举行宗教仪式、作战……和世界上所有古老民族一样，他们留下了文明的遗迹和不解之谜。

清晰地展示印第安人的起源和发展全貌，是博物馆的目标，也是"人类学"的目标。

可以说，墨西哥国立人类学博物馆，是了解美洲的第一站，游客们可以在这里领略独特的异域风情，那些巨大的石像、奇特的造型、复杂的符号，将带你走进一个神秘的世界。

镇馆之宝、镇城之宝、镇国之宝：太阳石

这是一件怎么形容都不为过的文物，它几乎可以代表美洲文明，所以，它不仅是墨西哥国立人类学博物馆的镇馆之宝，也是墨西哥的国宝、整个拉丁美洲的瑰宝。

它是一块石头。

1790年，墨西哥人在墨西哥宪法广场挖出一块重达25吨的圆形大石头，这块石头的出土立刻轰动了整个墨西哥。这是15世纪阿兹特克人雕刻的一块历石，上面以图形和文字记载了阿兹特克人的历法。石头被雕琢成一轮发光的太阳，中间有太阳神的头像，而墨西哥人自古就崇拜太阳，可见这块石头的重要。

经过研究，人们确定这块石头在阿兹特克人的生活中占有极其重要的地位，西班牙人侵略墨西哥，阿兹特克人无法带走如此沉重的石头，又不想让如此重要的东西落进侵略者手中，只好将它埋到地下，也许他们希望这块石头能够继续保护自己，保护这个民族。

这块石头太珍贵了，它不仅代表了阿兹特克人的信仰，还是整个美洲的文明符号，集合了文字、天文科技、太阳神崇拜、雕刻艺术……拉美文化的重要特征竟在一块石头上一一展现，更难得的是，石头保存得相对完好，没有严重磨损，进一步增添了它的价值。因为它的中心是太阳神，因此得名"太阳石"，或"太阳历石"。

太阳石以一块巨大橄榄石为原料，直径有 3.6 米，厚 0.84 米，以浮雕形式雕凿出各种形象和符号。最让人们惊奇的是，考古证据显示，阿兹特克人根本没有铁器，他们究竟是怎样一点一点雕出了这块石头？这就像人们根本无法理解，工具落后的他们如何建成了太阳金字塔和月亮金字塔。古老文明总是留下各种神奇的难题，吸引人们寻找答案。

在石头的中心，是太阳神的头像。阿兹特克的太阳名叫"托纳蒂乌"，代表光明、生命和希望。这位太阳神的形象非常古怪，他有一个大鼻子，方形嘴唇，椭圆形的眼睛，并吐出舌头。这是典型的拉美人像，带着原始的想象和夸张。那个吐舌头的动作更有典型性，在拉美地区，经常看到吐舌雕像，不论人还是动物，只要成为艺术品，就可能会吐出舌头，有时舌头上还会放着一个珠子。拉美人认为这个动作代表吉祥。

头像周围分为四个部分，代表四个祖先图腾，也代表四个时代。在外一圈，有 20 个部分，在阿兹特克历法中，一个月有 20 天，所以"20"代表天数。接下来就是这块石头的重点部分，也就是记录了太阳、月亮和金星轨迹的两部历法：太阳历和月亮历。

太阳历每年有 18 个月，每个月 20 天，年末时还有 5 天休息日，加起来一共是 365 天；月亮历每年有 13 个月，每个月 20 天，一年只有 260 天。美洲人用两部历法计算时间，这两部历法每隔 52 年就会重合一次，十分精确，据此可以推算到远古时代。美洲历法如此发达，着实让人惊讶。

在石头上，环绕着两条巨蛇，这是羽蛇神和火神的象征。中美洲人普遍信奉羽蛇神，早期的奥尔梅克人、托尔特克人、玛雅人直至阿兹特克人，都相信羽蛇神能够带来雨季和丰收，它不但主宰智慧，还主宰生与死，是一位全能的神。它的形象是一只全身披满羽毛的大蛇。墨西哥人相信，这位神为他们带来了珍贵的主食——玉米。

这块石头和这座博物馆有深厚的渊源。1790 年，人们发现太阳石，并开始进行研究。随着研究的展开，人们收集了更多的文物，研究更多的问题，范围越来越大，直到有一天，他们发现积累的文物已经多得无处存放，才决定建立一个新的博物馆，这就是今天的墨西哥国立人类学博物馆。看来，博物馆要感谢这块神奇的石头。

最著名的头像：奥尔梅克巨石头像

世界上最有名的美洲文化符号，恐怕要数巨型的奥尔梅克头像。1936 年，人们发现了 14 个巨石头像，这些头像来自美洲第一个文明——奥尔梅克文明，被称为"中美洲文明之母"。在墨西哥人类学博物馆中，就有一座重达 30 吨的头像。

和美洲有关的文物总是带着神秘一样，头像也不例外。奥尔梅克文明分布在墨西哥湾沿岸，这些地方根本没有巨大的玄武岩石，谁也不知道落后的奥尔梅克人，究竟怎样把石头从几百公里外运来的，又是怎样雕刻了这样的头像。

石像的发现过程也很神奇。在墨西哥有个古老传说：在密林深处，有一个仙境一般的地方，那里住着拉文塔族人，他们有巨大的财富、高度的文明，过着神仙般的生活。一支考古队进入密林，想要解开传说的真相，他们发现了这些巨大的石像。

头像的身份更让人摸不着头脑。从外观上来看，这是一个扁鼻子、厚嘴唇的男人，和所有印第安艺术一样，雕刻者夸大了鼻子的扁、嘴唇的厚、眼皮的宽大，即使如此，他的表情仍然十分生动，似乎在思考什么问题。这个高达3米的人戴着一个头盔，莫非是一位武士？还是一位神？或者是当时的一位领袖？

头像的用处也众说纷纭。有人说这是城市或神庙的装饰物品，印第安人喜欢用石头制成各种头像、人像、柱子作为装饰；有人说这是一种祭祀物品；有人说这是为了纪念死者而雕刻的……一切都没有答案，人们也只能和这头像一样，露出费解的表情。

不过，这石像的雕工倒是一流，线条非常流畅，构思完整，比例合理。这并不奇怪，奥尔梅克文明以雕刻技术见长，留下了很多著名雕刻，他们还擅长制造陶器。据说，他们还喜欢玉器。作为现今发现的第一个美洲文明，他们有丰富的文化活动，并取得了一定的成就，也许美洲的历法就是由他们创造的。

奥尔梅克文明产生在中美洲的圣洛伦索高地，大约在公元前1200年左右，最早的奥尔梅克人生活在雨林之中。300年后，这里遭到暴力袭击，奥尔梅克文明也随之转移到墨西哥湾附近。这个文明带着美洲文明的诸多特征：建造金字塔，崇拜羽蛇神，以及不明原因的突然灭亡。

在圣洛伦索出土的奥尔梅克遗迹里，人们能大概推测这个文明的生活状态。他们住在窑洞里，种植玉米，有一套完整的宗教体系，并有专门的宗教仪式场所。他们制造简陋的陶器作为日常器皿，这些陶器没有什么装饰性，远不如在石头上费的心思多。此外，他们崇拜美洲豹，有不少石雕上出现了这个动物。这个传统后来在拉美地区流行。

最让后人惊讶的是，他们有一套精密、完整的蓄水、排水系统，保证农业的灌溉。在圣洛伦索，有20多个蓄水池，以水槽相连，形成了一个"水网"，有些水槽甚至穿山而过，可见经过精心设计。而且，这套原始排水工程在3000年后竟然还能使用，让人不得不佩服奥尔梅克人的智慧。

在奥尔梅克文明中，有一件事让中国人大感兴趣。奥尔梅克人非常喜欢玉石，经常雕刻黑玉和绿玉，这和中国人太像了。而且，有些玉片上刻着一些图案，很像中国的甲骨文。有学者因此猜测，也许奥尔梅克文明和中国的殷商文明有什么关系，也许奥尔梅克人的祖先就是去了美洲的中国人！当然，这个猜测还有待更多的证据证实。

最重要的陈列室一：消失的玛雅

大约在 15000 年前，地球处于冰河时代末期，海水冰冻，水位下降，白令海峡没有宽阔的大洋，而是裸露出一座大陆桥。此时人类文明正处于旧石器时期，一些古老的亚洲人披着动物皮毛制成的衣物，带着简单的石头工具，踏上这座陆桥，经过长时间的跋涉，终于来到美洲。冰河期结束，海水逐渐升高，陆桥消失了。美洲，从此被隔绝在欧亚大陆之外，被大西洋和太平洋包围，成为一块独立大陆。那些最早的居民，渐渐发展出自己的文明，他们就是最早的美洲人，也被称为印第安人。

印第安人是美洲人的统称，它包括很多分支，其中一支最为有名，他们发展出了自己的文字，这也是唯一留下文字记录的美洲民族，他们就是玛雅人。"玛雅人"同样是一个统称，泛指生活在墨西哥和中美洲的土著居民，他们的成分非常复杂，不同地区的语言就达到几十种。他们生活在 3000 多年以前，是世界著名的古文明之一。

博物馆的第九陈列室，集中展现了玛雅文化。这里有大量的出土文物，它们来自 50 多个考古地点。再佐以重要文物的复制品和图片、录像等形式，介绍古代玛雅人的壁画、彩陶、雕刻、建筑、文字、历法、医学、数学，还有结构复杂的神殿。

玛雅人的石雕十分精美，让我们来欣赏其中一件。在这块竖立的长方形石雕上，有两个正在交谈的男人，他们戴着头饰和首饰，不像一般印第安人那样赤裸上身，而是穿着整齐又带有装饰物的衣服。左边的男人抬起他戴着粗大手镯的左臂，伸手向右边的人做出一个讨要的动作。他在要什么东西吗？

右边的男人姿态恭敬，他用手捧着一颗头颅，递给左边的人。这头颅大小和人的头盖骨相似，形状却像某种动物。也许，左边的男人是神，右边的人类正在向他献祭，祈求他的保佑。在拉美地区，有大大小小的各种献祭仪式。例如，如果长期干旱，玛雅人就要对雨神献上祭品，请求雨神降下雨水。这种祭祀简单粗暴，在一口水井边将活人的头颅或四肢砍掉，直接扔到井里。还有诸如剥皮、剖心等形式，总之，一定要用活人，听起来非常可怕。

再来看看玛雅人的炊具。他们的锅用陶制成，上面有精美的彩绘图案，既显示了他们制陶技术的高超，也显示了独特的审美。这些日常化的锅、碗、香炉、陶俑等物品让游客们看到了真实的玛雅人生活。可以肯定，他们喜欢亮丽的色彩，喜欢玉米，喜欢美洲豹……他们的生活，比我们想象中更加丰富多彩。

的确，比起玛雅人留下的难解的文字，非专业人士很难听懂的历法，稀奇古怪的石头，人们最好奇的是：他们究竟过着什么样的生活？除了观看文物，玛雅展厅有著名的博南帕克壁画，可以满足观者的好奇心，直观地感受玛雅人的生活，领略他们的内心感情。

和世界各地的壁画一样，这些壁画使用了古老的颜料，因为各地的矿石不同，壁画的颜色也不尽相同。玛雅壁画的主调鲜艳，多用橙、黄、红、褐等颜色，给人以明亮温暖的感觉。这种审美也许和他们的太阳崇拜有关，太阳给人的感觉就是光明和温暖。壁画中的人物并不像石像那么抽象，相反，他们生动真实，还可以看到玛雅贵族的仪仗，他们如何作战，以及庆祝胜利的舞蹈。

这里还有一座帕兰凯王墓，按照实体大小布置，展示了玛雅人对死亡态度。这座墓高7米，长9米，宽4米，内有雄伟的石雕——国王和王后的石像。坟墓主人的脸上，盖着一个精美的翡翠面具，这绿色的面孔带着惊悚，也带着华丽。尸体旁边还有很多豪华的饰物，看来，世界上各个国家的国王死去之后，都要带上珍贵的财物进入另一个世界，不肯两手空空。

玛雅人对死亡的观念也很独特。他们认为，历史是一个无尽的轮回，所有存在的文明都会消亡，玛雅也一样。这种宿命感浓烈的观念左右着他们的生活，让他们对死亡抱有一种淡定态度。他们甚至预言了自身的灭亡。也许他们是正确的，在公元9世纪，玛雅文明毫无征兆地消失了，只留下他们的城市、金字塔、文物。

这种消失并不是指种族灭绝，现在拉丁美洲依然有玛雅人存在。消失，是指玛雅文化突然中断，不复存在，再无人传承，这引起了人们的浓厚兴趣。

玛雅文明为何消失？解释很多。外族入侵导致毁灭、生态系统崩溃导致迁徙、人民起义导致灭亡、突来的大瘟疫带来的毁灭……但一切都是猜测，没有人能拿到物证。据说玛雅人曾经预言地球将在第五个太阳纪毁灭，甚至算出了世界末日的具体日期：2012年12月21日。不过，这一天什么都没发生。后来专家们发现，玛雅人根本没有说这一天是世界末日，这个说法只是谣言。

最重要的陈列室二：阿兹特克文明

拉丁美洲有三大重要文明，分别是玛雅文明、印加文明和阿兹特克文明。阿兹特克人也是最后登上墨西哥历史舞台的古代拉美人，他们在12世纪开始活跃，他们原本在北方过着游牧的生活，贫瘠的环境让他们不得不经常迁徙，寻找新的暂居地。

有一天，他们得到太阳神的神谕：倘若他们看到有一只鹰站在仙人掌上啄一条蛇，就在那里建造城市。于是，阿兹特克人不断寻找，终于在墨西哥谷底的一个地方，看到一只鹰叼着蛇，站在仙人掌上。于是，他们在那里建造了一座城市，叫做特诺奇提特兰，意为"仙人掌之地"，这也就是现在的墨西哥城的中心部分。

这个传说显示了一种古老的崇拜，对太阳的崇拜。美洲巫师得到的神谕，产生了一座城市——人们现在还受这个传说影响，相信墨西哥是神指给他们的定居之地。在当代墨西哥的国旗上，绿色象征独立，白色象征和平与信仰，红色象征统一，最中间的位置，就是一只叼着蛇的鹰，站在仙人掌上。

到16世纪，最初过着游牧生活的阿兹特克人已经建立起东到墨西哥湾、西到太平洋的庞大帝国。阿兹特克帝国有发达的文明，他们的农业和手工业都很发达，在这个展厅，博物馆复原了阿兹特克人的生活，你可以看到他们的屋子，屋子里摆着陶罐、工具等物品；还可以看到他们的市集，男人们赤裸上身，披着一件白色斗篷；女人们穿着白色裙子，来来往往，十分热闹。市集上褐色皮肤的人们摆着一个接一个的摊位，出售粮食、蔬菜、工具、食器、服装……看来，这里的商业也很发达。

在这里，你还可以看到阿兹特克人用纸张制造的书籍，上面有彩色的文字和图案。在欧亚文明圈，造纸术由中国发明，传往欧洲；在美洲，拉美人很早就会用剑麻造纸。而且，他们也会用草药治病，还有土法制造的麻醉剂，是不是觉得和中国人很相像？不过，他们造的文字和画的图画，和中国人可一点也不像。

对神的崇拜占据了阿兹特克人的生活，给他们带来了居住地、灿烂的文明，他们相信灵魂永存，相信自然神可以带给他们好运。太阳神、雨神、玉米神……这些神与自然息息相关，拉美人的文明从未离开自然，他们大概是与自然关系最近的人类。

不过，这种对神的崇拜也给他们带来了最大的不幸。阿兹特克有一个古老的传说，说一些白皮肤、白胡子的人曾从海中踏上这片土地，教给他们各种知识，帮助他们建立了雄伟的神庙，然后，这些慷慨的外来者向当地人告别，并许诺今后一定会回来。后来，他们消失在海中。

后来，真的有一群白皮肤的人驾驶大船，从海上来到这里。阿兹特克人以为他们就是传说中的神灵，他们安排盛大的宴席来庆祝神的归来。可是，这些人并不是神，他们只是前来掠夺黄金白银的西班牙人。他们给墨西哥带来了战乱、天花、奴役，以及毁灭。

面对侵略，阿兹特克人也曾一次次反抗，组织起义，有时也让西班牙人损失惨重，可是，他们装备落后，敌不过欧洲侵略者。首都被烧毁，成千上万的阿兹特克人被杀死，阿兹特克文明就此消失。墨西哥最终沦为西班牙的殖民地，直到1821年才宣布独立。之后又经历了多次战争，才巩固了如今的独立成果。

查克摩尔神像：交出你的心脏

这也是一尊让人觉得眼熟的雕像，它的图片经常出现在介绍拉美文化的书籍上，它形象古朴，表情有趣，帽子下面的方形盖住耳朵，动作却让人不太理解。而且，这样的动作还出现在拉丁美洲不少地区，虽然石头的面貌、装饰各异，动作却一模一样。

这个动作很简单，一个人躺在地上，用胳膊支起上身，腿部也弯曲着，转过头看着你，似乎要跟你说几句话。他的两只手放在腹部，手里捧着一个圆盘子。倘若他们真的开口说话，一定会吓着你，他们会说："快，交出你的心脏！"

这个看上去很安全的人像是拉美地区一位特殊的神，叫查克摩尔，他是人间与天上的使者，每到祭祀的时候，人们会挖出祭品的心脏放在他手中的盘子上，由他交给天上的神。他相当于人与神之间的信使。

和祭祀有关的场合都能看到他，独特的动作和手中的圆盘子是他的标志，这也说明活人祭祀是美洲由来已久的传统。这些祭祀的祭品大多来自战争中的战俘。这些战争也充满了拉美人的特点。例如，阿兹特克人的战争和现代人理解的战争并不相同，就算双方交战激烈，因战争而死的人少之又少，因为在他们的观念中，战争是为了让敌人屈服，而不是杀掉敌人。

不过，当他们把战俘抓回自己的部落，就会将这些人献给神。这时候查克摩尔神像就派上了用场。祭品不光有战俘，还有本族、本部落、本国的人，有些王国每年都要举行盛大的祭祀典礼，一次杀掉几千个人，真是骇人听闻。更让人惊讶的是，有些被杀掉的人不但不害怕，反而因为自己成为神的祭品，可以提前进入另一个世界，而感到格外光荣。

在献祭方面，拉美人花样百出，剖出心脏只是方法之一。有时，他们会让战俘站在一块大圆石上，手持一把沾满羽毛的木剑，一群阿兹特克武士挥着武器冲上去对这名战俘进行砍杀，战俘只能用一把华而不实的木剑抵抗。当然他抵抗不了多久。然后，他的尸体就成了祭品。

很多人不理解这种野蛮的献祭活动，其实，在各个文明早期，都有活人献祭。古代中国、古埃及、古印度、古巴比伦、亚述……都曾有过活人献祭和活人陪葬。只是随着文明的发展，祭品变成了动物或宝物。古代美洲人的环境闭塞，且一直崇奉原始宗教，他们几乎从未改变自己的信仰和习惯。倘若欧洲人没有入侵美洲，他们也许会和其他文明一样，在逐步的发展中取消活人祭品。可惜，这只是个美好的假设。

奇特的装饰，来自图拉遗迹的壁画

在墨西哥城以北 65 公里，有一座叫图拉的城市，这里曾是主宰墨西哥的托尔特克人居住的地方，也是托尔特克王国的首都。这是一个非常有意思的民族，托尔特克的意思是"智慧"，托尔特克人以追求智慧为己任，他们重视心灵和哲学，孜孜不倦地拓展知识，看重精神的提升，他们也被称为"最有智慧的印第安人"。托尔特克文明，也成了拉美文明的重要一环。

托尔特克人对知识的追求，难免让我们想到古代的雅典哲人。可是，这群拉美哲人追求的东西，和古希腊人完全不同。尽管他们都向往智慧和自由，但是，拉美人的智慧有一种宗教性质，他们的自由与超越，也脱离不了宗教范畴。这个民族早已消失，只留下了图拉遗迹，包括祭祀羽蛇神的金字塔，各种武士柱和蛇形驻，还有彩绘的壁画。这些有壁画的墙壁被整体搬到墨西哥人类学博物馆。

让我们仔细看看其中一张壁画。这面墙的背景被涂成鲜艳的红色，周围有长条的蓝色装饰图案，这些图案着实令人费解。但其颜色鲜艳，线条流畅，显示了画图人的艺术水准。毫无疑问，这一定是托尔特克人中的著名画家的手笔。在红色画面的下半部，出现了羽蛇神：一条大蛇披着蓝色长羽毛在画面中游弋，它的线条富有装饰性，下颌还有胡须。

蛇神上站着的就是这幅画的主角，一个长着鸟羽和鹰爪的人。他也许是一位神，也许是一位武士。他的肤色恐怕会让我们惊讶，他竟然是黑皮肤！但看看其他的壁画，就知道这只是一种色彩表达，在其他壁画上，还有蓝皮肤的武士。何况，他的五官和拉美文物中的人类相似，可以肯定这不是个非洲人。

他的服装色彩鲜明，浅蓝色的腰带和黄色的下裙，在脚腕上还绑了白色的绑腿。在出土的拉美壁画上我们不难发现，这里气候炎热，人们赤裸着上身，只在腰间围一块布遮羞。画中人同样如此。最让人费解的是他怀里抱着一个巨大的长形物体，形状像是一把宝剑，但这个长物体的头部却画成了一种伸着手臂、吐着舌头的动物，让人百思不得其解。画中人的头部也有张开嘴的动物作为装饰。这些神秘的图案的寓意，只能等待拉美文化专家们来研究。

在这幅画中，羽毛不时出现，伟大的羽蛇神身上覆盖的羽毛自不必说，画中人的肩膀上也垂着浓密的羽毛，一个带着轮子的装饰性图案上面，有一根倒立的白羽毛，这根羽毛上方，还有下垂的蓝羽毛。羽毛这么频繁地出现，究竟意味着什么？

这其实是印第安文化的一部分。印第安人把羽毛作为勇敢光荣的象征，这种羽毛不是普通鸟身上的，而是鹰的羽毛。我们经常看到的印第安画像中，他们的头上总是带有各色羽毛作为装饰。其实，这种羽毛并不是想戴就戴的，它代表了人的地位。在一个群落内部，那些有战功、有地位的人才能戴更多的羽毛，通过羽毛的数量，就能判断一个人的身份。倘若外来人觉得有趣，自己弄几片羽毛戴在头上，会被印第安人当做挑衅行为。

直到现在，现存的印第安人依然维持这种传统。例如，2012年，著名女性内衣品牌"维多利亚的秘密"举行了一次时装秀，一位模特身穿性感内衣，戴着印第安风格的羽毛头饰走秀，引起了印第安人的强烈抗议，该公司只能将此产品下架，并火速发表声明，声称公司无意冒犯任何文化。

一项风靡古代拉美的运动——乌拉马球

当今世界上最受欢迎的运动是什么？答案毫无疑问——足球。不论男女老少，几乎每个人都有看球赛的经历，多数人有自己支持的球队、喜欢的球星，甚至对足球不感兴趣的人，也能轻易地说出著名球队的名字，世界杯更是在世界范围内引起高度重视。1863 年，现代足球运动正式诞生，但在那之前，足球竞技就以各种形式广泛存在于欧洲。据说，足球是中国人发明的，后来经过阿拉伯人改良，才在欧洲流行。

如果你看到墨西哥人类学博物馆的一件文物，会对足球的历史有更深的认识，这真是一项在全世界流行的运动，在古老的拉美，同样有这种运动。

这件文物乍一看并不出众，它是一个石刻的大圆盘，上面雕了一圈装饰图案，中心有一个戴着羽毛帽子的玛雅人，他的动作有点奇怪，一只腿似乎贴着地面，另一只腿弯曲着，他的脸对着一个圆形物体，这个圆圈就在他的腰部和臀部侧面。如果继续仔细看，就会发现他正在进行某种运动。

其实，类似的图案不只在这里出现，在印第安人的很多遗迹上，都有这种场面，那个圆形，其实是一个球；文物上的人进行的运动，就是拉美的"足球运动"——乌拉马球。这个球用橡胶制成，是实心球，直径 20 英尺，重达 4 斤以上。在奥尔梅克文明的圣洛伦索遗迹中，人们就已经发现了乌拉马球场，可见，这是一项有悠久历史的群众运动。在著名古玛雅城市奇琴伊察，更有七个乌拉马球场，最大的一个长 166 米，宽 68 米，比标准的现代足球场大得多。

拉美人怎样踢乌拉马球？准确的说，他们并不是"踢"，而是"碰"，用屁股碰！

每个球队有五个人，先看看他们的"队服"，这些拉美球员头上戴着羽饰，膝盖上绑着护膝，腰间缠着护腰。然后，他们也要在球场上奔跑，争抢，用腰部或屁股弹起球。因为球很重，他们的腰和屁股上都要加上厚厚的垫子，才能保护身体。

他们的球门是一个装在赛场石壁上的圆环，离地面大约有一米高。球员要用腰部或屁股将橡皮球撞进圆环，难度真是太大了。进球的时候，观众们也会大声欢呼，而且，观众席上还有国王、祭司、贵族……国王会奖赏最终的胜利者。

不过，在古代拉美球场上，没有"友谊第一，比赛第二"这种说法，也没有和平竞赛，大概也不会有黑箱操作。因为，比赛输了的那一队，会被得胜的一对砍掉脑袋，作为献给神的祭品，面对如此危险的"赛后余兴节目"，没有一个球员乐意踢假球，所以，古代拉美乌拉马球，大概是最真实也最激烈的竞技运动。

现在，在拉美一些地区依然保留这种球赛，让考古学家们兴奋不已，这无异于活化石！

一条独木舟，解密传奇的墨西哥城

1956年，墨西哥城准备建设一条高速公路，就在人们在市中心破土动工后，地底突然被挖出一件文物：一只木制小船。这条船工艺简陋，毫无艺术特性，看上去只是一件简单的交通工具，但这件事勾起了很多人的好奇心，这条独木舟究竟是从哪里来的？答案并不神秘，在几百年前，墨西哥城本来就是一片又一片的湖泊，人们在此处创造了一个大城市，可称得上一个传奇。

我们已经知道，阿兹特克人建造了早期的墨西哥城，也就是特诺奇提特兰，这座城市建在一片水泊之中的河床上。在小城周围，人们开始建造人工岛屿，他们疏浚了河底的泥土，打上木桩，建成了足球场大小的岛屿，这些岛屿被称为"查那巴斯"。一个又一个的查那巴斯被建起来，上面种植玉米和豆类、南瓜、马铃薯等作物，以供城市居民食用；也有一些小岛供人居住。这些小小的岛屿用运河相连，人们用小船作为交通工具。我们看到的独木舟，就是那一时期的产物。

阿兹特克人的做法可谓独特，他们不追求大规模的城市，而是注重可持续发展，一面建设小的岛屿，一面保护水土。他们甚至没有在岛屿之间建设桥梁，这使岛屿不必沉重更大的压力，这种方法，保护了深处的土壤层。他们成功地把湖泊改造了城市，人工岛不断增加，人口越来越多，但城市的增大并没有带来环境问题，因为取得了巧妙的平衡。

有一天，西班牙人来了，他们对这种城市系统相当惊讶，墨西哥人竟然用这种方法建立了一座繁荣的城市！不过，对欧洲人来说，城市太小，用小船当交通工具也太不方便。他们决定扩大城建，把小块的"查那巴斯"连起来，形成一座大城。他们迅速地抽干了湖水，从前近在眼前的湖泊消失了，人们看到了新型的街道、工地，一切都改变了。

西班牙人的做法迅速有效，新的城市很快被建立，它有广大的土地面积，并逐渐发展成大城市。可是，这种排干湖泊的做法却造成了一个可怕的后果，水被抽走，下层土壤被地面上的建筑物不断压缩，湖泊的生态系统完全被摧毁，地面开始下陷了！而且，地面至今还在不断下沉，现在在墨西哥城，你可以看到下沉的广场，还有一些倾斜的建筑。

更糟糕的是，墨西哥城的居民们依赖地下水，他们每天都在抽取地下水用来维持正常生活，这种做法无疑是雪上加霜，让城市下沉的更快。在欧洲，水城威尼斯是著名的"下沉城市"，专家甚至预测几十年内，威尼斯就会完全沉入亚得里亚海。而墨西哥城的下沉速度，比威尼斯更快。它的海拔虽然超过 2000 米，但只要下沉不停止，这座城市早晚会沉没。不知在那之前，墨西哥政府能否想到有效的办法，阻止这件可怕的事。

水晶头骨？世纪大骗局

遥远的美洲文明能够激起人们的想象，也为人们带来误解，人们对美洲的理解有多种误区，有些人认为美洲文明蛮荒、落后，根本不相信他们可以和欧亚的古老文明比肩；有些人认为美洲出色的历法来自外星人；有些人对那些血腥的图案心怀恐惧……在众多误解中，水晶头骨恐怕是最大的一个，它迷惑了人们长达半个世纪之久！也许你也曾读过那本《水晶头骨之谜》，被它讲述的神奇的头盖骨所吸引——而现在人们知道，关于水晶头骨的一切都是谎言。

这个故事的开头非常传奇：1924年，一位17岁的少女走到洪都拉斯的一座遗迹里，那是一座古老的玛雅城市，少女在遗迹中散步，突然发现了一只用水晶雕成的头骨。这头骨太精致了，它几乎完全符合人类头部的特征，它的下颚骨甚至可以活动。少女的父亲是一位英国考古学家，他立刻断定这是珍贵的文物。

在墨西哥，阿兹特克人的确有个爱好，他们会用石头、木头或者骨头雕出人的头骨，有些人也会用水晶来雕刻，这些头骨都不大，穿孔戴在身上作为护身符。于是，考古学家们推断，真人大小的水晶头骨一定是用于神圣仪式上的用品。后来又有消息，说人们陆续在拉美各地发现水晶头骨，一共有21只。

传说还在发酵，据说这些水晶头骨有神奇的力量，它们会发光，会随着不同的场景发出不同的光芒，让人目眩；他们能刺激人的神经，人们甚至可以闻到它们散发的香味；它们会出声，那种声音激发人的想象力；他们会动，感觉灵敏的人将手靠近头骨，就会感觉到一种轻微的震动和推力，似乎不许人们靠近；它们还会改变温度，手放在头骨的不同部位，会感觉到不同的冷热；甚至，把它们聚集在一起，它们还能够开口说话！如果聚集13只头骨，它们就能够向人们揭示人类命运的秘密……

不过，即使有了21只头骨，这秘密还是没被揭示出来。只有越来越神奇的传说，甚至出现了关于水晶头骨的印第安神话，出现了印第安长老的预言……不少收藏家花大钱购买水晶头骨，头骨甚至进入了世界有名的博物馆，作为研究的文物，文明的象征。在全世界范围内都有水晶头骨爱好者，他们相信神秘的玛雅文物会带来智慧和人类命运的启迪。关于水晶头骨的书籍不断增多，人们道听途说地添加着水晶头骨的种种神奇之处。例如，美洲人究竟是用什么样的工具、什么样的方法雕刻了这么精致的头骨？那不是古代美洲的技术，不，地球上任何一个古代文明大概都做不到。

2005年，大英博物馆决定仔细研究这些神奇的头骨，研究员们使用电子显微镜对头骨进行精确的扫描，扫描结果让他们失望，水晶头骨上没有手工打磨的痕迹，只有工业时代的机轮留下的抛光痕迹，也就是说，这些头骨出自工业时代的珠宝工匠，并不是古代的玛雅人。它们在欧洲加工，被狡猾的探险家和古董商卖给了那些对美洲文明大感兴趣的收藏者。

一个谎言就这样破灭了，这些水晶头骨失去了神圣的地位，让爱好者们深深失望。不过，它们依然有一些价值，例如，它们算得上欧洲工艺品，它们也是早期赝品制造者们的"经典作品"，他们是人类文明误读的证物，所以，它们依然被保存着。人们放弃了对水晶头骨的幻想，转而研究真实的美洲文物，这就是认识的进步。

第九章　印度国家博物馆

印度，四大文明古国之一，佛教、印度教等宗教的发源地，创造了灿烂的古代文明。印度国家博物馆，代表印度的独立，也代表曾被殖民者摧毁的印度文明再一次站立起来，向世人展示它的深奥和魅力。在这座博物馆内，你会发现看到的一切都与宗教有密切关系，这也是印度文明的一大特征，那些翩翩起舞的神灵，是否依然庇佑着这片大地？

来自开国总理的建议

1948年，在英国伦敦，一批印度文物在这里展出，辉煌的印度文明遗留的珍宝，给人留下了极其深刻的印象。就在上一年，英国刚刚结束了对印度的殖民统治，印巴分治，印度独立，两个国家仍然留在英联邦内，不过，印度已经是一个完全独立的主权国家，印度人迫切地想要品尝独立果实，他们不但加紧筹备共和国，提高政治地位，在文化上，也不愿落于人后。

1949年，印度政府将那批在伦敦展出的艺术品向公众开放，目的是让印度人更加了解自己的文明，逐渐从思想上挣脱英国人的影响，摆脱殖民烙印。印度总理尼赫鲁建议建一个国家性质的博物馆，既能存放这批宝贵文物，又能长时期为国民提供艺术教育。这个想法很快得到落实。

尼赫鲁的这个提议，也许和他的出身有关——他出身于富贵家庭，受过良好的教育，又有一个富翁父亲，从小就能接触到不少珍宝。他还在英国生活过几年，深谙贵族做派。美国总统尼克松曾评价他："毫不掩饰地流露着优越感。"出身给了他高傲的个性，也给了他对珍贵物品的欣赏能力，使他了解文物的价值以及保存文物的重要性。所以，在很多国家的文物爱好者为建馆资金大伤脑筋时，独立的印度迅速拥有了自己的博物馆。

1949年，印度国家博物馆开放，主要收藏印度各个地区和各个时期的历史文物，还包括一些外国文物。随着馆藏的丰富和参观人数的不断增多，新馆于1966年12月在新德里开放，这是一座现代化的博物馆，设施齐备，能够收藏众多文物并方便参观，它是一栋有白色廊柱的建筑，共分三层，十分典雅。

印度国家博物馆约有20万件藏品，涵盖了足有5000多年的印度历史，这些藏品共分10类，分别是史前考古、雕刻艺术与古代钱币、碑铭、抄本、细密画、装饰艺术、武器、人类学、前哥伦布时期艺术、西洋艺术和中亚艺术。我们还可以在这里发现熟悉的来自中国的艺术品——敦煌壁画。

对于中国人来说，印度文明并不陌生，中国人熟悉从印度传来的佛教，知道唐朝的玄奘曾历经磨难去天竺（也就是印度）取经，印度的舞蹈、工艺也曾传到中国。不过，除此之外，中国对这位邻居的了解并不深。他们未必了解印度人的信仰，在印度，佛教只是众多宗教中的一个，并不占主流地位。

印度人的生活离不开信仰，他们留下的历史和文物大多与信仰有关，在印度国家博物馆内,处处可见各类神像,包括我们熟悉的佛陀、菩萨,还有更多我们不熟悉的印度本土神,如湿婆、梵天、毗湿奴、妙音天女……倘若不提前做功课,了解一些印度神话,你只能在满屋子的文物和神像前,感叹文化的差异如此之大。

丰富多样是印度文化的又一个特点。印度自古疆域辽阔,而且没能形成一套有利于统一的中央集权政体,这个大国在漫长的历史中经常处于四分五裂的状态,各种宗教、各种语言、各种地域的人产生了不同的文化,而且,印度还经常遭到外国入侵,被迫吸取外族文化,这就使印度文化在政体上异常复杂而多彩。在参观时,注意印度文物的宗教性和多样性,是印度文明的入门诀窍。

来自源头的镇馆之宝们:史前遗物

印度国家博物馆最为骄傲的一个展厅,展示了印度河流域最早的文明——哈拉帕文化。这是印度河附近的一个城市,兴起于公元前2300年左右,它发展迅速,拥有城市和多个小村落,农业发达,以纺织、制陶和金属加工为主要工业,并且有发达的贸易系统。这里出土了石器、农具、车辆、陶俑、青铜器、染缸、纺锤、首饰等,当然少不了各种雕塑。这个文明也存留了一些文字记录,可惜这种文字无人能够解读。

这个文明为什么如此重要?首先要说说哈拉帕遗址发现前印度的状况。那时印度是英国的殖民地,处于奴役地位,印度文化因为缺少文字记载，很难说清它的历史，人们普遍认为印度是个后起国家，它的文明不过2000年，远远比不上世界其他文明。20世纪20年代，哈拉帕遗迹出土，人们才猛然发现，印度哪里是个蛮荒的亚洲国家，它是个历史大国、文化大国，这一遗迹把印度文明史向前推进了至少2300年！

而且，哈拉帕的确是个值得印度人自豪的地方，从城市遗址可以看出，这座城经过良好的规划，有防守的高墙、宽阔的街道、良好的排水系统、整齐的住宅，简直是一个文明都市。更不要说在那里出土的青铜工艺品和各种文物。哈拉帕遗迹立刻成了古代印度的一大象征，哈拉帕文物也成了印度的国宝，它们代表了印度最早的历史。

人类早期历史大多与河流有关，古埃及依靠尼罗河，中国人在黄河和长江流域繁衍生息，中东有幼发拉底河和底格里斯河，印度则有印度河，哈拉帕文化能够发展，靠的就是这条大河。住在印度河附近的居民一定会发展农业、渔业、制陶业，这在哈拉帕文物中有直观的表现。

各个河流孕育的文化生活，却又千差万别。在远古的印度，宗教还没有盛行，世俗的用具和工艺品还没有宗教和权威色彩，因此，少了高尚的庄重感，却也多了不少活灵活现的世俗情趣。早期的艺术品自然没有过于复杂的工艺，大多显得古拙，却让人觉得亲切。那些带着粗糙感和原始色彩、花纹的陶瓶、陶罐、陶盘直接把参观者带到了古老的印度河流域，那里不只有哈拉帕这个城市，还有很多已经出土或即将出土的遗迹。

在众多史前文物中，有个雕塑最为著名，它是一个青铜舞女，在印度河的另一处遗迹马亨佐达罗出土。这位舞女并不美丽，但从她的脸孔上，可以清楚地看出她是一个印度人。她赤裸身体，左胳膊上戴了一个接一个的臂环，从手腕一直到腋窝；另一只手臂也戴了粗大的手镯；她的胸口挂着粗大的吊饰，这显然是一种华丽的装扮。

最重要的是从她的动作上，可以看出她正在跳舞，左臂在前，右臂弯曲向后，抬起一只脚，另一只脚着地保持平衡。因为远古造型能力的限制，她的动作谈不上多么美妙，却能够让人感受到舞蹈的韵律。就连她的表情，也陶醉在自己的舞蹈之中。这也说明了印度人自古就爱跳舞，舞蹈是他们生活的一部分。

在各个时代的印度文物中，舞蹈都是重点，神在跳舞，人也在跳舞，这位青铜舞女的动作，在以后的印度艺术作品中反复出现，说明这个动作已经成为民族美学的模板，代表了印度人的某种精神追求。印度人认为，舞蹈能够表达人对神的最自然、最纯洁的爱，他们用手指、眼神、五官、四肢和灵魂表达对世间万物的理解，在神的面前表演。即使到了今天，印度舞蹈依然有极高的欣赏价值。人们从舞蹈中得到的欢乐，和4000多年前的这位青铜舞女一样，这大概就是历史和现实斩不断的精神联系。

这种精神联系还体现在其他文物上，例如那些刻着动物形象的方形印章。在哈拉帕和马亨佐达罗遗址上，共出土了超过2000枚小印章，它们用冻石、象牙、金属、黏土等材料制成，大多是方形，正面有图案和文字，后面穿孔便于悬挂。印章正面有动物浮雕，牛、虎、大象、羚羊和一些神话动物，特别是牛，在不少图章中出现，它们都有强壮的身体和锋利的角。

由于人们无法破译图章上的文字，也就不了解这些印章的具体用途，它们也许是当时人的印章，用来写信或签署合同；也许是崇拜神灵的信物；也许是本地特有的护身符。那些栩栩如生的牛让我们知道这种动物对印度人的重要性，直到现在，牛仍受到印度人的尊重。

观看史前文物，可以切实地感受到那时人们的生活。泥土显然占据了重要位置，人们不但用它耕种，还要用它盖房、制造炊具和生活用品，以及小孩子的玩具，还会捏出一些怪模怪样的原始偶像等等。从这些文物中看得出，哈拉帕是个生机勃勃的城市，它也许不是印度文明的真正源头，却是承上启下的重要一环，它将文明的种子播撒在南亚次大陆，开出了印度文明丰硕的果实。

令人膜拜的镇馆之宝：释迦摩尼舍利

释迦摩尼，世界三大宗教之一——佛教的创始人，俗名乔达摩·悉达多，是公元前6世纪北印度释迦国的王子。他聪慧好学，他的父亲净饭王一直希望他能继承王位，可是，他却一心想要寻找佛法的奥义。后来，他抛弃妻子和家庭还有显赫的地位，于29岁出家，并在35岁领悟佛的道理。此后，他一直在恒河流域传法，得到了人们的尊重。佛教开始兴起，传播到整个印度，并传到中国、日本、韩国等地，如今，全世界的佛教徒超过5亿人。

传说，释迦摩尼在两棵娑罗树下涅槃。那时他已经80岁，感觉到自己大限将至，他走入一片娑罗树林，命徒弟阿难铺好卧具，侧卧在双树之间，安详离世。他的信徒们为他举行了庄严的葬礼，有八个国家派遣使者前来。佛体火化后，遗骨变为舍利子，被分成八分，由八位使者带走。又有人带走装遗骨的瓶子，还有一位孔雀族派来的使者因没有赶上葬礼，不能分得佛骨，就带走了骨灰。因此，印度有八座佛骨舍利塔、一座瓶塔和一座骨灰塔。

在佛教徒心目中，佛祖舍利是圣物，供养佛祖舍利，福报无边。关于舍利子的传说数不胜数。比如，佛塔上如果放了佛骨舍利，就会有祥光四射;一个地方倘若供养了舍利,就能年年丰收;当寺院开示舍利,人们能够看到五颜六色的光芒,看到佛祖和菩萨站在眼前……中国唐朝时皇帝唐宪宗想要迎陕西一座佛塔中的佛骨舍利进宫三日,大肆铺张地做准备,大文学家韩愈连忙写了一篇文章斥责这种做法荒唐,可惜他非但没能制止皇帝劳民伤财,还差点丢了性命。

言归正传,佛骨舍利有如此重要的地位,一般都存放在重要寺院,当作寺庙的宝物藏到最隐秘的地方,只在特殊的时候开示给信徒。但是,在印度国家博物馆,有22粒舍利就放在大庭广众之下由人参观,而且根据医学分析,这些舍利是头盖骨火化而成——佛祖的头盖骨!

你一定很奇怪,如此重要的物品,怎么可能放在博物馆?事情仍要从20世纪初大规模的考古潮说起,一位英国考古学家在印度大地上寻找重要古迹,他试图从那些古老的传说中得到线索。传说在佛祖火化之后,他的一份舍利给了释迦族,也就是他出生的那个地方的族人,后来,人们建了一座塔供奉这份舍利。那位英国考古学家就在这座塔附近发掘,真的挖出了两个罐子,上面写着"这是释迦摩尼的舍利子,是留给释迦族弟子的舍利子"。

这些舍利并没有留在英国,而是送到了信佛的泰国,得到了高规格的供奉。后来,印度政府组织人员在这个地方进行挖掘,又找到一些舍利,这一次,外国人可别想带走这些圣物了,印度宣布,舍利将放在印度国家博物馆。

印度有许多宗教,且以印度教为主要宗教,佛祖的舍利在国家博物馆中,没有多少信仰意义,只被当作珍贵的文物,和众多珍贵文物一样,被放在一个玻璃罩子里展览。后来,还是泰国人无法忍受舍利子受到如此"待遇",捐献了一个黄金钻石宝塔供奉舍利——也就是我们现在看到的这个金碧辉煌的宝塔形容器。

其实，博物馆并没有"忽视"珍贵的舍利，看看这间博物馆的其他文物，那些重要雕刻连玻璃罩、护栏都没有，直接摆在地上，游客伸手就能摸到。看来，要如何更好地保护文物，是这座博物馆应该思考的重要问题。

印度人心中的镇馆之宝：湿婆的舞蹈

印度国家博物馆最重要的一件文物，是印度人的信仰所在。它是一尊制造于朱罗王朝的青铜神像，雕刻了湿婆跳舞。它不仅代表了印度教教徒对湿婆的信仰，还代表了朱罗王朝的一种宗教艺术范式，那时的人认为和神有关的每一件作品都要遵循一定的原则。

具体来说，每一位神应该如何站立，他们的手脚应该做什么样的动作，他们身边有什么样的武器，他们骑什么坐骑，他们周身装点什么样的饰物，都一一做了规定。这使得艺术品带着天生的庄严和美丽，也充满了象征意义。

这尊湿婆青铜雕像和在大英博物馆看到的那一尊有点相像，却也有所不同。在湿婆周围，依然是环绕的圆环，上面布满小火苗。这个圆形代表宇宙。湿婆踩着恶魔，四只手或做舞蹈动作，或拿着鼓，正从天上一边舞蹈，一边降临到人间，因此发辫飞舞起来，十分具有动态美。

湿婆的形体十分婀娜，动作曼妙，让人能体会到音乐和舞蹈的存在。在印度人心目中，大自然的循环和宇宙的变换都带有韵律，一切都在湿婆带动的旋律之中舞动，人的情感也因此得到净化和升华。湿婆充满力量和美感的舞蹈，给了人们极大的信心和美的享受。

印度是个宗教国家，现在，80%以上的印度人信奉印度教，他们依然相信湿婆会给他们力量。在印度，牛是神圣的动物，印度教徒不吃牛肉，杀牛者犯法，牛可以大模大样地走在大街上，谁也不敢阻拦它们，有些富人家里还建了豪华的牛棚——牛有如此幸福的生活，就是因为它是湿婆的坐骑。

印度人的宗教信仰究竟强烈到什么程度？以下两个例子可以让我们更加了解印度人的精神世界。

第一件事发生在1857年，著名的印度大起义在这一年发生，而起义的导火索，是东印度公司用猪油和牛脂涂在子弹上当润滑油。当时上子弹时，士兵们必须用嘴咬破弹壳，接触那些油脂，这让把牛视为圣物的印度士兵无法忍受。于是，声势浩大的起义开始了，东印度公司不得不结束了统治。这也是印度第一次独立革命——起因是犯了士兵们的宗教忌讳。

第二件事发生在印度独立之前，英国最后一任总督看到，印度教徒和伊斯兰教徒水火不容，印度大陆已经成了"一个火药桶"，随时都可能会被点燃，宗教仇恨一旦爆发，后果不堪设想。而印度独立运动的领导者们，也对此事毫无办法。最后，一项《蒙巴顿法案》通过，当时的印度被分为现在的印度和巴基斯坦两个国家——这也是英国为了自己的利益想到的对策。分治后的两个国家依然冲突不断，至今还时不时有摩擦，而这一切的根源在于信仰不同导致的不同诉求。对于信教者来说，信仰高于世俗的一切。

所以，不难理解这座印度博物馆里为什么会有如此多的神像，因为印度人自古就是虔诚的教徒，他们把自己和自己创造的艺术奉献给不同的神。可惜的是，在博物馆中，这些不同派别的神像能够陈列一室，互不干涉，在现实生活中，却常常出现宗教冲突。只能祈祷今后的世界能如湿婆舞蹈一样，充满和谐与美。

天上人间——印度神话里的那些恩爱夫妻

首先，让我们看看这一件雕刻于公元 9 世纪的雕塑，作品塑造的是一对恩爱夫妻，他们用胳膊互相搂着对方的肩膀，姿态十分亲密，神态也带着平常夫妻的那种自然的爱意。不过，他们可不是普通夫妻，而是印度神话中的湿婆大神以及他的妻子雪山女神，看看他们身后的那朵神圣的莲花、背景里的众多吉祥物、为他们弹奏乐器的小孩，以及男人坐的那只牛（湿婆的坐骑），你也能猜到这一对不是普通人。

在这座到处能看到雕像的博物馆里，夫妻雕像特别多，而且，神也好，人也好，有些高座在神坛上，有些骑着骆驼和马，不论神话场景还是生活场景，他们总是以非常亲密的姿态出现，他们之间的感情表达毫不含蓄，却也不过火，这是不是印度人心目中理想的婚姻？答案是毫无疑问的。

在印度神话中，我们可以清楚地知道印度人对爱情和婚姻的理解，那就是一夫一妻、专情和勇敢。印度神话中最重要的三位大神——梵天、毗湿奴和湿婆，他们的婚姻都是这一类型，在和他们有关的作品中，他们的爱妻常常陪在身边，羡煞旁人。

先说说创造之神梵天，梵天创造了这个世界，而且有无边的仁慈，对人的愿望有求必应。他的坐骑是一只孔雀。他爱上了自己的女儿辩才女神。这位女神代表智慧，坐骑是一只天鹅，她又美丽又聪慧——在远古神话中，经常有乱伦情节，梵天也因为娶了自己的女儿而失去了一个头。

婚后，辩才女神经常与梵天吵架，还爱吃醋，气得梵天想要停妻另娶，他们算是一对欢喜冤家。

毗湿奴是守护神，他的坐骑是一只金翅鸟。他性格温和，经常拯救危难中的世界，因此信徒众多。他的妻子是吉祥天女，代表幸福和财富，是一位在海中出生的美女。她的个性和丈夫一样温和，总是带着和善的微笑，而且，他始终陪伴在丈夫身边。毗湿奴经常化身为不同形象解决世界的灾难，她总是在一旁帮助丈夫，是一位贤内助。

最让人感动的爱情发生在湿婆和他的妻子雪山女神之间。湿婆是破坏与新生之神，他的妻子叫萨蒂，两个人非常恩爱。但萨蒂的父亲一直瞧不起湿婆，想要把女儿嫁给别人，在一次冲突中，萨蒂在火中丧生，湿婆悲痛欲绝，在喜马拉雅山修行了1万年，根本不瞧别的女人一眼。后来，萨蒂转世成为雪山女神，追求湿婆，却被湿婆拒绝。雪山女神又经过3000年的苦苦修行和追求，才打动湿婆。这一对苦命鸳鸯终于在1.3万年之后成了眷属。雪山女神非常勇敢，经常化作不同形象和丈夫一起作战，战斗力不比丈夫差。他们的爱情曲折而浪漫，因此成了人们最常用的创作主题。

这些神话中的爱情十分动人，女性形象很立体，有其独特个性，让现代人也能欣然接受，专一、无悔、互补，这种爱情观符合人们世世代代的爱情理想——现在，你知道印度为什么有那么多恩爱夫妻雕像了吗？

你听说过细密画吗？

也许你听过土耳其著名作家奥尔罕·帕慕克的名字，至少你知道他的名作《我的名字叫红》，这本书曾获得都柏林文学奖、法国文艺奖和意大利格林扎纳·卡佛文学奖。这部作品围绕一桩失踪案展开，但给人留下深刻印象的并不是男女主角的爱情或神秘的失踪或谋杀，而是一种人们不太了解的绘画种类——细密画。

这是一种源自波斯帝国的艺术形式，在公元 3 世纪左右，在波斯的萨珊王朝流行起来。这种画的线条非常细，细得如同发丝，以如此细的线条画出人物、动物、抽象图案，并且不在乎变形，有时会为了图案效果故意将物体变形。这种画注重平面效果，和西方讲究透视的油画截然不同，它的主要用途是给书籍做插图，既有大幅的完整画面，也有精致的图案做页脚，这种绘画在波斯社会广为流行。

后来，波斯帝国衰落，细密画却因其细致精美被伊斯兰国家吸收。在这些信仰伊斯兰教的国家，《可兰经》中不能有图案，这反而让人们更加渴望看到美丽的绘画。此时的细密画既有波斯风格，又吸取了中国山水画和西方透视法，不过，画家还是不喜欢聚焦式构图，他们仍追求平面效果，在平面内最大限度地发挥想象，把众多人物、动物、植物平铺在一起，追求一种超自然的气氛。

这种画后来又被印度的莫卧儿王朝吸收。当时，莫卧儿王朝上下都喜欢细密画，细密画师也很有地位，他们为国王、王后、王子、王妃、重要大臣们画像，不难看出，这种画和印度文物表现出来的印度特质，有极大的差别。因为它在本质上属于波斯艺术，只是经过了长期的发展和扩充。

在印度国家博物馆，展出了很多幅莫卧儿王朝的细密画，无法用语言形容它们的精细，画家挖空了心思把每一个线条、每一小块色彩发挥到完美，使这些画作成为上品。

让我们欣赏下面这一幅细密画，画的是一位印度王子正在与他宠爱的妃子聊天。他们面对面坐在一个华美的亭子里，亭子上遮着白色布幔，地上铺着绿色镶红边的地毯，几位乐师坐在地毯上为王子演奏音乐，穿着华丽的侍女们站立在王子和妃子身后，随时准备服侍他们，这些人物或微笑、或交谈，表情十分细腻。

需要注意的是，在细密画中，风景和人物一样重要，画家试图在每一个细节中表现自己，所以，这幅画上有远处的绿树，近处的水池，水池里开着荷花。整个画面的气氛悠闲，一位侍女手里拿着长长的羽毛，似乎正在王子的头上慢慢挥动，为他扇风并驱赶蚊虫，乐师们也没有着急演奏，而是慢吞吞地看着眼前的景色，就连池子里的荷花也只开了几朵，莲叶懒懒地铺在水面上……细密画在精致中有一种特别的表现力，能让人轻而易举地感受到其中的意境。

再看一张比较激烈的。这幅画画的是一位国王正在打猎，他穿着华丽的衣服，一手拉着马的缰绳，一手高举，似乎在呼叫，那匹马同样被装饰得很华丽。不过，不论马还是人，都完全不合比例，这也是细密画的特点，画家根本不在乎比例，也不在乎动作是否自然准确，只需要这匹马能够表达出"奔跑"，这位国王能够表达出"威武"，就够了。

这张画又"细"又"密"，远处有类似中国画的山石代表高山，还有上下两队骑马队伍，近处远处都有树木，左侧则有一堆被追捕的动物，它们惊慌失措地逃跑，动物们的皮毛神态刻画得极其细致，细密画的美丽，就是画家的想象和这些妙不可言的细节。

大象，印度人最爱的动物

在印度，大象是一种古老又广受喜爱的动物，印度人很早就能够驯养大象，它们不但能载物、充当坐骑，有神圣的宗教意义，还能上战场造成敌人的大面积损伤。大象，象征着力量、智慧和善良，大象还是一种很有灵性的动物，能与主人产生深厚的感情。

在印度教神话里，大神湿婆和他的妻子雪山神女，就生下了一位象头神，叫加尼萨，人们做什么事都喜欢拜一拜这位神灵，他代表着创造和扫除障碍。如此重要的神灵生了一个象头，可见人们对大象的偏重。

这件浮雕是公元前2世纪时，南印度的一个叫萨达瓦哈那古国的工匠雕刻的。画面中，一对夫妻骑在大象背上，男人正在对群众挥手，他们大概正在参加某个重要的仪式，因此，大象经过盛装打扮。虽然只是石头上的浮雕，但大象还是被刻画得惟妙惟肖，只见它头上戴着花环，颈部装饰美丽的项圈，背上覆盖着华贵的织物，就连尾巴也被编得整齐漂亮，难怪它得意地昂首阔步，甩着长长的鼻子，显得十分可爱。看着这样的大象，人们几乎忘记了象背上那对夫妻。

细密画里也不乏大象的身影，看看这张搏斗图，两名男子骑着大象，正和一头凶猛的野兽搏斗,野兽咬住大象的一只后脚,大象的鼻子勾住野兽的一只脚,使整个图案形成一个圆环状,大象的身体也因此成了奇怪的形状(细密画家从来不讲究准确的比例),尽管这只大象已经没了大象的外形,你依然能够感受到它的勇敢和凶悍。印度人相信大象能够保佑他们得到胜利。

直到今天,印度人对大象的喜爱依然不减,甚至有一个专门的"大象节"。在那一天,人们在阳光下的草地上敲锣打鼓,唱歌跳舞,把一只只大象的皮肤上画满装饰图案,给它们披上颜色艳丽的锦缎,让它们在街上游行,还要选出扮相最美的一只大象。主人们骑着一只只头顶、背部、象牙、象腿都经过装饰的大象,享受着人们羡慕的目光,根本掩饰不住自己内心的得意。

如果你去印度国家博物馆,可以仔细看看大象们的各种形态,可以在文物间找找象头神加尼萨的神像,他的特点是象头加人身。还能看到一位骑着大象的神,他是印度神话中的雷帝因陀罗,因为他的大象很特别,有三个头,所以你一眼就能认出他。

在方寸间精雕细镂——象牙上的艺术

印度人喜爱大象，也喜欢用大象的牙雕刻工艺品。在印度，牙雕是一门源远流长的传统工艺，并以其细腻的质感和复杂的工艺，得到人们的喜爱。在印度国家博物馆，有不少珍贵的牙雕，就让我们一起去看一看。

首先看到的是一整根象牙的雕刻，雕塑被分为12个层次，每一层都有对应的圆形图案，圆形里有人物或场景，能在一根象牙上雕刻出如此复杂的人物，可见雕刻家技术的精湛。象牙的颜色初为洁白，日子久了就会泛黄，因此牙雕作品常常呈现象牙黄，这幅作品就是如此。

也有人会为牙雕作品上色，看看陈列柜里的这些小人，这应该是印度进入殖民社会之后，受到西方文化影响之后的产物，不论人物还是服饰都有西方特色。最精美的一个人偶穿着彩色长裙，披散头发，抱着一个孩子，只有面孔和手显出象牙的洁白，凸显了牙雕的本色，也显示出象牙材质胜过木材和金属的细腻性和光滑度。

再看看这座用象牙雕的神坛，简直是把牙雕技术的复杂发挥到了极致，五层神坛，十个神像精雕细琢，柱子和背景装饰无不精细到毫厘，真不知这些牙雕大师们究竟有怎样的一双巧手，才能在尺寸并不大的象牙上雕出如此丰富的层次和如此多的人物、事物。

接下来我们要看的是一扇极其华丽的屏风，在介绍印度文化的文章中，它经常被提起，这是一个四联屏风，主体用银制作，上面镶嵌了52个象牙雕刻，每扇屏风上两列 12 个，再加屏风顶部 1 个，这四扇屏风简直是一个牙雕展览屏幕，每个牙雕都是不同的人像，异常精美。这屏风价值连城，也是人们必看的藏品之一。

……

到了今天，牙雕技术依然在发展，不过，随着盗猎的猖獗，野生大象经常因为珍贵的象牙而被人杀死，国际组织不得不采取措施，希望各国签订条约禁止象牙贸易，没有买卖就没有伤害，希望能从源头上杜绝大象们的危险。但这也造成了大批象牙雕刻工人失业。现在，人们试图寻找一种象牙替代品，以免牙雕这门古老的手艺消失。

婀娜百态，印度美女

在印度国家博物馆观赏文物，难免有这么个印象："印度美女身材真好！印度美女真艳丽！印度美女真性感！"没错，不论雕像还是图画，不论这位女性是女神还是平常女人，印度人似乎格外偏爱性感美女，她们身材火辣，服装暴露，装饰艳丽，和印度现实生活中围着纱丽的女人大不一样，却有别样的魅力。

先来看看这一件诞生于公元 7 世纪的半身女子像，这位女子只有头部和胸部，她的表情很庄严，头部有繁琐的装饰头冠，大大的耳环，带着串珠项圈，她的上身是赤裸的，浑圆的胸部干脆被雕成圆球状，以强调她的丰满。

第二件是《亚穆纳河女神像》，亚穆纳河是恒河最长的支流，也是旁遮普平原和恒河平原的界河，两大平原引河水进行灌溉，文明因此得以发展，这条河的女神，自然也成了人们尊敬的对象。这件雕刻于公元8世纪的雕像，显示了印度人对女神形象的想象。

这位女神面貌端庄，带着母亲般的慈祥微笑，她的胸部圆润丰满，腰部纤细，臀部丰满，身材呈"S"型曲线，手脚的姿势都显露着女性美。她的头饰、颈饰、臂饰十分华丽，身子只用首饰和腰间的一块布做了遮掩。

第三件是半卧的女神像，她通体有华丽的装扮，无疑是天界的女神，她的姿态也十分性感，丰胸细腰美腿，但看她的面部，分明是一位庄重的女神……这样的女性形象还有很多很多，为什么印度人如此喜爱性感的女性雕塑？这与现实中印度女性的相对保守，岂不是差异太大？

这个反差同样和宗教有关，在古印度人的思维中，生殖能力受到推崇，因此，女神们才会是这样的形象。这并不代表他们不正经，在他们看来，对性的思考是一件严肃的事，甚至有人思考得过了头，对性充满畏惧。如果你看过印度电影，就会发现好的电影里很少有暴露的场面，可见人们对性依然持保守态度。所以，千万不要把雕塑上的美女等同于现实中的印度女性。

在艺术上，印度美女们的裸露程度比不上西方，但西方人体雕塑给人以升华的美感，印度的女性雕塑始终带着诱惑的性感，这是不同文明的不同追求，思考两者的区别，有助于我们更深地认识文化之间的差异。

他乡遇故知，一些中国文物

在印度国家博物馆里，也有中国文物的身影，数量还不少。这些文物并不是中国政府的友好赠送，也不是印度人跑到中国抢劫得来的，而是著名的英国考古学家、探险家斯坦因在中国敦煌、新疆偷运走的。当时，印度是英国的殖民地，一部分文物就近放在了这里。后来英国人结束了在印度的殖民统治，这些文物也成了印度国家博物馆的收藏品。

这些藏品大多与宗教有联系，包括敦煌壁画和雕塑、西藏宗教器物、新疆的绢画和生活用品等，体现出两种文化交流后的艺术风格，也有少量纯正的"中国制造"，其中，一张唐朝的仕女图非常抢眼，它的大部分已经毁坏，但剩下的那一部分，依然让人惊叹。

画面中有三个女人，位置最高的那一位保留了头部和少量上半身，另一位侍女保留了头部，第三位侍女只剩一个发髻。从服装的颜色和位置的高低上，就能确定她们的主仆身份。中间那一位也许是公主或是贵妇人，她穿着红色的华丽衣物，她的侍女则穿着颜色相对朴素的圆领袍，都显得美丽而庄重。

中间的这位女子有一张典型的唐朝美女面孔——面如满月，洁白圆润。依现代人的审美看来，她有点胖。可在唐朝，人们以胖为美，不够胖的女人绝对算不上美女。只见这位美人梳着精致的发髻，头上插了发饰，额头和眼角贴了花钿，嘴唇也勾出了当时流行的轮廓。不知名的画家用细致的画笔勾勒了她的美貌，也还原了她那雍容华贵的仪态气质——这是属于唐朝的气质。就连那位侍女也同样柳眉弯弯，鹅黄浅浅，不论服饰还是妆容都无可挑剔。更难得的是，这张画的色彩依旧很鲜明，让我们能够从中了解唐朝绘画的上色风格。

这里还有一张很有趣的绢画。这张画的画工没有仕女图的细致，而是抽象风格，不过，它却传达了重要的中国神话信息。图画里有两个人物：一男一女，他们上身是人形，下身却是蛇尾，并且蛇尾交缠在一起。这两个人不是别人，正是伏羲和女娲。他们是中华民族的始祖，一个教人各种生产知识，一个造人补天，他们是一对兄妹，最后结成了夫妻，因此蛇尾亲密地缠绕着，神态也带着亲昵。

很明显，这是一张唐朝绘画，女娲穿着唐朝仕女的间色裙，伏羲则带着唐代的帽子，穿着圆领袍，这幅画看上去简单，却不乏装饰性，蛇尾上有多种花纹，画的背景部分也装饰了太阳、月亮和星星。和上一幅画一同，可以了解到唐朝绘画风格的丰富。

伏羲和女娲为什么会是蛇？会问这个问题的人，对中国神话了解得还不够。在上古神话里，伏羲、女娲就是人身蛇尾的神人，在早期的图腾中，他们一直以半人半蛇的形象出现，后来才逐渐变成人形。这张画说明，至少在唐朝，这对夫妻仍有蛇尾。

在异域看到中国的文物，就像在他乡遇到老朋友，难免让人感慨。虽然文物不能回归故土让人遗憾，不过，在这么多的印度神像和印度文物中，突然看到中国面孔，看到中国风格，并可以比较两种文化的不同，也有别样的趣味。这大概就是那些收藏丰富的博物馆远比专门类博物馆受欢迎的原因吧。

第十章　不可不知的博物馆荟萃

每个国家、每个地区都有属于自己的博物馆，人类文明博大丰富，这些博物馆各有各的特点，各有其独特价值。种类齐全的博物馆给人以宏观印象，分门别类的博物馆给人以深刻的感触，地区性的博物馆让人更能体会此地的文化……在本书最后一章，我们特别精选了十座极具特色的博物馆加以简单介绍，方便读者对博物馆有更深入的认识。

巴黎奥赛博物馆

被称为欧洲最美博物馆的奥赛博物馆于1986年12月9日正式开馆。奥赛博物馆原本是一个火车站，后来改建为博物馆，与卢浮宫隔河相望，主要收藏1850年到1914年间（也就是从拿破仑三世到立体主义兴起）的长达半个世纪之久的艺术品，拥有2300幅画作、1500件雕塑以及家具、手工艺品、建筑模型、书籍设计资料、摄影作品等。

奥赛的藏品大多来源于卢浮宫、蓬皮杜文化中心等博物馆，是一所现代化的美术博物馆，采用玻璃天顶，让游客可以在自然光下欣赏画作。这里最有名的藏品无疑是印象派画作，众多印象派大师的一流杰作汇集于此，可谓星光璀璨。

莫奈的《睡莲》是奥赛博物馆的镇馆之宝。在这座印象派大本营中，莫奈的代表作占有重要位置。莫奈喜欢画睡莲，他画了许多幅睡莲作品，与其说他是在画睡莲，不如说他借睡莲来表达水：水的光影，池塘的雾气，阳光的折射，植物和建筑在水中的倒影……水更像画面的主角，难怪马奈称他为"水的拉斐尔"。

奥赛博物馆的这幅睡莲画体现了这一特点，这幅画的尺寸比普通画更大，正方形画框的上部垂着树枝，画布中间铺着一片片绿色叶子，点缀几朵睡莲，池水幽深，睡莲明亮，大自然的色彩变幻莫测，而莫奈却能捕捉这一切。这幅画中的光影不断闪动，蓝色的池水更是别具一格。此外，这里还可以看到莫奈的其他名作，比如《伦敦的雾》《睡莲与日本桥》，它们排成一排，供人仔细欣赏揣摩。

奥赛博物馆的另一件镇馆之宝是梵高的《自画像》。梵高喜欢对着镜子研究自己的外貌和神态，然后为自己画像。也许这是内心孤独的一种体现。他有几十幅自画像，奥赛这一幅尤为著名。来到这里的游客一定会和这张画合影，画框里略微抽象的画家和画框外真实的人，构成了一种深远的对比，梵高一直试图用画作揭示这种关系。

这是梵高的画作中难得的"清淡派"，画的颜色不浓烈，画家的面孔消瘦，眼圈带黑，面露不安，眼睛、鼻子和嘴唇都使用了硬朗的线条，使他又带着一丝不愿妥协的桀骜。主色调清淡的绿色和梵高如火一般的橙色头发、胡须形成了鲜明对比，这是典型的梵高风格。人物背后没有具体背景，只有一圈又一圈的漩涡，似乎在暗示画家正沉浸在内心的漩涡中不可自拔。

此外，这里还有安格尔的著名画作《泉》，这幅画是安格尔的最高杰作。安格尔喜欢用人体表现水流，画中的少女身材匀称，容貌端庄，以自然的动作将水罐捧到肩膀，丝毫不做作，那水罐里正流出不竭的泉水，象征着永恒的青春和生命。安格尔为这幅画做了几十年准备，画作甫一诞生，就引起疯抢，有五位大富翁争着购买，可见这幅画的无穷魅力。

法国政府建造奥赛博物馆的主要目的，是给过渡时期的艺术品们找一个合适的"家"。古典类的艺术品大多在卢浮宫，现代类的艺术品在蓬皮杜文化中心，奥赛的藏品包括现实主义、印象主义、象征主义、分离主义等等作品，这些作品或奇特、或不合规矩，都有强烈的探索意识，体现了艺术家们不拘一格的创造力。也可以说，奥赛是法国艺术气息最浓的博物馆。在巴黎，想要系统地了解法国艺术，就要把"卢浮宫—奥赛—蓬皮杜"这个线路走上一回，才称得上完整。

罗马梵蒂冈博物馆

梵蒂冈，一个只有44万平方米的小国，四面都与意大利接壤，被称为"国中之国"。这个小国是世界天主教的中心，持有巨额财富，具有巨大的政治影响力。在这片国土上，有一座举世闻名的博物馆，它占地面积不大，不足6平方千米。它藏有数不清的稀世文宝，它就是梵蒂冈博物馆。

来到梵蒂冈博物馆，首先要看的当然是米开朗基罗和拉斐尔的作品。这里有著名的《创世纪》和拉斐尔画室，每一个稍稍知道西方美术知识的人，都知道它们的意义。

《创世纪》绘制在西斯廷礼拜堂的穹顶，是一组连续九幅的大型画作，还有众多装饰画，画家以巨大的创造力描绘了神分光暗、神造世界、创造亚当、创造夏娃、原罪、大洪水等著名的《圣经》片段，作品场面宏大，人物造型体现了恢弘的力度，画面人物有300多个，体现了米开朗基罗的艺术追求，这位以雕刻为主业的画家，在绘画上同样表现出高水准，他代表力量，代表壮阔，也代表神圣。

这种力量创造的场景有震撼人心的感染力，画家也为此付出了健康的代价。他必须爬到高高的台架上，"胡子向着天，头颅弯向着肩"，以仰卧的姿势作画，颜料从穹顶滴下来，他每天都花着脸，后背也弯成弓形。也只有米开朗基罗这种意志坚强的人，才能完成这幅伟大的作品。此外，《最后的审判》也是他的代表作，同样具有顶尖的艺术价值。

文艺复兴三杰：达·芬奇是慈祥平和的老者，米开朗基罗暴躁、难以接触，拉斐尔却是个温和的人。拉斐尔处事周全，得到教皇和贵族们的喜爱，因此一直在梵蒂冈的教堂作画。这里有四个连贯的房间，里边都是拉斐尔的画作，因此被称为"拉斐尔画室"。想要全面了解拉斐尔的艺术，就必须了解这四间画室。

画室的墙壁上有拉斐尔留下的各种题材的壁画，其中最著名的一幅是《雅典学院》。绘制这件作品时，拉斐尔只有25岁，他以哲学为题材，以古代"自由七义"（语法、修辞、逻辑、数学、几何、音乐、天文）为基础，让古希腊的众多哲人在画中齐聚一堂，柏拉图和亚里士多德在中心位置，正在讨论问题，还有苏格拉底、伊壁鸠鲁、毕达哥拉斯、阿基米德等古希腊大师，拉斐尔把自己也画在画中，以表达自己对人类智慧的崇拜。

被誉为"世界最完美的雕塑"的《拉奥孔》是博物馆的镇馆之宝之一，

这组大理石群雕又名"拉奥孔和他的儿子们",高约184厘米,出自著名希腊雕塑家阿格桑德罗斯。拉奥孔是希腊神话中的著名人物,他曾警告特洛伊人不要接受希腊人的巨大木马,那会给特洛伊带来灭顶之灾。正当他准备投掷长矛毁掉木马时,希望特洛伊人失败的神从天空掷下两条大蛇,紧紧地缠住了拉奥孔和他的两个儿子,父子三人悲惨地死去。

人物的身体被巨蛇缠绕,表情痛苦却仍然抗争,象征着命运与人的无情关系。它也揭示了一种古希腊式的悲观:人无法摆脱命运。但人的高贵之处就在于对命运的抗争,拉奥孔扼住巨蛇,正体现了这种悲壮的英雄气概。在艺术上,这组人物动作、表情相互呼应,身体扭曲的线条相互协调,身体比例极其准确,特别是人物惊恐的表情,像是正在发出惨烈的呼声,让观者同情不已。这种巨大的艺术表现力,也体现了古希腊雕刻艺术的纯熟精湛,难怪这件作品在1506年出土时,连米开朗基罗都赞叹不已,连说"不可思议"。

收藏了历代教皇的收藏珍品的梵蒂冈博物馆,可不止有伟大的绘画作品,要知道,在很长一段历史时期,罗马教皇是欧洲最有势力的人,他们的藏品都是顶级的。这里还有亚平宁半岛的早期艺术品,有来自埃及的木乃伊、来自希腊的著名雕塑、精美的挂毯、华丽的马赛克拼画、带着古老气息的地图、教皇们的塑像和画像……这里也可以称为欧洲最贵的博物馆之一,不但门票费用占据欧洲各个博物馆前列,排队的时间也一样!

土耳其托普卡比博物馆

1453年，拜占庭帝国的首都君士坦丁堡被奥斯曼帝国的军队占领，拜占庭帝国灭亡，这座城市改名为伊斯坦布尔。21岁的穆罕默德二世在这里修建了一座王宫，叫作托普卡比宫。这里三面环海，地势险要，是奥斯曼土耳其帝国的政治中心。在几百年的时间里，王宫由木结构改为砖石建筑，不断扩建，直至占地达到70万平方米。奥斯曼土耳其帝国垄断了中西方交通要道，成为显赫的大帝国，奇珍异宝不断被搜罗到宫中。

时光荏苒，1922年，苏丹制被废除，最后一任苏丹离开土耳其。次年，土耳其共和国成立，昔日金碧辉煌的王宫变成了国有财产。不过，它并没有立刻成为公开的博物馆，直到1991年，它才打开神秘的大门迎接好奇的游客。当人们走进这座迷宫般的宫殿，走进苏丹的谒见室，走进绿树环绕的庭院，走进巨大的餐厅，走进昔日嫔妃们生活的后宫，无不被那奢华的装饰和丰富的宝藏震撼。

这间博物馆的收藏品十分丰富，也十分有特色，除了迷人的奥斯曼风情的王宫可以观看，这里还收藏了珍贵的宝石、金银器皿和陶瓷、皇室服装和器物、中世纪的绘画书籍，以及奥斯曼土耳其帝国历年的战利品、各国进贡的贡品，总之，全都是奇珍异宝。博物馆主要分为瓷器馆、土耳其国宝馆、苏丹服饰馆、古代刺绣馆、古代武器馆等等。

这座博物馆收集了8.6万件文物，其中有超过两万件的瓷器，这些瓷器大多来自中国，也有少量来自日本等地。除了中国，这里是世界上最大的中国瓷器收藏地，收藏的瓷器从宋朝到清朝，应有尽有。奥斯曼土耳其王室对中国瓷器的喜爱持续了几百年，他们平时使用这些瓷器，招待客人时就拿出更珍贵的瓷器，而且，瓷器上还要写上主人的名字，这种热情，恐怕连中国人都要自叹弗如。

但是，这里的瓷器又和中国人熟悉的瓷器不太一样，它们实在太大了！大盘子，大碗，大瓶子，全部都是超大尺寸，像是巨人吃饭使用的。这是因为土耳其人喜欢很多人聚在一起吃饭，所以，他们的厨房大，餐具也大。这里有一只瓷碗还写着苏东坡的《赤壁赋》，并且是全文！还配了苏东坡游赤壁的中国画，这样的盘子绝对价值不菲。

大型瓷器并不常见，瓷器本身易碎，在烧制过程中，大件物品更易变形坍塌，这使得工艺难度大增。何况，中国人使用的器具并不大。那么，在土耳其皇宫里为什么会有这么多大型中国瓷器呢？原来，奥斯曼帝国和中国有长期的贸易往来，这些瓷器都是他们专门定制的"出口货物"，难怪在中国很少看见的东西，在土耳其皇宫里却成了寻常物件！

土耳其是个政教合一的国家，信奉伊斯兰教，所以，在这座宫殿的中央，有一座圣物室，里边放着属于伊斯兰教先知穆罕默德的物品，这恐怕也是这个博物馆最重要的宝物。

奥斯曼土耳其帝国在鼎盛时期曾地跨亚欧非三国，并融合了东西方文化。但这个帝国没有在大航海时代及时向外发展，渐渐被英法俄等国超越。第一次世界大战后，奥斯曼土耳其帝国解体。后来，凯末尔领导土耳其人起义，建立土耳其共和国，曾经辉煌了五个多世纪的大帝国烟消云散，只留下这座庞大的皇宫供后人参观、凭吊。

伊朗国家博物馆

伊朗最大的博物馆位于首都德黑兰,这座城市拥有清真寺、基督教堂、犹太教堂、波斯古老的琐罗亚斯德教神庙,以及众多现代化高楼,反映了这一地区的历史变迁。而伊朗文明其实属于两河流域文明,这又增加了伊朗文化的古老性和复杂性。最能体现这种丰富性的地方,当属收藏了远古至现代藏品的伊朗国家博物馆。

这座博物馆位于德黑兰市中心,离著名的古列斯坦皇宫(又称"玫瑰宫")仅有1公里距离。博物馆的大门也有波斯萨珊王朝风格。这座博物馆建于1916年,此后不断扩建,到了20世纪末,面积已经达到1万平方米,拥有30多万件藏品,涵盖伊朗各个历史时期的文物,包括绘画、漆器、钱币、书籍、地毯、陶器等多种种类,集考古和收藏于一身,是世界著名的大型博物馆之一。

走进这座博物馆,同样是一次时空之旅,人们首先来到了久远的石器时代,看到年龄超过7000岁的古老陶器。和许多地区的早期艺术品一样,人们用花纹装饰器皿,这些古老花纹大多呈块状,局部又很精细,隐隐看得到后来的波斯风格。

除了生活用的陶器,还有两个部分值得仔细看。一类是男人们用的武器,这些武器大多是金属制造,锈迹斑斑,但从形状上可以看到当年的威慑力,可见波斯是一个好武的民族;还有一类是女人们的装饰物,有头环、手镯、耳环、簪子、项链等等，上面雕着精致的花纹或动物，可见波斯美女们非常注意自己的仪态。

让人惊讶的是，这里也有一座《汉谟拉比法典》的石碑，它不是应该在卢浮宫吗？仔细看，原来这是一件复制品。这件复制品背后又有一段历史：石碑原本属于巴比伦，后来波斯人攻占了巴比伦，把石碑夺回本国当作战利品。后来，又被法国人搬到了卢浮宫。现在的伊朗人只能在自己的博物馆里放一个复制品——虽然这石碑本就不属于他们。

这座博物馆的重点文物是一本用波斯文抄录的《古兰经》。这件文物既体现了波斯人的信仰，也体现了他们的高超工艺。波斯人是伊朗人的主体，信仰伊斯兰教，奉《古兰经》为经典。所谓"抄录"，并不是用笔墨将经文抄写在纸上，而是用彩色的动物毛，将文字绣在动物皮上，这样的工艺，使整本书异常精美。

但是，伊朗人又不愿被纳入伊斯兰世界——在那里，阿拉伯文化占据主导地位。伊朗人最骄傲的是本国的波斯文化，他们的居鲁士大帝曾建立波斯帝国，他们拥有灿烂的文明，曾经有人建议将"波斯湾"改名为"阿拉伯湾"，从而引起了伊朗人的愤怒。而且，他们和阿拉伯人的关系十分紧张。

博物馆内宏伟的石雕，诉说了波斯帝国的辉煌历史。这些石雕种类繁多，不论浮雕还是立体雕刻，不论人物还是动物，不论场景还是抽象符号，都十分精美。波斯人的人物像也有显著特点，就是男子的胡子总是一个小圈又一个小圈，头发也一样。后来，萨珊王朝灭亡，波斯进入了伊斯兰时代，伊斯兰文化与波斯本土文化结合，创造出了另一种艺术样貌，这种艺术具有伊斯兰的风格，却又和阿拉伯文化截然不同——因为它仍然根植于古老的波斯。

作为一个国家博物馆，这座博物馆并不大，布局也很简单，但因为藏品的丰富和年代的完整，仍然是了解波斯文明和伊朗文化的首选之地。走出博物馆，还可以去附近的玫瑰宫或者国家珠宝博物馆看一看，在珠宝博物馆里有多件皇家首饰，这里有一颗被称为"光之川"的钻石，是世界上最古老的钻石之一，它原本属于印度莫卧儿王朝的末代皇帝，后来被伊朗人抢来，镶嵌在国王的王冠上。它的光彩，足以让人一饱眼福。

德国柏林博物馆岛

下面要介绍的博物馆非同一般，本书中的博物馆或是一栋现代化建筑，或是一座古老的皇宫，而位于德国首都柏林市中心的这座博物馆，是由五座博物馆共同组成的一个小岛，因此被称为"博物馆岛"，这五间博物馆分别修建在不同的历史时期，风格各异，却又相互呼应，浑然一体。再加上小岛上绿树环绕，又有施普雷河流过，风景优美，更显别具一格。这座小岛原本名不见经传，因为这些博物馆的"入住"，如今已经成了世界上最著名的小岛之一，汇集了极其丰富的人类文明遗产。这个小岛包括以下五个部分。

柏林博物馆，又称老柏林博物馆，是岛上第一座博物馆，建于1830年。当时柏林处在普鲁士公国的统治下，由普鲁士大公批准建立这个旨在提高大众艺术水平的博物馆。所以，它又称作皇家博物馆，具有一定的宫廷气息。它主要收藏来自古希腊和古罗马的文物。比起英、法等国收藏的古希腊、罗马精品，这座博物馆的收藏相对逊色，但博物馆建筑宏伟，文物的摆放间隔合理，烘托出一种庄严的古典气氛，很值得一看。

柏林新博物馆，建于1859年，这里主要展出古代藏品，特别是来自埃及的藏品。这座博物馆在二战时被轰炸，藏品被转移，建筑却面目全非。因为东德政府没有财力修缮它，这座博物馆几乎退出了历史舞台。直到两德统一，德国政府才斥巨资重建。它"休假"了整整70年，终于又一次开门迎接客人。

这座博物馆里最重要的藏品，我们在之前的章节里提到过，是那尊有"埃及第一美女"之称的纳芙蒂蒂的半身像。如今她还被称为"柏林最美丽女子"，可见这位埃及美人容颜永驻，流芳万年。在这里还可以欣赏到从古希腊、罗马时期到19世纪的艺术品。

老国家画廊，建于1876年。这座博物馆外观为希腊式，主要收藏从法国大革命到第一次世界大战时期的艺术品，包括不少杰出的油画。馆中藏品的命运颇为坎坷。二战中，为了躲避盟军的轰炸，藏品被转移到防空洞。等到二战结束，德国被分为东德和西德，柏林也被一分为二，这座博物馆被分到东德，而藏品却在西德这一边，直到德国统一，它们才回到自己的"老家"里，供人们参观。

这座博物馆的镇馆之宝当属德国画家卡斯帕·大卫·弗里德里希的《海边修士》。我们在冬宫曾经欣赏过这位画家的作品，现在，到了他的"老家"，可以看到这位德国最著名的浪漫主义画家的代表作。在弗里德里希的画中，不论自然、建筑还是人物，都有一种神秘的孤独感。这幅《海边修士》更将这种感觉发挥到了极致。一个人站在沙滩上，他前面是暗色的海洋，广阔又压抑的天空，处处透露着寂寞，让观者在一瞬间就能体会到人的渺小和孤单的处境。这是一幅忧郁的画。

另一幅名画《腓特烈大帝在无忧宫演奏长笛》，由著名画家阿道夫·冯·门采尔创作。画面中的无忧宫被水晶吊灯上的蜡烛照亮，十分华美。穿着华丽礼服的贵族们或坐或站，正在听皇帝演奏长笛，几位乐师正在一旁伴奏。这幅画描绘了普鲁士的宫廷生活。

画中的腓特烈大帝也是个传奇人物，他是一个出色的政治家和军事家，通过一系列战争和政策，极大地提高了普鲁士国力，为普鲁士统一德国奠定了基础。他还是一个音乐爱好者，喜欢作曲和长笛，他还亲自设计了无忧宫。据说他每天下午都要在无忧宫演奏长笛，宫廷上下不得不恭敬地聆听。这幅画记录的就是这个场景。这位皇帝认为自己是个音乐天才，但他的演奏实在不够美妙，以致画中人看上去听得很入迷，却没有陶醉在音乐里的那种喜悦感，看来门采尔是个诚实的艺术家。

博德博物馆，建于1904年。从外观上看，博德博物馆是一座小小的宫殿，但这里却收藏了将近50万枚各式硬币！你可以看到古希腊、古罗马、欧洲各国甚至亚洲地区的原始货币，是一个种类齐全的硬币博物馆。此外，这里还收藏了1700多件雕塑作品，还有一些来自拜占庭时期的艺术品。总的来说，它的特色就是"硬币+雕塑"。

佩加蒙博物馆，建于1930年。这是五座博物馆中最独特的一座，它收藏的是"建筑"。起初，这里为收藏来自希腊罗马时期的"佩加蒙祭坛"而建造，也因此得名。后来，它收藏了越来越多的建筑物，在这里，能看到一整面墙壁、一整个房间、一条大街、一个完整的城门这样宏大的艺术品，绝对是大手笔。当然，这里也少不了来自苏美尔、亚述、巴比伦、伊斯兰、远东地区的文物展品。

这座博物馆最重要的收藏就是佩加蒙祭坛。1878年，德国考古学家在古城佩加蒙进行发掘，这座城市当时属于土耳其，考古学家们设法得到政府的同意，将出土神殿的大量残片运回德国，并为此建了一座博物馆，再按照祭坛原样进行拼接，复原了这座巍峨的祭坛。祭坛底基是一圈长达130米的浮雕，描绘了希腊神话中奥林匹斯山的12位主神的故事。馆内还有很多来自佩加蒙遗迹的文物，体现了希腊艺术的精妙。

这座博物馆不只有希腊祭坛，还有巴比伦城的伊什塔尔城门，这是新巴比伦城的北门，高14米，宽30米，城墙上装饰着彩色玻璃拼起的动物浮雕，博物馆还复原了一条大道，让人们可以感受到公元前6世纪巴比伦帝国的风采。不得不说，在复原古建筑方面，佩加蒙博物馆走在世界前列，它的做法值得其他博物馆借鉴。

五座博物馆各具特色，想要仔细参观需要大量时间，倘若行程紧张，可以只挑最重要的部分欣赏。其中，佩加蒙博物馆绝对不容错过。目前这个小岛还在不断地发展，2003年，博物馆岛又一次经过修复和重建，出现了詹姆斯·西蒙画廊，并成为整个小岛的中央入口。在未来，它还会有更多的创新，它已经是世界一流的博物馆，还在向更高的目标努力。

佛罗伦萨乌菲兹美术馆

1559年，意大利佛罗伦萨建了一座叫"乌菲兹"的宫殿，隔着一条阿诺河和一座风雨桥，就是统治佛罗伦萨的美第奇家族居住的皮提宫。美第奇家族成员大多酷爱艺术，他们大力扶植艺术家，因此佛罗伦萨成了文艺复兴时期的艺术中心之一。美第奇家把他们收藏的艺术珍品放进乌菲兹宫。1581年，乌菲兹宫对公众开放；1765年，在扩展原展室的基础上，正式对外开放。美第奇家族没落后，将这座宫殿赠给佛罗伦萨政府，这座美术馆从此成了公共财富。

说到西方文明，不能不说文艺复兴。文艺复兴是西方近代化的开始，是西方人觉醒的开始，这一时期产生了无数伟大作品。佛罗伦萨作为当时的艺术中心之一，保留了大量珍贵的美术品。可以说，想要了解全面纯正的文艺复兴历史，就要去佛罗伦萨的乌菲兹美术馆看看，去意大利不去这座美术馆，相当于去法国不去卢浮宫。

这间美术馆共有46间展室，藏品多达10万件，包括文艺复兴美术三杰的绘画，还有波提切利、丁托列托、提香、卡拉瓦乔、伦勃朗、鲁本斯等大师的作品，以及来自古希腊、罗马的雕塑，还有版画、素描、陶瓷等藏品，它是一座记录了文艺复兴的文艺历程的宝库，是一流的艺术博物馆。在这里，你能看到最纯粹的美。

波提切利的两幅油画是这座美术馆的镇馆之宝。波提切利是土生土长的佛罗伦萨人，也是意大利肖像画的先驱。他笔下的人物典雅秀丽，洋溢着浓烈的人文主义情怀。后来，他的名声因为政治原因下滑，晚年贫困潦倒，在寂寞中死去。但他的画作却给后来的画家们以极大的启示。下面这两幅作品是他最杰出的作品，也是乌菲兹美术馆的镇馆之宝。

《维纳斯的诞生》。维纳斯是罗马神话中的爱神，传说她在泡沫里诞生，在阳光中，一堆虚幻的泡沫里诞生了世界上最美丽的女神，如此充满哲学和美学意味的一幕，不知激起了多少艺术家的创作热情。而这个题材的最著名作品，就出自波提切利之手。许多即使对美术一窍不通的人，也看过这张维纳斯站在贝壳上的图画。

画面中，维纳斯女神踩着贝壳在海中浮现，风神将她吹到岸边，春神匆匆忙忙赶来，手中拿着一件华丽的长袍，想要遮住维纳斯的身体。秀丽的花瓣在空中洒落，增加了画面的美感。女神面容美丽又带一丝迷茫，身体丰满却显得柔弱，她不安地看着眼前的一切，柔软的金发随风飘起，更增加了她的惆怅。

《春》。在一个充满花草树木的迷人花园中，负责通风报信的墨丘利在画的最左侧，似乎在通知春天已经到来；美惠三女神在他旁边跳起了舞；爱与美的女神维纳斯位于画面中央看着这一切；她的头顶是拉开弓箭的小爱神丘比特，他用布蒙上眼睛，不知想要射向谁；画面的右边，端庄的春神款步而来，她头戴花环，穿着一件缀满花朵的衣服，双手抓起长裙，裙子上放满花朵；画的最右侧，西风之神抓住了森林女神，西风之神的皮肤呈现一种可怕的青蓝色，又给这张欢乐的画带来了一点不安。

这是画家心中的春天，头顶上有果树，脚下绿草如茵，有朵朵鲜花，远处有树的影子，爱情与美丽在春天孕育，也带着激情懵懂的不安感。这幅画显示出波提切利人物画的优点，人物面目秀美，姿态端庄，表情和动作有戏剧性——每个人物都沉浸在春天，有各自的独特感受，有人欢乐，有人迷惑，有人安详，有人恐慌，在春天，每个人有每个人的心事。

对这幅著名画作，还有另外一个理解方式，有人统计过，画面上的花超过500朵，这些花可不是随便画上去的摆设，它们分属170多个品种，也就是说，波提切利把他能看到、能想到的花全都画了上去，这幅画简直可以当作一张鲜花图谱——当然，没有多少人会注意到这一点，大概只有植物学家和植物爱好者才能一一说出它们的名字吧。

这间美术馆的名画实在太多了，作为文艺复兴作品的主要收藏处，当然少不了拉斐尔的《西其印廷圣母》，少不了达·芬奇带着神秘感的人物，这里还有米开朗基罗的一幅油画，擅长雕塑的大师的木板油画是什么样子？他将圣约瑟、圣母玛利亚和小耶稣描绘成了最普通的世俗人物，整个画面洋溢着家庭的温情，没有丝毫天堂的味道，可见大师的不同凡响。

想要更好地参观这座美术馆，最好事先做一些功课，了解那些文艺复兴时期的美术大师们的生平和艺术特点，才能更好地欣赏他们陈列于此的作品。当然，即使一个不了解美术的人，也能在无数的名画中，得到视觉的享受和美的熏陶。它会让任何人感到不虚此行。

西班牙普拉多美术馆

想要了解西班牙艺术，普拉多美术馆是首选！

这座博物馆位于西班牙首都马德里，因著名的普拉多林荫道而得名。在 18 世纪末，西班牙想要建一座自然科学博物馆，就在博物馆即将竣工的时候，拿破仑的军队攻入西班牙，博物馆成了兵营，西班牙的大量艺术品外流，博物馆的设计师也去世。直到 1819 年，西班牙的费尔南多七世和他的王妃决定将这里建成一座美术馆。

1819 年，普拉多美术馆开张，主要展览皇室收藏的美术品。自从新航道开辟后，大量金银涌入西班牙国内，西班牙王室有了钱，购置了不少艺术精品。此外，不断有收藏家捐赠艺术品，使馆内藏品越来越丰富。1868 年，随着伊莎贝拉二世宣布退位，属于国王的美术馆也成了公有财产。美术馆不断向社会征集艺术品。

美术馆的藏品约有 3 万件，作为一个国家级美术馆，这个数字似乎缺乏说服力，但去过这座美术馆就知道，浓缩的都是精华，品质好才是真的好。这里的藏品都是精品！这里不但有西班牙各个时期的绘画，还有雕塑、家具、挂毯、徽章、钱币、彩色玻璃、珠宝等工艺品，最主要的藏品当然是大师们的绘画，约有 8600 幅，从中世纪到文艺复兴、古典主义、浪漫主义、印象画派再到抽象派，异彩纷呈。也因此，这里的很多美术作品都达到了镇馆之宝级别。

《宫娥》。文艺复兴后期西班牙最伟大的画家委拉斯开兹的代表作，他也是西班牙最伟大的肖像画家。这位天才画家自尊心极强，曾有人嘲笑他："委拉斯开兹只会画人头！"画家立刻说："过奖，你应该知道在西班牙还从未有人画好过人头！""只会画人头"这种评价当然不对，从《宫娥》这幅画中就能看出，委拉斯开兹不但人物画得好，运用光线的能力，组合色彩的能力，构思场景的能力，还有绘画的独创性都是一流的。

这张画描绘了一个生动而有生活感的场景：画家正在画室里为国王夫妇画像，突然，他们的小女儿走进了画室，场面一下子混乱起来，宫里的侍女为小公主奉上点心，另一位侍女对她行礼，公主身后还跟着随从，画面里还有一只狗。门是敞开的，门外站了一个士兵。而国王和王后的容貌出现在镜子中，显示他们的位置在视角之外。

这是风俗画的画法，但这种生活属于王宫，因此，所有人物都带有王宫的气质。小公主穿着华丽的衣服，姿态端庄，但面色十分倨傲，看上去是个任性的小女孩，她对侍女们的殷勤视而不见。侍女和随从们有些诚惶诚恐，每个人的脸色都有些压抑，就连那只狗都显得沉闷，画家也没什么精神，看来富贵的皇宫生活并没有给他们带来快乐。

画家准确地捕捉了宫廷的气氛，画面显得十分真实。这种真实既来自构图的合理，也来自对细节的追求。画家面前摆放着巨大的画板，墙壁上悬挂着大大小小的画作，每个人物的服装和装饰，都像是在还原当时的场景。

这幅画还显示出画家的大胆——把国王和王后的头像放在不显著的位置，反而以小公主和侍女作为画面中心，这可不是一般艺术家有胆子做的。不过，他也不是"一般的"艺术家，而是当时的国王腓力四世最宠爱的宫廷画家。据说，当国王看到委拉斯开兹为自己画的肖像画，立刻从墙上摘掉其他画家为他画的画像，从此只让委拉斯开兹为他画像。他还出资让委拉斯开兹去意大利更好地学习绘画。

除了委拉斯开兹，这里还有提香、戈雅、博斯、鲁本斯、格列柯等人的大作，需要特别推荐的是尼德兰画家博斯的《人间乐园三联画》，这位生于15世纪的画家，展现了非凡的想象力，画出了令超现实主义画家们都自愧不如的前卫作品。

普拉多美术馆还与一位绘画大师有很深的渊源，他就是毕加索。毕加索是现代艺术的创始人，他从小就显出了过人的美术天赋，但他的天才并不被身边的人了解。后来，他到了马德里，经常在普拉多美术馆观看大师们的作品，给了他极大的艺术启发。更让他想不到的是，再后来，他竟然成了这座美术馆的名誉馆长。当时的西班牙处在佛朗哥政权的统治下，毕加索反对法西斯统治，一面用画笔揭露佛朗哥的反动面目，一面保护馆内的艺术珍品。在此期间，他创作了名画《格尔尼卡》。不过，这幅画并没有存放在普拉多，而是放在附近的索菲亚王妃美术馆。

如今，普拉多美术馆依然是艺术家门吸取灵感的宝库，这里高品质的收藏让所有热爱艺术的人，更能体会到艺术的可贵。同时，它也在进一步完善自己的设备和服务，让所有来这里的人都得到艺术的享受。

荷兰国立博物馆

荷兰国立博物馆，位于荷兰首都阿姆斯特丹，它的名字其实是阿姆斯特丹皇家博物馆。它也是荷兰最大的一座博物馆。不要小看这个"最大"，在荷兰，有至少1000座各类博物馆，荷兰的国土面积并不大，却有如此丰富的文化场所，可见这个国家对文化的重视。从这么多博物馆里得到"最大"的地位，荷兰国立博物馆肯定不简单。

从17世纪开始，荷兰进入鼎盛时期，伴随着海上冒险和东印度公司的建立，荷兰的国力大为增强，大批艺术品在这个时候流入荷兰。1798年，国立博物馆建立，并于1800年对公众开放。这座博物馆原本在一座皇宫内，后来经过两次搬迁，到了现在的地址。这是一座具有哥特风格的19世纪建筑，经过不断修缮，博物馆保持了它华丽的外观，同时不断更新内部设施，使它更能接纳新时代的游客。

国立博物馆致力于收集荷兰艺术品，共有80个展厅，陈列从史前时代到现代的文物。展品种类多种多样，绘画、珠宝、陶瓷、服装、家具、银器、钟表、玻璃制品……它们既是历史的见证，又有独特的艺术性，给人以全面的历史知识和艺术享受。这也许是因为博物馆的一大功能就是公众教育。这座博物馆除了1月1日闭馆，全年开放，门票价格也很优惠，为的是真正造福大众。

该馆的镇馆之宝是前文提到过的伦勃朗著名作品《夜巡》。伦勃朗是荷兰历史上最伟大的画家，也是世界最一流画家之一，他的作品是这座博物馆的重点文物，而《夜巡》是重点中的重点。这幅杰作导致了画家后半生的不幸生活，却是人类美术史上不可多得的精品，让我们来仔细观赏一番。

这幅画画的是一个连队的士兵们正要出巡，这个连队的任务是守卫阿姆斯特丹，画家为这 16 个人设计了一个戏剧性场面，这群人像是突然接到了重要的任务，两个队长沉着地讨论对策，士兵们各有行动，有的手中持着长枪，有的挥舞着旗帜，有的在慷慨激昂地说着什么。在人群里，还有个着色非常明亮的小女孩，她出现在这个场合有些突兀，却给画面带来了真正的亮色，让画作更值得人们思考，也有人说，这个明亮美丽的女孩象征了胜利和真理。

在这幅画中，伦勃朗表现出高超的色彩处理能力和光暗表现能力，这些人物或在光线下，或在阴影中，形成强烈对比，并留出了大片空白，给人以想象余地。显然，这种构图是画家深思熟虑的结果，它主次分明，错落有致。每一个人物的服饰和神态都符合他的身份，带着强烈的现实感。

关于这幅画还有一件趣事，这幅画看上去黑黝黝的，似乎是晚上，其实，伦勃朗画的是白天，只因画面长期被烟熏变黑，才被人们叫做"夜巡"。当时，没有人理解这幅画的价值，现在它却成了举世皆知的真品，可见历史是公正的，真正的杰作会随着时间显出它的价值。

在这座博物馆，当然不能只看伦勃朗，很多荷兰画家的画作都在这里得到展示，例如荷兰人梵高——不过，他在老家最大的博物馆里的作品很少，他的作品大多存放在梵高博物馆，这座博物馆也在阿姆斯特丹。但这里还有和梵高、伦勃朗齐名的维梅尔的作品，也值得仔细观看。

除了画作，这座博物馆的藏品让人眼花缭乱，刚刚还在为精美奢华的银器着迷，转眼又被童趣温馨的娃娃屋逗笑，还有高大的彩绘玻璃供人参观。参观结束，还可以在外面的大花园散散步，放松一下身心。如果还有精神，阿姆斯特丹还有梵高博物馆、伦勃朗故居、荷兰性博物馆等各具特色的地方等待着你，甚至还有手提袋博物馆、奶酪博物馆、殡仪博物馆这样奇特的地方，让你不得不惊叹荷兰博物馆的丰富和有趣！

丹麦国家博物馆

提到丹麦，首先想到自然是享誉世界的童话家安徒生。人们去首都哥本哈根旅游，首先要看的就是哥本哈根海边的美人鱼雕像。离这座雕像不到3公里的地方，还有一个游人必到的地点——想要了解丹麦的历史，想要亲眼看看北欧人的生活，你一定要去丹麦国家博物馆。

丹麦国家博物馆是丹麦最大的博物馆，位于哥本哈根中心，是一座建于1744年的洛可可式宫殿。这座博物馆完整地展示了北欧强国丹麦的发展历史，从1.5万年前的史前时期，到维京海盗入侵欧洲的时期，再到我们所处的时代，这座博物馆是一部立体的、全面的丹麦史，可以看到丹麦生活的方方面面。

这里有各个年代的文物，有原始人使用的工具，有丹麦海盗的武器和船只，有丹麦人在各个历史阶段使用的钱币、穿的衣服、用的家具、创作的艺术品。这里最重要的藏品是史前文物，这是一个民族最独特、最不能忘记的记忆。

这里还收集了欧洲各个时期的文物，以及许多东方文物。古埃及文物和古巴比伦文物是外国文物中的重要部分，还能看到来自中国陶瓷。这座博物馆的收藏触角甚至到了北极圈，可以看到是爱斯基摩人留下的文物。

这座博物馆最有名的藏品，是一辆黄金太阳战车。从这件作品和同一时期的很多文物上，我们能看到北欧文明与欧洲其他地区文明的不同之处。在丹麦人的历史中，和战争相关的东西占有很大比例，从远古时代就有锋利的石头武器，到各种短剑长剑，再到战车、战船，丹麦人不但需要和自己人争夺生存资源，还要通过航海入侵欧洲其他国家，掠夺它们的财富。这是因为丹麦地处寒带，气候不好，自然资源有限，为了生存，他们必须使用武力掠夺。

随着丹麦的发展，这里产生了有自己特色的艺术，特别是思想界，产生了影响世界的哲学家克尔凯郭尔；在文学上，有最富盛名的安徒生……现在，丹麦的福利水平位居世界前列，这里没有贫富悬殊，居民幸福指数超高，人民生活安乐。在丹麦国家博物馆的历史回顾中，我们更能体会丹麦社会发展的脉络。

走出国家博物馆，哥本哈根还有许多值得一去的地方，城堡、教堂、喷泉、港口……如果想要更多地欣赏丹麦王室的珍品，想要更好地了解丹麦历史，不妨坐上火车，去丹麦历史博物馆看一看，那是一座美轮美奂的宫殿，一定能满足你的好奇心。

东京国立博物馆

"上野的樱花烂漫的时节，望去确也像绯红的轻云……"这是鲁迅先生在散文里写到的上野公园。不论樱花开不开放，到东京的游客都会去上野公园，因为日本最大的博物馆——东京国立博物馆就在上野公园的北端。博物馆占地超过10万平方米，约有11万藏品，主要包括日本文物、工艺品和美术品。

博物馆的一部分建筑建于日本明治年间，本身就是有上百年历史的文物，主馆则建于20世纪，专门展出日本文物。此外还有东洋馆、平成馆和法隆寺宝物馆，后者主要展示日本奈良时代法隆寺的宝物。博物馆在1872年就已经对外开放，是日本第一座博物馆。

东京国立博物馆有四大镇馆之宝，包含了丰富的日本文化信息，揭示了日本人的信仰、审美情趣和艺术爱好，是游览此地的必看之物。这四件文物是《普贤菩萨像》《松林图屏风》《印可状》和《竹斋读书图》。

《普贤菩萨像》，是日本平安时代的一幅佛像画，绘于12世纪，距今900多年。这幅画有极强的和风特征，人物的描画注重神态，眉眼细致，嘴唇红润，服装色彩艳丽，在后来的日本美人图上，这种风格一再加强。画中的普贤菩萨骑着白象，在花雨中缓缓降落，菩萨双手合十，趺坐莲台，头上、身上的装饰十分华丽，那只白象被彩色的织物和璎珞覆盖，象鼻子持一只红莲，它的眼睛却显得有些俏皮。这也是日本画中大象的特点。

在这幅画中，菩萨和大象身体都用白色涂画，轮廓则用墨线，并用朱红色加以晕染。在装饰物上贴着小片的金箔，显得华贵而细致。注意观察这位菩萨的发型，不像我们常常看到的印度装饰，很有日本风格，可见这幅画是佛教文化与日本文化融合的产物。日本人擅长将外来文化融进本国传统，形成独特的风格。不论佛教、书法、绘画、茶道、衣着、器具、文学……都在吸收之后加以独创，这是日本文化的长处。

《松林屏风图》，作者长谷川等伯，是日本16世纪著名画家。他精研中国山水画与日本传统画，从中吸收营养，自成一家，使山水画成为日本绘画的一个派别。这位画家十分奇特，他有两种截然不同的作画风格：一种雄奇豪放，一种枯淡简洁。《松林屏风图》就是后者的代表，也是日本国宝级文物。

这幅画画在两扇屏风之上，使用水墨着色，初看十分缥缈，细看有一种寂静感。画上只有松树、雪山和缥缈的雾气，松树和雪山比例不大，屏风的大部分都被雾气所笼罩，这种雾似乎是冬天的浓雾，仿佛也要把屏风外面的人包围，让人越看越远，愈发能体味那一瞬间的寂灭清冷。

不了解日本文化的人，大概不能理解这幅画为何有如此高的地位，甚至觉得画得有些枯燥。日本艺术家常在作品中追求一种幽寂境界，他们认为艺术应该能让人忘记现实，进入这一境界。《松林屏风画》做到了这一点。人们能够在那绵延的松林和山势中，体会到画者想要传达的寂静。人生也常常如在浓雾之中，隐隐现出形状。

《印可状》，作者原籍中国，是宋代高僧圜悟克勤写给他的弟子虎丘绍隆的印可。印可，是指禅宗认可修行者的参悟后下发的证明，表示这位修行者可以从事法事活动。这封书信只有前半部分，高僧介绍了禅由印度传入中国后的发展情况，说明禅的精神。《印可状》在日本被奉为禅僧书迹之首，以行书写成，日本很多高僧从这封书信里悟出禅宗之法，使它的地位更加崇高。这些高僧中，有一位叫一休宗纯，也就是我们熟悉的一休和尚。

《竹斋读书图》，绘于 15 世纪，作者是京都相国寺里的一位画僧，名周文。这幅画取名"竹斋"，看去却是一幅山水画，比较突出的是山石和山上的树木，竹斋和人物都隐在雾气中，只露出个轮廓。远景依然雾气重重，隐约有群山形状。虽然一团雾气，画面层次却很清楚，在朦胧中读书的人物，也因此有了清幽雅致的味道，正应了画的名字——"竹斋读书"，在山间书斋中读书，享受的不正是这种朦胧幽远吗？正是因为这份格调，这幅画才成为日本的国宝。

博物馆还有很多收藏，不但有日本各个时代的出土文物和美术品，还有来自亚洲、埃及等各地的美术品和文物等等，想要了解日本文化，乃至东洋文化，东京国立博物馆是个不可不去的地方。走出博物馆，还可以观赏美丽的樱花，在日本，环境之美和文化之美，密不可分，缺一不可。

图书在版编目（CIP）数据

卢浮宫魅影：世界著名艺术殿堂全纪录/探秘天下编写组编著.—北京：时事出版社，2016.11
ISBN 978-7-5195-0015-3

Ⅰ.①卢… Ⅱ.①探… Ⅲ.①艺术馆-介绍-世界 Ⅳ.①G249.1

中国版本图书馆CIP数据核字（2016）第176450号

出版发行：时事出版社
地　　址：北京市海淀区万寿寺甲2号
邮　　编：100081
发行热线：（010）88547590　88547591
读者服务部：（010）88547595
传　　真：（010）88547592
电子邮箱：shishichubanshe@sina.com
网　　址：www.shishishe.com
印　　刷：北京建泰印刷有限公司

开本：787×1092　1/16　印张：18　字数：245千字
2016年11月第1版　2016年11月第1次印刷
定价：32.00元
（如有印装质量问题，请与本社发行部联系调换）